코스를 따라 떠난 발자취의 기록

이야기가 있는 국보 속으로

김장동 지음

국학자료원

현장을 찾는 필자

이야기가 있는 국보 속으로

한때 중앙청일제 총독부 건물, 지금은 헐어서 없음을 국립중앙박물관으로 사용했을 때, 특별전으로 일본 덴리天理대학 소장 안견安堅의 「몽유도원도夢遊桃園圖」를 전시한 적이 있었다. 필자는 만사 제쳐두고 「몽유도원도」를 보러 갔었는데 원화原畵를 대하는 순간, 놀랐다고 할까, 몹시 당황했었다. 사진으로 보았을 때와는 왜 그렇게 다른지, 사진으로 보았을 때는 실감을 느끼지 못했었는데 원화를 대하는 순간, 도화桃花 마을의 채색은 너무너무 눈부시게 아름다워 가슴이 달아오르며 뭉클한 적이 있었다.

그로부터 필자는 무엇이든 실물을 보아야 진가를 알 수 있다고 믿게 되었으며 관심을 가지게 된 것이 자연스레 우리의 국보였다.

그리고 무슨 일이든 깊은 애정과 많은 관심을 기울여야 그에 비례해 보람도 배가된다는 소신으로 부지런히 다리품을 팔아 두 번 세 번, 심지어 열 번도 더 찾아가서 보고 또 본 국보도 있다.

선인들이 남긴 최대의 선물 국보, 그것도 골동품이 아닌 살아 펄펄 뛰는 국보는 현재진행형이고 미래이며 어떻게 살 것인가의 지표이다.

이런 국보를 감상하는 것이 후손된 도리요 의무가 아닐까 싶다.

국보 감상은 Give and Take 할 줄 알아야 한다.

Give는 깊은 애정과 보다 많은 관심이라고 한다면, Take는 애정과 관심으로 얻은 결과물인 국보의 진가를 만끽하는 것이 된다.

문화재청은 국보 숭례문남대문으로부터 2021. 6. 23 현재까지 구례 화엄사 목조비로자나삼신불좌상을 국보로 지정했다.

이런 국보 중에서 분야별로 80여 편을 선정하면서 학술답사, 수학여행, 가족이 여행할 때 들리게 되는 지역성도 감안했다. 또한 여행 시에는 책 한 권쯤 갖고 다녀야 품격이 업그레이드된다는 점도 고려하면서 역사나 미술, 수능 부교재로도 활용할 수 있게끔 했다.

'여행은 아는 것만큼 보인다.'고 했듯이 필자는 국보 속으로 들어가기 전 10여 년에 걸쳐, 아니 학부시절부터 서적, 백과사전, 컴퓨터가 일반화 되면서 인터넷이나 유튜브 등을 활용하고 현장을 순례하면서 국보에 대 해 조사하고 분석해서 원고로 정리해 뒀었다.

이는 『이야기가 있는 국보 속으로』 들어가기 위해 사전에 철저한 준비 과정이었다. 이런 준비과정을 끝내고 코스를 정해 순례하면서 조사하고 정리한 원고의 내용과 현장이 일치하는지 여부를 눈으로 확인하는 과정 을 거쳐 한 권의 책으로 묶으려고 했다.

이런 작업은 필자로서 이 책을 읽는 독자를 보다 많이 생각하고 배려 하기 위한 최소한의 예의임은 두말할 나위도 없다.

계획한 코스를 순례하고 아무런 사고 없이 마무리한 느낌은 사람들이 국보에 대해 너무나 무관심하다고 할까, 국보를 찾는 사람은 명승고적에 자리한 국보 이외에는 찾는 사람이 없다는 것을 알 수 있었다. 더욱이 당 사자들의 관리 소홀이나 무관심도 막상막하였다고 할까.

어쨌든 국민 된 한 사람으로서 문화재에 대해 너무나 미안해서 고개를 번쩍 들고 당당히 대면할 수 없었다.

그런 소감 탓인지 모르겠으나 필자는 『이야기가 있는 국보 속으로』를 집필하면서 누구나 이해할 수 있게 쓰려고 노력했으며 생소한 용어는 한 자를 병행해 가며 풀어쓰기도 했다.

이런 집필 의도는

첫째, 교육상으로 학생들의 학습을 고려했으며 학교 수업의 연장선에서 가능한 한 도움이 되도록 쉽게 서술하려고 했다.

둘째, 개인이나 가족 또는 학생들이 수학여행을 가서 들리는 그 지역의 문화재를 관람할 때, 이해와 감상에 도움이 되도록 했다.

셋째, 딱딱함이나 지루함을 피하기 위해, 또는 여유를 가지기 위해 에피소드나 문학과 관련된 작품도 더러 소개했다.

필자는 역사 쪽보다는 문학 쪽으로 접근해 국보에 대한 이해와 안목을 넓히는데 도움을 주고자 『이야기가 있는 국보 속으로』를 집필했으나 독자들의 기대에 미치지 못할 수도 있어 그 점이 두렵다.

우리 선인들이 남긴 최대의 선물인 국보,
국보는 살아남은 과거요
현재 진행형이며
펄펄 뛰는 우리의 영원한 미래다.
국보 감상은 Give and Take.
Give는 깊은 애정과
보다 많은 관심이며
Take는 보다 깊은 조국애.

국보의 진수眞髓를 제대로 만끽하는 것이
진정한 애국의 길 아닐까 싶으이.

—시「국보」
2021년 한 해를 마감하면서 삼가 지은이 적음

국보(國寶)란?

국보란 우리 선인들이 남긴 역사가 깊고 학술적인 가치가 높으며 예술적으로도 깊이가 있다는 점을 감안한 문화재로 문화재심의위원회의 심의를 거쳐 지정된 유적遺跡이나 유물遺物을 일컫는다.

국보의 지정 범위는 다음과 같이 정리할 수 있다.

국보란 가치가 크고 높게 평가를 받았으며 제작 연대가 오래 된 것일 뿐만 아니라 한 시대를 대표하는 데다 유례가 극히 드물어야 한다.

게다가 매우 우수하고 특이한, 그러면서 역사적 인물과도 관련성이 깊은 문화재를 국보로 지정한다고 규정하고 있다.

국보로 지정되면 당연히 문화재보호법에 준해 국가의 보호를 받는다.

1995년 12월, 최초로 세계문화유산世界文化遺産으로 등재된 문화재는 해인사海印寺의 장경판전藏經板殿과 팔만대장경 경판八萬大藏經 經板, 종묘宗廟, 석굴암石窟庵과 불국사佛國寺다.

연혁

먼저 국보로 지정하게 된 연혁沿革을 보면, 일제 때는 '조선보물고적명승천연기념물보존령'에 의해서였는데 당시 국보 순위는 어떤 기준도 정하지 않은 채 보물에 대해 무작위로 일련번호를 지정했다.

대한민국이 수립된 뒤에도 일제가 제정한 '보존령'을 근거로 해서 1955

년, 보물로 지정된 유형 문화재를 대부분 국보로 지정했다.

이때도 지정한 순번은 문화재의 가치가 높고 낮음을 따진 것이 아니라 국보로 지정한 순서 다음을 이어서 번호를 정한 것이기 때문에 번호가 빠르거나 뒤의 번호라고 해서 특별히 가치가 높다거나 의미가 깊이 있는 문화재는 아니다. 뒤늦게 1962년에 와서야 문화재보호법이 제정되었으며 1963년 728점 중에서 116점만 국보로 지정했다.

가장 최근에 국보로 지정된 문화재는 2021. 6. 23 현재까지 구례 화엄사 목조비로자나삼신불좌상이다.

문화재 지정번호는 지정 당시 순서대로 부여하는 일련번호인데도 이를 가치 서열로 오인해 서열화 논란이 되는 경우가 있었다.

뒤늦게 문화재청은 이런 점을 해소하기 위해 의견을 수렴해서 제도 개선을 마련했다. 그에 따르면, 2021. 11. 19일부터 지정등록번호를 삭제하고 지정번호를 사용하지 않는 정책으로 개선한다고 공지했다.

이 공지를 근거로 해서 『이야기가 있는 국보 속으로』에서 다룬 문화재는 일체 일련지정번호를 사용하지 않았다.

국보의 영역

국보는 크게 유적과 유물로 나눌 수 있다.

유적遺跡은 선인이 남긴 물질적인 것으로 형태가 크고 쉽게 그 위치를 변경할 수 없는데다 역사적 가치가 매우 크고 게다가 한 시대를 대변하는 문화재를 주로 말한다. 유적에 해당하는 문화재로는 사지寺址, 궁지宮址, 패총貝塚, 분묘墳墓, 주거지住居地 등이 있다.

유물遺物은 주로 형태가 작고 이동이 가능한 물질적인 것으로 석기, 토기, 무기, 장신구, 옷, 그림 등을 말한다.

이런 분류는 편의적인 것이어서 이를 엄밀히 나누기는 쉽지 않다.

국보의 세부적 영역으로는 목조木彫, 석조石彫, 전적典籍, 회화繪畫, 조각彫刻, 공예工藝, 고고학 자료, 무구武具 등이 있다.

1. 불전佛殿

목조 건물로는 안동의 봉정사 극락전極樂殿, 영주의 부석사 무량수전無量壽殿, 충남 수덕사 대웅전大雄殿 등이 있다.

이런 국보는 주로 주심포柱心包 배흘림기둥의 목조 건물이다.

조선 전기의 건축으로는 송광사 국사전國師殿이 있다.

아름다운 벽화壁畫가 그려진 불전으로는 무위사無爲寺 극락전極樂殿, 성문으로는 숭례문崇禮門-남대문이 있다.

판고板庫로는 해인사 대장경 판전이 유일하다.

중층重層 불전으로는 화엄사 각황전覺皇殿이 있으며 삼층 불전으로는 금산사 미륵전彌勒殿이 한 시대를 대표한다.

2. 탑塔

탑塔으로는 석탑石塔 목탑木塔 전탑塼塔 등이 있다.

목탑으로는 법주사 팔상전捌相殿이 유일하다.

석탑으로는 익산 미륵사지彌勒寺址 석탑, 부여 정림사지定林寺址 5층석탑, 경주의 분황사 석탑 등이 있다.

통일 신라의 탑으로는 감은사지 3층석탑, 고선사지 3층석탑 등은 우석隅石-모서리 부분에 쌓은 돌 탱석撑石-큰 돌을 몇 개 둘러 세우고 그 위에 넓은 돌을 올려놓은 돌 면형面形-평평한 모양의 돌 등으로 보아 목조 석탑의 구조와 같은 특이하게도 별석別石으로 구성했다.

불국사 경내에 마주 보고 있는 다보탑多寶塔이나 석가탑釋迦塔은 독특하게 지어진 이형異形의 탑에 해당된다.

고려 때는 경천사 10층석탑, 조선조는 원각사 10층석탑이 있다.

승탑이라고 하는 부도浮屠로는 승려의 유골이나 사리奢利, 술利를 모신 둥근 돌탑으로 팔각 원당형貝堂形-집 모양 승탑이 많으며 한 시대를 대표하는 것을 국보로 지정했다.

3. 불상佛像

삼국시대 불상으로는 반가상半跏像-반가부좌로 앉은 부처의 상이 유행했는데 살이 찐 얼굴에 근엄한 표정이 매우 사실적이다.

이런 불상은 우견편단右肩偏袒-오른쪽 어깨 부분이 맨 소매 상태)에 법의法衣를 걸친 자태로 조소했다.

불상 또한 항마촉지인降魔觸地印-악마를 굴복케 하는 손가락 모양을 일컫기도 하지만 때로는 여러 모양으로 만들어서 덕(德) 등을 상징하기도 함이 특징이다.

4. 범종

범종으로는 성덕대왕 신종, 상원사 동종, 용주사 범종 등이 있다.

5. 석등石燈과 석비, 석교

석등은 석물로 화사석火舍石-석등의 중간 석 위에 있는 불을 밝히는 부분의 돌으로 팔각, 화창火窓은 3곳 또는 6곳에 두었으며 주로 간석竿石-밑돌과 가운데 돌 사이의 기둥 돌 위에 세웠다.

석비石碑는 삼국시대 것으로 북한산 진흥왕순수비眞興王巡狩碑, 쌍계사 진감선사 대공탑비眞鑑禪師大功塔碑, 봉암사의 지증대사 적조탑비智證大師寂照塔碑 등을 국보로 지정했다.

석비石碑의 글 곧 비문碑文은 기록적인 가치와 조형적인 우수성이 매우 빼어났다고 평가받고 있다.

석교石橋로는 불국사 연화교 칠보교와 청운교 백운교가 유일하며 과학사의 중요 사료로 첨성대瞻星臺도 빼놓을 수 없다.

6. 전적

전적典籍으로는 팔만대장경 경판, 삼국유사, 훈민정음, 월인석보, 승정원일기, 조선왕조실록, 비변사등록, 징비록 등이 있다.

최근 지정된 서책으로는 2015. 6. 22, 동의보감東醫寶鑑 세 종류가 국보로 지정되기도 했다.

7. 회화

벽화로는 영주 부석사 조사당 벽화, 무위사 후불벽화가 있다.

서예로는 소원화대첩, 세한도가 있으며 회화로는 수월관음도, 인왕제색도, 금강전도, 군선도, 풍속도화첩 등이 있다.

불화로는 칠장사 5불회괘불탱掛佛幀은 물론이고 청곡사 영산회괘불탱靈山會掛佛幀 등도 국보로 지정했다.

8. 금속 공예

금속 제품으로는 고분에서 출토된 금관과 장식구를 국보로 지정했으며 범종으로는 비천상이나 주악상이 조각되어 있는 종과 탑 속에서 수습한 장식구와 사리 등도 또한 국보로 지정했다.

탈로는 하회탈과 병산탈이 유일하다.

국보로 지정된 불교 문화재 다음으로 많은 것이 자기다. 자기瓷器, 磁器는 고려의 상감象嵌−흙으로 빚어 말린 그릇의 표면에 여러 모양의 무늬를 파고, 파낸 곳에 금은이나 동물의 뼈 조각, 조개껍질 등의 조각을 넣어 채우는 도예기법의 한 정점인 청자靑瓷, 靑磁는 물론이거니와 조선조의 소박하면서 희디 흰 백자白瓷, 白磁도 지정했다.

여기에 소박하면서 건실한 분청사기粉靑砂器 등은 도자기 문화의 우수성을 대변하는 것만을 국보로 지정했다.

또한 청화백자靑華白瓷 등도 우수한 자기이기 때문에 한 시대를 대표하면서 예술성이 높은 것을 국보로 지정했다.

그 결과, 청자가 24점, 분청사기가 5점, 백자 및 청화백자가 19점 등 무려 50여 점이나 국보로 지정받았다.

고분에서 출토된 녹유綠釉−구리에 납을 매개로 녹색을 띠도록 만든 물감, 골호骨壺−인골을 담은 항아리 등도 국보로 지정됐다.

이런 범주의 문화재를 지정한 것이 국보 일반이다.

코스
01

평창 상원사 범종

국보. 시대는 통일 신라, 소재는 강원도 평창군 진부면 오대산로 1211-14

이 코스는 당일로 계획을 잡아 이른 새벽 집사람을 태우고 자차를 손수 운전하며 집성남시 분당을 나섰다. 새로 난 3번 국도를 타고 가다 초월IC에서 광주만종고속도로로 올라서서 달렸다.

만종에서 영동고속도로로 바꿔 탔다.

영동고속도로를 달리다기 진부IC에서 내려서서 6번 국도로 타고 가다 월정사로 들어섰다. 월정사에서 상원사까지는 약 9km인 오대산로는 선재길로 명상의 숲이라고 할 수 있다.

이런 비포장도로라면 트레킹이라도 해야 제 맛이 나는데 일정 탓으로 차를 몰고 서행하니 아쉽기만 하다.

상원사上院寺는 월정사月精寺의 말사로 유일하게 문수보살文殊菩薩을 모시는 국내 유일의 문수신앙 사찰이다.

보천과 효명 두 왕자가 중대 지로봉에서 1만 문수보살을 친견한 탓으로 뒤에 왕위에 오른 효명성덕왕이 재위 4년째인 705년 지금의 상원사 사지에 진여원眞如院을 창건해서 문수보살을 봉안했으며 725년에는 동종을 주조했다는 기록이 남아 있다.

상원사에 도착하게 되면 제일 먼저 대면하는 것이 관대걸이다.

세조가 이곳을 지나면서 계곡에서 목욕을 했다.

그때 쓰고 있던 관대冠帶를 벗어서 돌에 걸어놓았는데 그로부터 그 돌을 관대걸이라 했다고 전한다.

상원사는 경사진 터에 축대를 쌓아 그 위에 터전을 마련했기 때문에 올려다보면 우람스런 청량선원淸凉禪院이 한눈에 들어온다.

오른쪽 양지바른 곳에는 방 한암方 漢巖, 탄허呑虛, 한암 스님을 모셨던 의찬 스님의 사리를 모신 부도가 있다.

상원사가 고스란히 옛 모습을 간직하게 된 것은 방 한암 스님의 살신성인 탓이라고 할 수 있다. 저 6·25 한국전쟁 당시 상원사上院寺는 문짝만 타고 절은 고스란히 남게 되었다.

남게 된 내력은 방 한암 선사가 목숨 걸고 지켜낸 일화로 유명하다.

선우휘鮮于煇는 이를 제재로 단편소설을 쓰기도 했는데 극적인 부분을 아래에 인용한다.

김 소위는 부대와 함께 먼저 오대산 대가람 월정사를 불태운 뒤, 상원사로 달려갔다. 그는 승방의 창문에서 나오는 한 줄기 불꽃을 보고 다가갔다. 인기척을 느낀 주지인 한암漢巖 스님이 창문을 열었다.

"절을 태우러 왔습니다." "왜 이 절을 태워야 하지요?"

"명령입니다. 군인은 명령을 따라야 하니까요."

그러자 스님은 가사를 걸치고 법당 안으로 들어섰다. 법당에 불을 밝히고

범종이 걸려있는 통정각. 범종 옆에는 새로 제작한(2017. 4) 봉황화엄범종을 나란히 걸어놓고 범종을 대신하고 있다.

불상을 올려 보더니 그 자리에 주저앉아 다리를 엮고는 합장을 했다. 곧 사라질 법당에서 마지막 기도를 드리는가 싶었다.

그러나 그게 아니었다.

"이제 불을 지르시오."

스님은 자신이 죽으면 어차피 다비茶毘에 부쳐질 몸이니 걱정 말고 불을 지르라고 말한다.

그러고는 '카익!' 하는 일갈一喝이 스님의 입에서 터져 나왔다.

'이 원숭이 같은 늙은 것이…'

김 소위가 치밀어 오르는 노여움과 함께 웅크리고 앉은 스님을 그대로 안아서 들어 올려 법당 밖으로 내동댕이치려고 할 때였다.

"그대가 장군의 부하라면 나는 불제자, 곧 부처님의 부하, 어찌 깨닫지 못할까. 그대가 장군의 명령에 따르듯이 나는 부처의 명령을 따라야 한다는 것을."

법당은 다시 침묵 속에 빠져들었다.

순간, 그는 헤아릴 수 없는 거대한 힘을 느꼈다. 이어 가슴에 피어오르던 불길이 사라지는 것을 느낀 그대로 불을 질러 버리자는 소대원들을 제지하고 법당의 문짝을 떼어내게 했다.

그는 부수고 떼어낸 문짝을 끌어다 마당 한가운데다 쌓아 올리고 불을 질렀다. 그 불길이 대낮처럼 상원사 일대를 밝히는 동안 임무 완수를 외쳤다. 검은 모순의 덩어리가 부풀어 올라 가슴이 터지려는 아픔을 이기려고 안간힘을 쓰면서.

　　　　　　　　　　　　　　　　─선우휘 단편소설 「상원사」의 일부

사찰의 왼편으로는 성덕여왕 신종^{속칭} 에밀레종보다 45년이나 앞서 주조된 범종이 걸려 있는 통정각이 자리 잡고 있다. 지금은 유리로 둘러 사람들의 손때를 타지 못하도록 시설해 놓았다.

필자가 카메라로 범종을 찍으니 유리로 둘러막아 놓은 탓으로 주변 물체가 비쳐서 사진이 제대로 나오지 않았다.

그래서 지나는 스님에게 찾아온 취지를 설명하고 유리문을 좀 열어 줄 것을 부탁했다. 스님은 한참을 생각하더니 "그렇다면 지금은 예불시간 직전이라 안 되고 1시간 뒤쯤 열어 줄 수 있습니다."고 해서 1시간을 기다려 동종의 사진을 찍을 수 있었다.

상원사 범종은 높이 167cm, 지름 91cm로 현존하는 범종으로는 가장 오래 되었으며 성덕왕의 신종과 더불어 3대 범종의 하나다.

범종의 종신鐘身은 견대肩帶와 구연대口緣帶로 조성되어 있어 보는 이로 하여금 긴박감을 느끼게 한다.

게다가 위에서 아래로 연주문대聯珠文帶를 둘린 다음, 당초문을 세우고 드문드문 1인 내지 4인의 낙천상樂天像을 양각해 놓았으며 반원권半圓圈까지 둘러놓았다.

여기에 견대에 붙여서 당초문을 양각한 유곽乳廓 4구區를 두었으며 그 안에 각각 연화무늬를 새긴 유두乳頭 9개도 조각했다.

서로 마주 대하는 종신鐘身의 두 공간에는 무릎을 세워 구름 위 하늘을 날면서 공후箜篌-고대 악기의 일종와 쟁箏-고대 악기의 일종을 연주하는 비천상도 양각했다. 비천상飛天像 사이는 종을 치는 부분인 당좌撞座가 있는데 구슬과 연꽃무늬를 조각했다.

종의 맨 위에는 용뉴龍鈕-쇠줄을 이용해 매다는 부분와 음통음관圓筒音管-대나무 모양의 소리 대롱이 자리하고 있다.

용의 두부는 크게 부조해 놓았다. 그것도 몸통은 음관에 자연스럽게 붙어 있도록 한 데다 발은 음관을 버티는 모습으로 주조했다.

용뉴 좌우에는 종명鐘銘이 선명하게 음각되어 있으며 주성鑄成 연대가 725성덕왕 24년이라고 양각해 놓았다.

범종의 음관, 유곽 등은 한국 조각의 전형적인 특징을 보다 잘 구현한 것으로 범종 주조의 우수성을 대변해 준다.

안동부의 부지府誌 기록인 영가지永嘉誌에 의하면, 경북 안동부 중심의 누문樓門에 걸려 있던 종을 1469조선 예종 1년, 왕명에 의해 지금의 상원사로 옮겨 달았다는 기록이 있으나 확실치 않다.

필자는 어렵게 사진을 찍었는데 그냥 지나치는 것은 범종에 대한 도리

범종—사람들의 손때가 타지 못하도록 사방을 유리벽으로 차단해 놓았다.

가 아니라는 생각이 들어 시 한 편으로 예를 갖췄다.

외진 산사의 범종은 종소리를
보다 멀리 보내기 위해
혼자 가슴앓이하다
과일 떨어지는 소리로
되살아 귀에 와 매달리고.

일부 소리는 허공을 떠돌다가
코피 터지는 소리로
먹은 귀 뻥 뚫어 주기 위해
윙 윙 위잉―
소리까지 달고 달려온다.

또 더러는 깊은 산골에 숨어 있다가
둥근 메아리로 찾아오면
정화수로 몸 씻고
한밤을 세워서라도 맞이해야지.

―시 「범종」

목조문수동자좌상

국보. 세조는 왕위 찬탈의 후유증인지 모르겠으나 괴질에 걸려 갖은 고생을 했는데 병을 고치기 위해 월정사를 찾은 적이 있다.

청량선원이 아닌 문수전에 안치된 목조문수동자좌상(木彫文殊童子坐像)

세조는 부처님께 참배를 하고 상원사로 향하던 중, 길옆에 물이 너무 맑은 계곡이 있어 목욕이나 할까 해서 행차를 멈췄다.

몸에 난 종기를 다른 사람이 볼 수 없게 멀찍이 떨어져 몸을 씻고 있었다. 그때 공교롭게도 동자승 하나가 가까운 숲에서 놀고 있는 것이 눈에 띄었다. 세조는 아이를 넌짓 불러 등을 밀어 달라고 부탁했다.

동자가 등을 다 밀고 나자 세조는 부탁했다.

"애야, 오늘 있었던 일은 누구에게도 발설하지 말라."

동자는 세조가 신분을 밝히기도 않았는데 그의 신분을 이미 알고 있었는지 능청스럽게 말하는 것이 아닌가.

"저야 그 말씀을 명심하겠습니다마는 임금님께서도 어디 가시든 문수보살이 등을 밀어 주었다는 말은 하지 마셔요."

이미 왕임을 알고 있는 동자의 말에 세조가 깜짝 놀라 의아해 하는 사이, 동자는 어디론지 사라져 버렸다.

동자가 사라지자 이적이 일어났다. 세조를 그렇게도 괴롭히던 몸에 난 애기 주먹 크기의 종기가 씻은 듯 없어지면서 깨끗이 나았다는.

이에 세조는 화공에게 자기가 본 동자의 모습을 설명하고, 설명한 그대로 그림을 그리도록 했다. 이어 조각가를 불러 그린 그림대로 문수보살文殊菩薩의 동자좌상童子坐像을 나무로 조각하게 했다.

그런 연유로 해서 조각한 것이 지금의 목조문수동자좌상인데 이 좌상을 문수전 불단에 모셔 놓았다. 원래 청량선원에 안치되어 있었으나 문수전을 지어 안치해서 오늘에 이르고 있다.

월정사 8각 9층석탑

국보. 시대는 고려, 소재는 강원도 평창군 진부면 오대산로 374-8

상원사에서 월정사로 내려와 주차장에다 차를 주차시키고 길을 돌아 월정사 일주문 입구로 들어섰다.

일주문에서 경내까지는 국내에서 몇 안 되는 운치가 넘쳐나는 전나무 숲길이다. 수령 80년 이상의 전나무 1,800 그루의 길, 이런 길이라면 제 아무리 시간에 쫓기더라도 한가롭게 거닐면서 파톤치드 삼림욕은 선택이 아닌 필수가 아닐까 싶다.

월정사 전나무 숲길은 깊은 생각과 지극한 정성을 담아서 주시한다면 소나무 뿌리에서 산의 숨소리를 먹고 수줍은 듯 얼굴 내민 송이버섯 같은 느낌이 든다.

전나무 숲길은 이름 그대로 다섯 봉우리가 연잎 무늬를 연상케 하는 오대산 깊은 산자락에 자리 잡은 월정사 일주문을 들어서기 전 1km 앞쯤에서부터 하늘로 곧게 뻗은 수령 300년 생, 1,700 여 그루가 자비로운 부처님이 행여나 다칠세라 호위하듯 터널을 이루고 있다.

이 길을 걷노라면 나 같은 문학의 둔재鈍才임에도 자연스레 시심이 솟기 마련이니 그냥 지나칠 수도 없다.

숲속의 새소리가 아침을 열면
오대산 월정사 일주문 지나
1km 금강까지
수령 300년 생 1700여 그루의
전나무 숲길이 열리나니.
그 길은 수많은 사람들의
소망이며 마음의 번뇌를 내려놓는
소중한 길이며
마중하고 배웅하는 길.
맑고 편안하며 깨끗한 마음으로
성스러운 성지를 참배하도록
아침마다 몸으로 쓸고
마음으로 정결케 함도 이에 있음이니.

―시 「전나무 숲길」

일주문에서 1km 남짓 전나무 숲길, 자비로운 부처를 감싸 안은 듯 우뚝 솟은 전나무 숲길을 지나 누각 아래에 이르러서야 사찰 초창기의 모습을 완전히 상실한, 자연보다 못한 인간의 다툼으로 빈번한 화재와 파괴의 아픔을 고스란히 지닌 월정사를 마주했다.

월정사는 6·25 전란에 타고 새로 지은 건물이기는 하지만 세월의 육중한 무게마저 잊고 사념과 정성이 건물과 조형물에 담겨 있어 더욱 그윽하게 다가오는 사찰, 전나무 숲길 사이로 살며시 자태를 드러내는 사찰이 있다면 그건 바로 월정사가 아니겠는가.

그런데도 오대산의 푸른 정기를 한 곳으로 모은 사찰은 품격을 잃지 않았으며 자연과의 한가로움은 시공을 초월한 넉넉함이 서려 있다.

8각 9층 석탑

「삼국유사」에 의하면, 643선덕여왕 12년 당나라에서 돌아온 자장慈藏 대사가 오대산을 찾았다고 한다.

그때 지세를 보고 문수보살이 머무는 곳은 바로 이곳이라고 생각해서 지금의 월정사 터에 초암草庵을 짓고 머물다가 문수보살의 진신眞身을 친견했다는 기록이 전한다. 또한 자장이 재차 8척 방을 짓고 7일 동안 머물렀다고 전해지는 것으로 보아 643년 직접 절을 창건했다고 볼 수 있다.

그 뒤로 신의信義 선사가 암자를 지어 머물다가 입적한 뒤로 머무는 승려가 없어 황폐했었는데 유연有緣 스님이 머물면서 암자를 세워 비로소 사찰의 면모를 갖추게 되었다고 한다.

월정사는 1307년 화재로 소실되었는데 이를 이일而一이 중창했으며 또 1832년 불이 나서 전소되기도 했었다.

불에 탄 월정사를 1844년 영담瀯潭과 정암淨庵이 들어 중창했다.

한국전쟁 당시 1·4후퇴 당시, 적이 절을 은신처로 이용할까 해서 군 작전상 부득이 건물이 타는 불운을 겪기도 했다.

지금의 월정사는 1964년 탄허呑虛, 만화萬和, 현해玄海 스님 등이 들어 헌신적으로 중창을 해 오늘에 이르고 있다.

문화재로는 석가의 사리를 봉안하기 위해 세운 국보 8각 9층석탑과 상원사 중창 권선문이 보관되어 있다.

이 석탑의 원래 명칭은 월정사 8각 9층석탑八角九層塔으로 상층부를 제외한 대부분의 재질은 화강암이다.

탑신부의 옥신석과 옥개석은 서로 다른 석재를 사용했다. 부재副材의 규격은 대소에 따라 1석 또는 2, 3석으로 되어 있다.

맨 아래층의 옥신은 각 면에 양쪽 우주가 정연하게 모각되어 있으며 8면은 장방형과 감실형龕室形을 차례로 마련하면서 남쪽은 규격이 크나 나머지 쪽은 작은 것이 특이하다면 특이하다.

상륜부의 부재는 지금도 제작 당시의 모습 그대로 남아 있다.

노반 복발 앙화 보륜寶輪 등은 석재를 사용했으며 금동재로는 보개寶蓋 수연水煙 보주寶柱 등인데 지금도 온전하다.

이 석탑을 조성할 시기는 평면의 방형에서 벗어나서 다각형으로 변하며 충수마저 다층으로 변하는 석탑이 유행하기 시작할 무렵이다.

따라서 월정사 8각 9층석탑도 이런 시대상이 반영되어 있다.

2000년, 석탑 아래 지하에서 유구遺構가 발굴되기도 했는데 숭녕중보崇寧重寶와 성송원보聖宋元寶란 동전이 나왔다.

이 동전은 1101~1106 사이에 주조된 것이다.

또한 석탑의 지대석 아래 점토에서는 조선조 중기 이후 주로 사용된 것으로 보이는 백자 저부편도 수습했다.

이로 보아 이 석탑은 원래 있던 장소에서 조선 중기 이후에 월정사로 옮겨진 것으로 추정할 수 있게 되었다고 한다.

8각 9층탑을 돌면서 다각도로 사진을 찍고 돌아서니 때마침 점심 공양 시간이라 탐방객에게 무료로 점심을 제공한다고 한다.

그래서 필자도 집사람과 함께 태어나 처음으로 생각지도 않은 점심 공양을 하고 절을 나오다가 길옆에 새로 조성한 성보박물관에 들려 이곳으로 옮겨 안치한 석조보살좌상을 완성했다.

강릉 임영관 삼문

국보. 시대는 고려, 소재는 강원도 강릉시 임영로 131번길 6

월정사에서 나와 진부IC에서 영동고속도로를 타고 달리다가 강릉IC에서 내려서서 시내로 들어와 경강로를 따라 진행하다가 객사문 사거리에서 좌해전해 삼문 주차장에 차를 세웠다.

객사문客舍門은 일명 임영관臨瀛館 삼문으로 알려졌으며 객사란 중앙에서 내려온 관리가 잠시 머무는 임시 숙소를 일컫는다.

강릉시 용강동의 객사는 고려 태조 19[936]년 본부 객사를 총 83칸으로 지은 대형 건물이며 임영관이라고도 한다.

공민왕 15[1366]년, 왕이 낙산사洛山寺로 행차했다가 수일 머물면서 친필로 쓴 글씨를 액자로 제작해서 걸어두기도 했다.

그 뒤 여러 차례에 걸쳐 중수했다.

1929년, 일제 식민지 치하에서는 초등학교의 시설로 이용되었으며 1967년 경찰서가 들어서면서 문만이 남게 되었다.

객사문 삼문의 앞면은 3칸, 측면은 2칸이며 양식은 단층 맞배지붕의 주심포 건물이다. 기단 정면 앞은 조금 높여 돌계단을 설치했으며 초석은 몇 가지 형태의 돌을 모아서 앉혀 놓았다.

기둥은 앞뒤 줄이 둥근 배흘림중앙이 위나 아래보다 굵은 형태의 기둥이고 가운데 줄은 반듯한 네모에 문을 단 장치를 마련했다.

가운데 줄 기둥 위에 공포栱包-처마 밑의 하중을 받치는 기둥가 직접 대들보를 받치도록 가구하기도 했다.

기둥머리는 2출목의 공포를 올렸다. 공포의 첫 출목은 첨차檐遮-가운데를 어긋나게 짜서 맞춘 부재의 일종, 건물 앞의 창방昌枋-화반을 받치는 가로재의 하나은 부석사 조사당과 같은 계통이다.

대들보 위에는 앞뒤로 파련波蓮-물결치는 듯한 연꽃무늬의 부재 모양의 포대공을 설치했다.

임영관 삼문

임영관 삼문 내부 천정

이 포대공이 마룻보 끝을 받치면서 동시에 그 위에 놓인 중도리까지 받치고 있다. 게다가 마룻보 중앙에는 두꺼운 사다리꼴 대공을 놓아 마룻도리를 지탱하도록 한 것이 특징이다.

이렇게 지은 객사문客舍門은 부석사 무량수전無量壽殿, 수덕사 대웅전大雄殿, 봉정사 극락전極樂殿과 더불어 고려 건축의 정수精髓를 보여주는 대표적인 건물의 하나로 현재 남아 있다.

우연인지는 모르겠으나 찾아간 날은 한 시간 넘게 머물었는데도 찾는 사람이 한 사람도 보이지 않았다.

아이러니컬하게도 외로워야 국보로 대접받는지, 마음조차 쓸쓸하기 이를 데 없었으며 뒤늦게 만감에 젖어 발길을 돌렸다.

여주 고달사지 승탑

국보. 시대는 고려, 소재는 경기도 여주시 고달사로 고달사지

삼문에서 출발해 허난설헌의 기념관을 잠시 둘러보고 경포대로 가서 동해 바닷가에서 그 동안 짓눌린 마음을 시원스레 털어버렸다. 차를 되돌려 오다가 오죽헌에 들려 신사임당에 잠시 빠지기도 했다.

이어 강릉IC에서 고속도로를 타고 동여주 하이패스 전용IC에서 내려섰다. 내려서서 고달사지로를 타고 가다 사지寺址로 들어섰다.

여주의 고달사高達寺는 경덕왕 23764년에 창건된 사찰로 한때는 고달원高達院이라고도 했다. 고려 광종 때는 왕의 비호를 받아 크게 융성했으나 언제 폐사되었는지에 대해서는 기록이 남아 있지 않다.

고달사 사지寺址는 여주시 북내면 상교리를 병풍처럼 사방으로 감싸 안은 혜목산慧目山 자락에 있었다.

그런데 지금은 농경지와 임야로 변했으며 승탑은 상륜부만 소실되었을 뿐 나머지는 온전하게 남아 있다.

우리는 흔히 사찰 건물을 벗어나 외진 곳에 가면 세월의 이끼가 덕지덕지 낀 부도를 대면할 수 있으며 정적에 싸여 있는 부도를 보다 보면 삶과

죽음의 상념에 빠져들기도 한다.

　이처럼 부도浮屠-浮圖란 삶과 죽음의 기하학적 상징물인데 부도의 기초가 되는 방형方形은 바로 기단基壇에 있다.

　기단은 지地를 상징하고 그 위에 올려놓은 원형의 몸돌은 수水를 상징한다. 그리고 몸돌을 덮은 삼각형의 지붕은 화火, 그 위에 올려놓은 반월형의 앙화仰花는 풍風을 상징한다.

　부도 위에 올려놓은 단형의 연봉오리는 공空을 상징한다. 따라서 부도는 이 다섯 현상을 형상화한 것이 된다.

　고달사지 승탑은 높이가 3.4m로 일명 부도로도 알려졌는데 팔각 원당형의 부도로 손꼽히는 대작에 해당된다.

　이 승탑은 전형적인 팔각 원당형의 부도다.

　기단은 여러 매의 판석으로 짠 8각 지대석 위에 각각 1석으로 조성한 굄대를 놓았고 그 위에 하대석 중대석 상대석을 얹어 모양을 갖췄다. 기단의 중대석은 거북을 중심으로 놓았다.

　하대석 앞면에는 앙화仰花-탑의 복발 위에 꽃 모양을 새긴 장식, 윗면에는 복련覆蓮-연꽃을 엎어놓은 것 같은 장식, 간석竿石-기둥 모양의 돌에는 거북을 중심으로 네 마리 양과 구름 모양을 조각했다.

　팔각 탑신의 각 면에는 문비형門扉形-석탑 기초에 조각해 놓은 문짝 모양의 무늬과 사천왕상四天王像을 조각해 놓았는데 두꺼운 지붕, 전각마다 높직한 귀꽃이 장식되어 있다.

　조각은 매우 숙련되었으며 힘차고 대담하게 느껴진다.

　그런데 이 승탑은 누구 것인지 정확히 알 수 없다.

　그러나 양식의 수법 상으로 보아서는 고려 광종 9958년에 입적한 원종대

고달사지 승탑

사의 혜진탑보다 앞서 조성된 것만은 확실하다고 한다.

또한 원종대사의 혜진탑은 고달사지 동편에 위치하고 있어 승탑으로 알려졌기 때문에 혜진탑의 부도일 가능성도 배제할 수 없다.

고달사지 승탑은 신라 부도의 기본형을 따르면서 세부는 웅장한 분위기 때문에 고려의 양식을 풍기기도 한다.

돌로 다듬은 솜씨도 빼어나고 조각도 세련미가 묻어나면서 장중한 데도 균형이 완벽해서 매우 뛰어난 부도라고 평가받고 있다. 이 승탑은 현재 남아 있는 우리나라 부도 중에서 가장 크다.

부도 속으로 들어가 내력과 탑을 완상하다가 나오면서 고달사지에 들려 원종대사의 탑비를 살펴보았다.

원종대사 탑비는 거북이 모양의 받침과 용머리의 탑두는 옛 모습 그대로인데 탑신은 새로 조성해서 원형에 가깝게 복원해 놓았다.

폐사되어 사찰 건물이 흔적도 없이 사라져 아쉬웠으나 탑비 때문에 고달사의 옛 모습을 상상할 수 있어 그나마 다행이었다.

코스
02

안성 칠장사 5불회괘불탱

화성 용주사 동종

안성 칠장사 5불회괘불탱

국보. 시대는 조선, 소재는 경기도 안성시 칠장로 399 – 18

이 코스는 하루에 탐방하기가 쉽지 않아 이틀로 예정했다.

첫째 날은 먼저 칠장사를 가기 위해 자타에 집사람을 태우고 손수 운전을 하면서 네비의 안내에 따라 집을 나섰다.

신갈 방면으로 달리다가 42번 국도를 탔으며 용인 시내를 가로질러 가다 양지 부근에서 17번 국도로 갈아탔다. 남쪽으로 한참을 달리다가 두교리에서 칠장사로 들어섰다. 사찰 입구에 차를 주차시키고 곧장 대웅전 앞으로 가니 걸이대석이 눈길을 끌었다. 아, 이게 바로 5불회괘불탱을 걸어두는 걸이석이구나 하는 순간, 텔레파시가 와 닿지 않는가.

칠장사 5불회괘불탱은 1년 내내 두루마리처럼 말아서 보관했다가 초파일이나 10월 둘째 주 주말, 5불회괘불탱 축제 때 단 하루, 그것도 바람이불지 않는 좋은 날씨라야 대웅전 앞 걸이대석에 쇠장대를 마련하고 내걸어서야 대중이 볼 수 있기 때문에 불은이 깊지 않으면 볼 수 없으며 완상하려면 초파일이나 10월 둘째 주 주말에 찾아가야 한다.

필자는 어떻게 하면 이 5불회괘불탱을 볼 수 있을까 하고 생각 끝에 종

정면에서 바라본 대웅전, 5불회괘불탱을 걸기 위해 마련한 걸이대석이 있다

무실에 들려 사찰살림을 총괄하는 직원에게 찾아온 사유를 설명하고 사진을 찍을 수 있도록 배려해 달라고 부탁했다.

그런데 일언지하에 거절하는 것이 아닌가.

담당자는 그림이 워낙 커서 쉽게 옮겨놓고 펼칠 수도 없거니와 여러 사람이 매달려야 옮겨서 펼칠 수가 있는데 지금은 사람도 없거니와 훼손이 우려되어 그 누구에게도 허락할 수 없다고 한다. 필자의 신분으로는 도저히 5불회괘불탱은 볼 수도, 사진을 찍을 수도 없었다.

칠장사는 규모로 보아 안성시와 문화재청의 협조나 찬조를 받아서라도 5불회괘불탱전을 지어 걸게 그림을 걸어두고 누구나 언제나 관람할 수 있게 배려하는 것이 국보 사랑의 또 다른 차원이 아닐까 싶다.

다른 사찰에서는 성보박물관이나 영산회상전진주 청곡사이라도 지어 상시 전설하고 있듯이, 두루마리로 말아서 창고에 보관하면 습기나 좀이 생겨 그림을 망치는 것보다야 낫지 않을까 싶다.

흔히 5불五佛이라고 하면 비로자나불, 노사나불, 석가모니불, 약사여래불, 아미타불의 다섯 부처, 오불회란 이 다섯 부처를 한 자리에 모은 것을 일컫는다. 5불회괘불탱五佛會掛佛幀이란 불교에서 사월 초파일이나 팔관회 등 큰 법회法會를 행사하기 위해 법당 앞뜰에 큰 나무를 베어다 세우고 기둥에 부처의 모습을 그린 그림을 걸어두어 대중들이 볼 수 있도록 한 대형 걸개그림을 일컫는다.

칠장사七長寺가 소장하고 있는 5불회괘불탱五佛會掛佛幀은 다섯 부처를 그린 탱화幀畵다. 이 5불회괘불탱은 1628인조 6년 화승인 비구니 법형法炯이 그린 불화인데 크기를 보면, 길이가 6.56m, 폭은 4.04m, 구름을 배경으로 위, 중간, 아래 등 세 부분으로 나눠 그렸다.

일설에 의하면, 인조반정 후 인목대비仁穆大妃가 억울하게 죽은 영창대군의 원혼을 달래기 위해 영관靈貫과 법문法門으로 하여금 완성케 해서 하사했다고 전해지기도 한다.

위는 비로자나삼신불좌상, 중간은 약사불좌상과 아미타불좌상, 미륵보살입상, 아래에는 도솔천궁으로 좌우 정면에 관음보살좌상, 측면에는 지장보살좌상을 배치했다. 맨 아래쪽에는 미륵보살이 도솔천궁切利天宮에서 지상으로 강림하기를 기다리는 청문 대중을 그려 놓았다.

도솔천궁으로 요약되는 이런 존상의 배치 구도는 불교의 영원성과 이를 통한 구원을 상징하기도 한다.

5불회괘불탱은 다섯 부처 이외에도 지권인의 자세를 취한 비로자나불 주변에 10대 제자와 네 분의 다른 부처가 그려져 있다.

지권인智拳印이란 왼손 집게손가락을 뻗어 세우고 오른손은 첫째 마디를 쥔 부처의 손 모양을 일컫는다.

5불회괘불탱(출처, 문화재청)

약사여래불藥師如來佛 좌우로는 일광보살日光菩薩과 월광보살月光菩薩, 약사여래 전후로는 12신장을 배치해 놓은 데다 좌우에서 관음보살과 대세지보살이 아미타불을 시립하고 있다. 여기에 관음보살 좌측에다 쌍죽雙竹까지 그렸다. 우측에는 정병淨甁—목이 긴 형태의 물병이 꽂힌 버드나무 가지에 앉아 있는 파랑새를 배치했으며 선재동자善財童子가 관음보살觀音菩薩을 우러러 보고 있는 자세도 그렸다.

석장을 짚은 지장보살이 반가좌한 채 앉은 주위로는 도명존자道明尊者, 무독귀왕無毒鬼王, 지옥의 판관判官, 선악동자 등이 둘러서 있으며 수미산 정상의 도솔천궁은 청문 대중과 연결시켜 놓았다. 전륜성왕轉輪聖王과 왕비 등이 대중과 함께 용화법회龍華法會에 참여하고 있는 장면, 하늘 한가운데는 연꽃을 엎어놓은 듯 천개 주위로 아사세 태자 등도 그려 넣었다.

불상은 육계肉髻—부처의 정수리에 난 혹으로 상투 모양처럼 생긴 것, 팽팽한 둥근 얼굴, 가늘게 뜬 눈과 작은 입 등에서는 16세기 불화의 영향이 다소 남아 있다고 한다.

이 5불회괘불탱은 집중적인 구성, 안정된 형태, 채색 등을 보면 걸작임을 짐짓 느끼게 한다. 유려한 황색 필선은 물론이고 녹색과 금색의 조화, 광배에 새긴 문양은 매우 화려하다.

이 그림은 17세기 초에 그린 것으로 우아하고 세련된 인물의 형태나 짜임새 있는 구도는 물론이고 섬세한 필치 등으로 보아 불화연구에 있어 소중한 자료이기도 하다.

화성 용주사 동종

국보. 시대는 고려, 소재는 경기도 화성시 용주로 136, 용주사

둘째 날은 용주사 탐방을 위해 혼자 집을 나서 분당선 전철을 타고 수원
에서 내려 1호선 전철로 갈아타고 병점에서 내렸다.

병점에서 마을버스를 탔다. 용주사는 여러 번이나 찾은 사찰, 마을버스
에서 내려 사찰 입구로 들어서니 그 어떤 절보다도 만감이 사로잡히지 않
는가. 그것은 정조의 애환이 얽힌 사찰 용주사기 때문일 것이다. 왕은 1백
리 밖을 나서지 못한다는 『경국대전』의 법전을 정조도 어쩌지 못해 한양
서 용주사까지는 1백리가 넘는데도 8십리로 우겨서 행어하는 효성을 보
였으니 그 마음 오죽했을까.

사도세자의 죽음은 정쟁의 희생물, 죽여도 그렇게 독하게 죽일 수 또 있
단 말인가. 이레 동안이나 뒤주에다 가둬 굶겨서 죽였으니.

방에 가둬 놓고 아궁이에 불을 때서 미이라로 말라 죽인 영창대군 다음
으로 처참한 죽음이 아닐 수 없겠다.

사도세자의 죽음은 성격 탓도 아니었고 아버지 영조와의 다툼도 아니었

다. 오직 빈인 혜경궁 홍 씨와의 정쟁에서 밀려나 죽음에 이르게 되었으니 하는 말이다.

혜경궁 홍 씨의 부친인 홍봉한洪鳳漢은 과거에 떨어지다가 홍 씨가 9세에 세자빈으로 간택된 후에야 비로소 급제하게 된다. 그로부터 홍봉한은 승차해 노론의 영수가 되었으며 세자빈에게 당론을 요구한다.

그러자 소론은 세손의 왕위 보장을 내세우며 노론과 대립했다. 이 두 파는 적대관계였다. 어쩔 수 없이 빈의 신분인 홍 씨도 정쟁에 말려들었다. 남편인 사도세자 편을 들자니 친정이 멸문지화를 입게 되고 친정의 멸문지화를 막자니 남편인 세자와 각을 세워야 하는 정쟁의 소용돌이. 한 사람을 희생시켜서 아버지 홍봉한과 숙부 등을 살리면서 친정의 멸문을 막겠다는 당찬 여심의 발로는 그 자체가 비극이었다.

사도세자思悼世子가 뒤주에 유폐된 결정적인 계기는 홍봉한이 유폐를 주장하고 세자빈 홍 씨가 두둔하면서 관철되었다.

그로 말미암아 홍 씨 집안은 멸망의 길로 접어들게 된다. 숙부인 홍인한洪仁漢과 외족인 정후겸鄭厚謙은 사약을 받았으며 김귀주金龜柱는 변방으로 귀양을 갔다.

부부인데도 남편인 사도세자와는 정적이었던 홍 씨는 이런 저간의 과거사를 어떤 수단으로든 청산할 필요성을 느꼈으며 이를 정리하기 위해 집필하게 된 것이 「한중록」의 집필 동기라고 할 수 있다.

곧 사도세자의 비극은 정신병에 가까운 세자가 자초한 일이지 친정과는 무관하며 아버지 영조와의 충돌로 말미암은 것이지 자기 친정집과는 전혀 무관하다고 친가를 옹호하기 위해 집필했던 것으로 추정된다.

효성이 지극한 정조가 만약 「한중록」을 읽었다면 어떤 심정이었을까. 꽤나 궁금하지 않을 수 없다.

동종을 밀폐시켜 놓은 범종각

용주사 동종은 외진 곳에 범종각을 지워 그 안에 밀폐시켜 놓았기 때문에 일반 대중의 접근을 아예 막아 버렸다.

그래서 종무실에 들려 담당 직원에게 동종을 좀 찍을 수 있게 열어줄 수 없겠느냐고 찾아온 취지를 설명했다.

담당 직원은 되바라지게도 사진 촬영은 조계종의 지시라며 저작권 운운하면서 완강히 거절하는 것이 아닌가.

필자는 좀체 허락하지 않아 범종의 사진을 찍지도 못하고 범종각 주위를 한참이나 맴돌았다. 맴돌다가 채워놓은 자물쇠를 보니 얼마나 오랜 동안 방치했으면 녹이 쓸어 키로 열어도 열릴 것 같지 않았다. 더욱 놀라운 것은 나무창살 사이로 범종을 들여다본 순간이었다.

햇볕이 쨍쨍한 대낮인데도 어렴풋이 보이는 범종은 먼지가 수북이 쌓여 조각상은 아예 보이지도 않았다.

이런 보관과 관리라면 국보로 지정한 것이 무색하지 않을까 싶다.

용주사龍珠寺의 동종銅鐘은 매우 드물게도 큰 종이며 전통 양식을 그대로 이어받아 주조했다. 범종은 높이가 1.44m, 입지름은 0.87m나 된다. 이 동종은 종의 꼭대기에 신라 종에서 흔히 나타나는 용뉴龍鈕와 용통甬筒, 일명—음관(陰管)이라고도 한다이 있다.

용머리인 용뉴에는 용이 보주寶柱를 물고 있는 형태인 데다 두 발로 꼭대기 판을 딛고 서서 전체를 들어 올리는 형국을 하고 있다.

종정鐘頂의 천판에는 문양이 없으나 상대上帶—범종의 어깨부분에 둘러놓은 무늬띠와 하대의 문양은 다른 형태의 것으로 장식해 놓았다.

동일한 것은 상대와 하대의 유곽遊廓과 당좌撞座 등의 내외 둘레는 세세한 부분까지 연주문대로 장식한 점이다.

내부마저 화려한 문양으로 장식한 것이 특이하며 상대의 문양은 반원형으로 상하 엇갈리게 장식했다. 게다가 사이사이에 당초문唐草文으로 장식해 놓았는데 다만 하대의 문양은 연속되는 당초문으로 장식한 것이 다를 뿐이다. 특히 하대의 당초문은 당초가 한번 선곡旋曲하는 중앙 8판 혹은 9판에 있는 연화문을 독립시켜 배치한 점은 매우 이색적이다.

용통甬筒에는 잔잔한 구슬 같은 연주連珠—실에 꿴 구슬 무늬를 돌려서 여섯 단으로 구분해 조각했다.

그것도 고사리 모양과 비슷한 당초문唐草紋, 蔓草文—줄기 덩굴 잎이 얽힌 식물무늬과 연꽃잎 무늬로 장식해 놓았다.

동종의 몸통에는 선녀의 의복자락 같이 옷깃을 날리며 하늘로 올라가는 두 개의 비천상飛天像을 새기기까지 했으며 오른쪽과 같이 왼쪽도 같은 무늬를 새겨 놓았다. 삼존불상은 책상다리로 앉아 있는데도 의복이 바람에 나부기는 듯하며 머리에는 둥근 대를 갖춘 채 두 손 모아 합장하는 결가부좌한 자세를 하고 있다. 당좌에는 8개의 연꽃잎을 중심으로 와문渦紋—소

동종(출처, 문화재청)

용돌이 모양의 무늬을 연속시켜 원형을 이루도록 배치했다. 아래 띠인 구연대는 위의 띠와 달리 위 아래로 연주문 안에 보상 당초문이 장식되어 있어 보는 사람들의 시선을 끌기에 부족함이 없다.

동종은 용통音管—범종의 맨 위쪽에 있는 대나무 마디 모양의 소리 대롱에 금이 가고 유두가 부서졌으나 보존 상태는 좋은 편이다.

뒤늦게 몸체에 있는 명문이 해독되었다.

해독에 의하면, 통일 신라 문성왕 16^{854}년에 비를 세웠다는 내용이 있으나 종의 형태나 문양은 명문과는 일치하지 않는다. 따라서 이 명문은 뒤에 새긴 것으로 밝혀지면서 고려의 종으로 추정되었으며 조각수법이 매우 뛰어나 걸작으로 꼽힌다고 한다.

이 동종도 상원사 동종처럼 사람들의 접근이 쉬운 곳에 범종각을 새로 지어 벽이나 나무로 가릴 것이 아니라 유리로 보호막을 만들어 누구나 다가가서 감상할 수 있도록 했으면 하는 생각을 지울 수 없었다. 그래야 국보가 대중화 속으로 자연스럽게 스며들 수 있을 것이 아니겠는가.

코스
03

서산 마애여래3존불상

예산 수덕사 대웅전

부여 정림사지 5층석탑, 백제금동대향로

공주 무령왕릉

서산 마애여래3존불상

국보. 시대는 백제, 소재는 충남 서산시 운산면 마애삼존불길 65-13

무리하기는 하겠지만 당일 코스로 일정을 잡아 이른 새벽에 집사람을 태우고 가뿐하게 집을 나서 네비의 안내를 받으면서 자타를 운전하며 판교에서 경부고속도로로 들어섰다.

안성에서 평택제천고속도로로 갈아타고 달리다가 서평택 IC에서 서해안 고속도로를 탔다. 서해대교를 지나 달리다가 서산IC에서 내려서서 618번 지방도로를 따라가다 운산면 용현리 오지에 숨어 있는 박암사 주차장에 차를 세우고 가파른 언덕을 올라 마애여래3존불상을 대면했다.

마애여래3존불상 앞에 서니 때마침 스님과 신도 두어 분이 불공을 드리고 있어 방해가 될까 사진을 찍기가 매우 난감했다.

길을 잘못 들어 시간이 많이 지체되어 초조해 하는데 집사람은 가톨릭 신자인데도 스님 옆에 서더니 합장하고 기도를 하는 것이 아닌가.

불공을 드리는 스님에게 방해가 되지 않도록 최대한 조심하면서 사진을 찍었다. 다각도로 사진을 찍고 나니 진땀이 흐른다.

가야산伽倻山 박암사朴巖寺에는 많은 전설이 전해지고 있는데 그 중 하나가 바로 마애여래3존불상이다.

마애여래3존불상은 소박한 기법을 구사했기 때문에 자유로운 불상의 배치는 말할 것도 없거니와 너무나 소박하다. 그런 탓인지 자유분방한 백제인의 살아 있는 모습 그대로인 순박하고 푸근한 미소로 살려낸 희대의 걸작傑作으로 자리매김했다. 그것도 싱긋이 짓는 미소는 여유로움을 잃지 않은 백제 사람들의 진취성과 역동성 그대로를 대변해 주고 있다. 그런 탓으로 오늘 날 백제 사람 셋을 만나려면 당연하게도 서산으로 가라는 말이 생겼는지도 모른다.

한동안 이 불상은 전설로만 전해졌지 실물은 발견되지 않은 적이 있었다. 이를 찾아내기 위해 홍사준 박사 일행은 전해 오는 전설에 의지해 현장을 답사하면서 골짜기마다 샅샅이 뒤졌다.

그러나 끝내 홍 박사 일행은 불상을 발견하지 못했다.

홍 박사는 마애불 찾기를 포기하고 산을 내려왔다.

그는 하산하다가 나무꾼과 우연히 조우했다.

홍 박사는 나무꾼에게 혹시나 해서 물었다.

"이 산에 전설로만 내려오던 마애상이 있다고 들었는데 어르신께서는 나무를 하러 산속을 누볐을 터이니 본 적이 있습니까?"

"첩을 둘이나 거느린 불상 말이유?"

"아, 네. 그럴 수도 있겠네요, 어르신."

홍 박사는 너무나 반가운 나머지 나무꾼의 손을 덥석 잡았다.

"본 적이 있고 말구유. 늘 실실 웃고 있구만유."

"아, 그러세요. 그렇다면 어서 말씀 좀 해 주시지요."

"그야 이바구해 드리지유."

나무꾼이 제스처까지 하며 저간의 전설을 들려줬다.

"저 인바위 안에 가면 환하게 웃는 산신령 한 분이 있으니께유. 그것도 양 옆에는 큰 마누라와 작은 마누라까지 끼고 있지 뭐유. 그런데 작은 마누라는 의자에 다리를 꼬고 앉아 손가락으로 볼을 살짝 찌르면서 실실 웃어대는 데유, 밉살스럽게도 용용 죽겠지 하고 큰 마누라를 놀려대고 있구만유. 이를 지켜보는 큰 마누라는 돌을 들어 작은 마누라를 쥐어박으려고 하는데, 산신령 양반이 가운데 서 있어 차마 돌을 던지지도 못한 채 그대로 있기만 하는데유… 이는 흙은 소리 아니라유."

홍 박사는 나무꾼의 흥건한 입담을 뒤로 하고 그가 가리켜준 길을 따라 발걸음을 재촉해서 찾아가 확인해 보니 과연 그렇게 찾아 헤매던 3존 불

은근한 미소를 머금은 마애여래3존불상

상이 석양을 머금고 미소로 반기지 않는가.

서산시 운산면 용현리 가야산 오지에 꼭꼭 숨겨져 있는 국보 마애여래3 존불상은 백제 특유의 미소를 지닌 마애불로 널리 알려졌다.

이 3존불상은 암벽을 조금 파고 들어가 3존불상을 조각해 놓았는데 불상 앞쪽은 나무로 인공 처마를 달아 조성한 마애석굴 형식에 해당된다. 커다란 바위 아래 면에 새겨진 세 분의 불상, 곧 마애 3존 불상을 차갑고 단단한 바위에 이토록 풍만하고 따뜻한 미소를 머금은 부처상으로 어떻게 조각할 수 있었을까 하는 의문이 가시지 않는다. 누가 뭐래도 걸작 중의 걸작의 조각품이 아닐 수 없는⋯

중앙에 소탈한 본존불을 입상으로 세우고, 왼쪽에는 반가사유상, 오른쪽에는 보살입상을 조각해 일반 불상과는 다른 특이한 불상을 조각한 것이 다름 아닌 저 '백제의 미소'로 세상에 알려진 서산의 「마애여래3존불상 磨崖三尊佛像」이다. 이 마애여래3존불상의 온화溫和하고 고졸古拙한 미소야 말로 전통적인 불상의 형식에서 완전히 탈피한 데다 파격적인 불상으로 백제만이 지닌 독특한 미소가 아닐 수 없다.

마애여래3존불상의 가치는 신이 아닌 다정한 이웃집 아저씨처럼 조각했다는데 있으며 일상적이며 친근한 불상의 얼굴을 부조했다는 데 있다.

더욱이 하루의 태양이 비치는 각도에 따라 본존불과 좌우 불상의 미소가 전혀 다르게 보일 뿐 아니라 천년을 뛰어넘어 현재도 살아 움직이는 것 같은 백제 사람들의 소탈한 미소를 각인시켜 준다.

아니, 마애여래3존불상의 진가는 이른 아침, 햇빛이 비치기 시작하면서 살짝 미소를 머금다가 오후가 되면 내리쬐는 햇볕에 입 언저리가 살짝 올라가는 듯, 그러면서 살짝 미소를 짓는 것 같은 모습이야말로 3존 불상의

마애여래3존불상

미를 극도로 높였다.

게다가 해가 지고 달이 뜨면 달빛이 스며들면서 불상 아래 켜놓은 촛불과 함께 불상이 지닌 본연의 자비로운 얼굴, 바로 천千의 얼굴을 가진 3존불상으로 변하는 데 있음에야.

천년 전 백제 사람 세 분을 만나 뵈러
서산 운산 용현리를 찾으니
찡한 여운이 가슴에서 솟아나와.
좌에는 반가사유상,
우에는 보상입상
중앙에는 본존상을 조각한 것이
마애여래삼존불상 아니겠어.

온화하고 고졸한 미소는
부처님 아닌 우리 이웃집 아저씨 같아
천년을 뛰어넘어
현재에도 살아 싱긋 웃는 미소로
현대인에게 각인되나니…

마애여래삼존불상이야말로
천년의 얼굴을 가진 부처님 아닐까 싶으이.

—시 「백제의 미소」

예산 수덕사 대웅전

국보. 시대는 고려, 소재는 충남 예산군 수덕사 안길 79

마애여래3존불상 속으로 들어갔다가 나와 609번 지방도로를 타고 달리다가 송산 교차로에서 국도 45번, 잠시 뒤 40번 국도를 타고 가다가 수덕사 입구로 들어가 대웅전 앞으로 갔다.

옹산 스님을 찾으니 마침 출타 중이어서 뵙지 못했다.

필자가 수덕사에 관심을 갖게 된 것은 모 일간 신문의 기사 때문이다. 만공 선사에 대한 기사였는데 그 스님을 독립유공자로 인정받지 못해 안달하는 옹산 스님의 안타까운 심정이 실려 있었다.

또한 수덕사는 파란만장한 일엽 스님이 기거했던 곳이기도 해서.

그래서 장편소설 『450년만의 외출』과 같은 잘만 하면 소설의 소재거리가 될 수도 있겠다 싶어서 찾아가 옹산 스님을 만났다.

옹산 스님이 만공 선사를 소재로 소설을 쓴다면 그게 팔리겠어, 하는 바람에 의기소침해서 포기한 적이 있었다.

만공滿空 선사가 1937년 마곡사 주지 스님으로 있을 때, 조선 총독 데라우치 마사타케가 전국의 주요 사찰 주지를 불러 모아놓고 한국불교를 일본화하려고 강압적으로 밀어 붙였다.

이때 만공 선사만이 이를 정면에서 반기를 들어 사자후獅子吼로 조선 불교의 정통·성과 순수성을 지켜낸 일화가 전해진다.

이를 소재로 시심이 발동해 시 한 편을 지었다.

높지도 깊지도 않은 덕숭산德崇山이

포근히 감싸 안은 수덕사는

국보인 대웅전으로 고색창연古色蒼然함을 더해.

대웅전大雄殿 옆으로는

수도승들이 백련당, 청련당에 모여

참선으로 밤을 밝히며

비구니 도량인 견성암을 포용한 대찰.

만공滿空 대선사* 중창 이래

선종의 도량으로 우뚝 올라섰음에야.

그 절에는 난 스님 한 분이

주지로 있었으니

만공 대선사를 독립유공자로 추서 받지 못해

안달하는 옹산翁山 스님이

참 스님 아닐까 싶으이.

ー시「옹산 스님」

* 만공滿空 대선사ー1937년 마곡사 주지 만공 스님이 조선 총독 데라우치 마사타케가 한국불교를 일본화하려는 정책에 정면에서 사자후로 반기를 들어 조선 불교의 정통성과 순수성을 지켜낸 일화로 유명함.

대웅전을 찍으려고 하니 마침 초파일이 가까워 등을 달아 놓았기 때문

대웅전 전경(출처, 패밀리 스토리)

에 정면에서는 대웅전을 찍을 수 없었다. 또한 고색창연한 대웅전 천정을
찍으려니 그것마저도 마침 예불을 드리고 있어 찍을 수 없었다.

수덕사는 백제 위덕왕 때 고승 지명이 세운 것으로 추측하지만 자세한
기록은 남아 있지 않다. 무왕 때는 혜현惠顯이 「묘법연화경」을 강의하면
서부터 널리 알려졌다. 공민왕 때는 나옹화상懶翁和尙이 중수했다는 기록
도 있다. 조선조 말 고종 2¹⁸⁶⁵년 만공滿空 선사가 중창한 후로 선종 유일
의 도량으로 오늘에 이르고 있다.

그런 탓으로 덕숭산德崇山 덕숭 총림 수덕사修德寺는 대웅전 이외에 비구
니들의 도량인 견성암見性庵과 일엽一葉 스님이 기거했던 환희대歡喜帶 등
부속건물이 즐비하다. 문화재로는 국보 대웅전 이외에도 노사나불괘불탱

盧舍那佛掛佛幀과 목조석가여래삼불좌木彫釋迦如來三佛坐 및 복장유물이 있으며 기타 문화재를 보유하고 있다.

한때 수덕사는 「수덕사의 여승」이란 노래가 유행하기도 했었다.

수덕사 대웅전大雄殿의 규모는 정면 3칸, 측면 4칸의 단층 맞배지붕-정면과 후면에는 추녀가 있으나 양 측면에는 용마루까지 추녀 없이 八자형 건물으로 주심포柱心包-기둥을 세우고 위에 나무판을 받쳐놓은 기둥를 세워서 지은 건물이다. 가구架構-재료를 조립해서 건물을 짓는 것 수법은 안동 봉정사 극락전이나 영주 부석사의 무량수전과 비슷하다. 세부 양식에 있어서도 유사한 점이 많으나 구조 장식 양식 규모 형태 등에서는 어느 정도 차이가 난다.

대웅전은 수덕사의 본전으로 시원스런 공간에 섬세한 빗살 분합문分閤門-긴 창살문이 눈에 두드러지게 들어온다. 높은 돌계단 위에 남향으로, 기둥은 배흘림이 두드러지게 해서 지은 건축임을 한눈에 알아볼 수 있다. 그것도 평기둥에 굽받침이 있는 주두柱枓, 柱頭-기둥머리를 놓고 그 위로 공포를 전개시켜 처마를 받쳐 놓았는데 간결함이 돋보인다.

1937년 수덕사의 대웅전을 해체해서 복원할 때, 묵서명이 발견되어 1308년에 건립된 것이 뒤늦게 확인되었다.

이 묵서명으로 말미암아 우리나라 건물 중에서 건립연대가 가장 확실한 고려의 건축임이 입증立證되었다.

그 결과, 이 대웅전 건물을 기준으로 다른 건물의 건립 연대를 추중할 수 있는 귀중한 표준이 되기도 했다. 또한 현존하는 고려의 건물 중에서 특이하게도 백제적인 곡선이 보이는 목조건축임도 밝혀졌다. 대웅전은 고려의 주포식 건물이지만 공포에 허점차가 삽입되었으며 가구架構에는

벽 없이 들창으로 조성, 올렸을 때 모습(출처, 수덕사카페 맥켄리 커피)

우미량牛尾樑-꼬리 모양으로 굽은 대들보이 첨가되었다.

대공이 다른 조각으로 장식된 점도 특이하다.

공포와 가구 부재에 나타난 세련된 곡선미와 가지런한 구성미는 당시의 제한된 형식에서 벗어나 자유로운 형식으로 한 걸음 나아간 것으로 이 건물 특성의 하나이기도 하다.

다양한 부재를 사용한 탓으로 측면이 정면보다 유난히 아름다운 데다 대웅전의 외관마저 부재가 크고 굵어 안정감까지 준다.

약간의 배흘림기둥을 연결한 인방引枋-아래위로 가로지르는 기둥, 고주高柱와 평주平柱를 잇는 퇴보, 고주 사이를 맞잡고 있는 대들보는 세련미를 한층 더해준다. 어디 그 뿐인가.

직선재直線材와 이를 지탱하는 장식적인 포대공包帶工-포작으로 짜서 세운 기둥과 곡율曲率-굽은 기둥 등 우미량과의 조화야말로 목재 건축미의 극치, 그것이다. 여기에 흰 벽을 이루는 세련된 구조는 한국 건축의 빼어난 아름다움을 대표하는 건축물이 아닐 수 없게 한다.

이 불전의 아름다움은 측면에서 보아야 제대로 만끽할 수 있다.

측면의 공간은 5개의 기둥으로 분할해 4칸으로 나누고 중앙 사각의 축면에 고주문을 세워 대들보 밑까지 올렸다.

게다가 대들보 양 끝에는 눈에 띠게 배흘림의 원형기둥을 세우고 윗몸에는 퇴량退樑—고주와 외진평주를 연결하는 기둥까지 끼워서 귓기둥과 연결시킨 축부軸部—중심 축로 결구했다. 도리 받침재는 곡률曲率이 두드러진 우미량을 사용해서 주심도리로부터 상종도리까지 겹겹이 짰기 때문에 주심포식의 대표적인 우미량을 볼 수 있다.

또한 공포 부재와 가구의 세부 장식재에서 의장意匠을 본격적으로 추구하려 한 조형의식의 새로운 시도도 엿볼 수 있다.

그런 탓으로 고려 말 건축물 중에서 먼저 의장意匠을, 나중에 구조構造를 추구한 대표적인 건물의 하나가 되었다.

건물 내부 중앙에서 쳐다보면, 2고주, 9양의 가구 짜임새는 직선재와 곡선재를 균형 있게 조화시켰음도 알 수 있다.

이렇게 조화시킴으로써 경쾌감을 더하면서 대들보에서 종도리에 이르는 부재의 구성과 배치마저 최고의 미로 거듭 났다고 하겠다.

내부 공간에는 고주간의 폭이나 바닥에서 대들보까지의 높이가 같으며 입체적으로 정방형을 이루게 한 것만 보아도 내부 공간 구성이 주도면밀한 계획에 의해 지어진 것임이 드러난다.

부석사 무량수전과 비교해 보면, 전체적인 구성 원리는 서로 비슷하지만 의장상意匠上—디자인의 기교가 보다 많이 강조되었기 때문에 무량수전의 뒤를 이은 건물임을 실증할 수 있다고 한다.

부여 정림사지 5층석탑

국보. 시대는 백제, 소재는 충남 부여군 부여읍 정림로 83

　수덕사를 나와 네비의 안내를 받으며 40번 국도, 송산교차로에서 609번 지방도로, 홍성에서 29번 국도를 타고 달려 부여에 이르렀다. 네비가 없으면 가까운 길로 찾아가기가 쉽지 않은 코스였다.

　그런데도 길을 잘 찾아 부여 정림사지에 무사히 도착할 수 있었다.

　평제탑이라고도 알려지기도 한 5층석탑은 누구나 쉽게 접근할 수 있어 관람자에겐 편리했다.

　필자는 원근부터 거리를 맞춰 가면서 사진을 찍었다. 사진을 찍고 탑을 맴돌며 탑 속으로 들어갔다가 나오기를 여러 번 반복했다.

　충청남도 부여의 정림사지定林寺址 5층석탑은 백제 말기에 화강석으로 조성한 석탑으로 높이는 8.33m이다.

　현재 이 탑은 익산의 미륵사지석탑彌勒寺址石塔과 함께 백제탑으로는 유일하게 남아 있다.

　탑은 낮게 조성한 단층 기단인 데다 사각형 우주隅柱에 보이는 엔타시스

Entasis—중간이 굵고 위아래 부분은 가는 기둥 수법을 적용했으며 얇고 넓은 각층

은 옥개석의 형태이다.

5층 석탑

옥개석에는 전각轉角－지붕의 처마와 처마가 마주치는 부분에 나타나는 반전反轉 등 목조탑의 구조와 비슷한 점이 눈에 띈다.

1층 탑신 4면에는 소정방이 백제를 평정했다고 새긴 기공문紀功文이 있어 평제탑平濟塔이라고도 한다.

이 석탑은 한국 석탑의 계보를 정립하는데 한 부분을 차지한다.

맹목적인 모방에서 벗어나 정돈된 형태, 세련되고 창의적인 조형미, 전체적으로는 장중하면서도 명쾌하며 격조마저 높은 탑이기 때문이다.

뒤에 이 탑을 모방한 탑이 조성되기도 했었다.

조성 방식을 보면, 기단은 낮게, 1층 탑신은 높게 설계했으며 2층부터는 탑신의 높이와 너비를 조금씩 줄였다.

또한 1층은 모서리에 안쏠림－기둥 안쪽으로 쏠림과 민흘림－기둥머리의 지름이 기둥뿌리의 지름보다 작은 기둥의 기둥을 세우고 내부에 각 면 2개씩의 판석을 연결해서 두 쪽 문을 단 것 같은 느낌이 들도록 조성했다. 얇은 옥개석은 층마다 약간 경사지게 조성했다.

그것도 옆으로 뻗어나가 지붕의 10분의 1 지점에서 살짝 올라가게 했기 때문에 아름다움을 더해 준다. 여기에 지붕 모서리 윗부분은 도톰하게 솟은 우동隅棟－내림 마루으로 만들기까지 했다.

현재 정림사지 5층석탑은 기단부터 거의 완벽하게 남아 있으나 상륜부 노반석의 일부는 소실되었다. 그런데도 이 석탑은 전체적으로 안정되고 아름답게 보이는 것은 배율의 완벽성 때문이다.

이 석탑을 실측해서 수리적 원리를 찾아낸 사람이 바로 일인 건축사 요네다 미요지米田美代治이다.

그는 수리적 방법으로 석굴암을 완벽하게 실측하기도 했었다.

요네다는 그런 경험을 살려 석탑 건립에 사용된 실제 자尺-고구려의 1자는 약 35cm 정도를 사용해서 실측했는데 너비가 14척, 그 반인 7척을 이 탑의 기본으로 추정했다. 1층의 너비는 7척, 1층 지붕과 2층 지붕을 합친 것이 7척, 기단 높이는 7척의 반인 3.5척이나 된다.

기단의 너비는 7척에 7척의 반인 3.5척을 더한 10.5척 등 7의 배율을 적용해 탑을 설계했다고 밝혔다.

그는 정림사지 탑의 배율 원리대로 일본 호류지法隆寺 5층 석탑에도 그대로 적용시켜 실측했다. 실측한 결과, 호류지 5층 석탑의 건립에는 백제인들이 깊이 관여했음을 입증하기도 했다.

이런 실측으로 충남 부여군 부여읍 동남리 소재 백제 금동탑에 나타난 공포의 부재에서도 입증되었다.

5층석탑은 완벽할 정도로 비례와 배율의 수치로 조성되었기 때문에 보다 안정적이며 아름다운 점에서도 높이 평가할 만하다.

이 탑을 두고 오명汚名의 하나로 평제탑이라고 일컬은 일본인들인데 그들의 의해 탑의 건립 비밀이 밝혀지다니.

현재 정림사는 불타 흔적도 남아 있지 않다.

뒤늦게 발굴과정에서 '태평팔년술진정림사太平八年戊辰定林寺'란 명문이 쓰인 기와조각23.5cm이 나와 사찰 이름이 밝혀졌다.

태평 8년은 요나라 성종의 연호인데 고려로 환산하면 현종 19¹⁰²⁸년에 해당된다. 기와 조각 때문에 정림사지라는 이름을 되찾았다.

백제금동대향로

국보. 시대는 백제, 높이 61.8cm, 소장은 충남 부여군 부여읍 금성로 5, 국립부여박물관

정림사지 5층석탑을 보고 가까이 있는 국립부여박물관으로 갔다. 다름 아닌 금동대향로를 보기 위해서.

사진을 찍으니 조명 탓으로 주변의 물체가 그대로 비쳐 제대로 된 사진을 얻을 수 없었다.

대향로는 불전佛典에 제를 올리기 위해 향을 피우는데 주로 쓰는 향로香爐로 부여 능산리 절터에서 출토되었다.

이 향로의 형태를 보면 앞발을 치켜든 용이 이제 막 피어나는 연꽃 봉오리를 물고 하늘을 나는 듯한 모습을 하고 있다.

향로의 뚜껑은 중첩된 산악으로 조성했으며 그 위에 날개를 활짝 펼친채 정면을 응시하고 있는 한 마리 봉황을 보주 위에 세웠다.

연꽃무늬 봉오리의 중앙을 아래와 위로 나뉘어 놓았는데도 몸체와 뚜껑이 아주 자연스럽게 조화를 이루고 있다.

봉황 아래, 곧 뚜껑 위쪽에는 5명의 악사樂士가 각각 다섯 악기를 연주하고 있는 모습을 조각해 놓았다.

금동대향로(출처, 국립부여박물관)

소발로 깎은 머리는 오른쪽으로 묶고 통견通絹의 도포자락과 악기를 연주하는 사람마다 독특한 자세를 취하고 있다.

곳곳에다 상상의 동물뿐 아니라 호랑이 멧돼지 사슴 코끼리 원숭이 등의 동물과 산속을 거닐거나 참선하는 사람, 기마 수렵인, 낚시를 하는 듯한 인물 등 16명을 종성해 놓았다.

또한 사이사이에 파도무늬 연화무늬 소형의 구슬을 배치하고 전체를 하나의 원형굽으로 연결시켜 놓았다.

이런 무늬를 보면 백제 사상의 일면을 엿볼 수 있다.

받침 중 바닥에 닿아 있는 용의 발목이 세 지점에서만 닿게 했고 그것도 정삼각형이 되도록 했다.

이로 보아 과학적인 설계에 의해 제작되었음도 알 수 있다.

대향로는 불로장생의 신선들이 살고 있다는 삼신산을 상징적으로 장식한 뚜껑, 5명의 악사와 5마리의 새, 24개의 산봉우리, 6군데의 나무와 12군데의 바위, 폭포, 시냇물을 배치해 화려함을 배가시켰다.

부여 능산리 사지에서 출토된 백제금동대향로는 한반도뿐만 아니라 중국에서도 이에 비견할 만큼 박산향로博山香爐가 출토된 적이 없으며 완성도와 조형미가 매우 높은 공예품이라고 하겠다.

공주 무령왕릉

사적. 시대는 백제, 소재는 충남 공주시 왕릉로 37

국립부여박물관을 나와 40번 국도를 타고 공주에 도착했다.

송산리 주차장에 차를 세우고 곧장 세계문화유산인 송산리 고분군으로 가는 도중에 전시실이 있어 무령왕릉 현실의 재현을 관람하고 고분군의

송산리 5호 고분군

하나인 무령왕릉으로 갔다.

필자는 현실에 직접 들어가 보려고 했으나 입구를 쇠문으로 막아 놓아 출입을 할 수도 없었다. 학부생들을 데리고 답사를 왔을 때는 현실을 개방하기도 해서 직접 들어가 여러 면으로 관찰하기도 했었는데…

무령왕릉은 1971년 여름, 조사가 끝난 송산리 5호 무덤과 6호 무덤 사이에서 배수로를 정비하던 중에 우연히 발견되었다. 그것도 도굴되지 않은 온전한 상태로 발견되어 많은 관심을 끌었다.

발굴 당시 조급하게 서둘러서 발굴한 탓으로 유물을 체계적으로 수습하지 못해 졸속이라는 지탄을 받기도 했었다.

그런데도 발굴 작업은 고고학사상 획기적인 사건의 하나였으며 기대 이상의 성과를 거두었다. 백제 왕릉에 대한 자료가 거의 없는 상태에서 발견되어 백제 문화의 참 모습을 보여주기까지 했으니…

무령왕릉武寧王陵은 송산리 고분군의 하나로 1971년 7월 일곱 번째로 발굴했는데 왕과 왕비의 무덤임이 밝혀졌다. 게다가 왕릉의 지석이 발견되어 축조연대가 보다 명확하다.

寧東大將軍 百濟 斯麻王 年六十二歲 癸卯年 五月 丙戌朔 七日 壬辰 崩到. 乙卯八月 癸酉朔 十二日 甲申 安登冠大墓 立志如左.

영동 대장군 백제 사마왕은 춘추 62세인 계묘년 5월 병술 초하루인 7일 임진에 돌아가셨다. 을묘년 8월 계유 초하루인 12일 갑신에 묘를 지어 안장했는데 좌와 같이 그 의의를 기록한다.

이 지석은 백제 고고학 연구의 표준이 되었다.

묘실 내부(출처, 문화재청)

출토된 유물은 금제 관식, 금제 뒤꽂이, 금제 심엽형 이식, 지석, 석수, 청동 신수경 등 2,900여 점이나 된다.

무령왕릉은 돌방무덤으로 한성 도읍부터 시작된 백제 고유의 무덤 형태이며 이런 형태는 중국 양나라 때 들어온 무덤의 양식에 해당된다.

봉분은 위가 20m, 묘실墓室－널방은 무덤 위까지가 7.7m이다. 묘실은 연화무늬 벽돌과 지문이 새겨진 벽돌로 쌓은 방인데 북쪽 측선은 가로 4.2m, 세로 2.72m나 된다. 천정은 아치형으로 바닥에서 높이 9.93m이며 벽면에는 소감小龕－조그만 방과 연꽃모양의 창이 있는데 북쪽 벽에 1개, 동서 벽에 각각 2개를 조성해서 등잔을 놓았다.

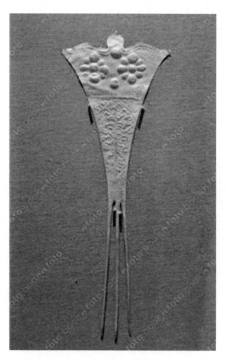

묘에서 출토된 유물은 전례가 없을 정도로 풍부하고 화려하다.

수습해 모아놓은 공예품은 다양한 종류의 금은 장식구를 비롯해서 청동 제품 그릇 도자기 목제품 순으로 많다.

금제 뒤꽂이(출처, 국립공주박물관)

코스
04

보은 법주사 8상전

청주 고인쇄박물관

보은 법주사 8상전

국보. 시대는 조선, 소재는 충북 보은군 속리산면 법주사로 405

당일 코스로 이른 새벽 집을 나서 전철을 타고 서울남부터미널로 가서 청주행 고속버스를 타고 청주 터미널에서 내렸다.

터미널에서 법주사행 직행 버스로 갈아탔으며 돌고 돌아 법주사 주차장에 내려서 곧장 법주사를 향해 걸어갔다.

터미널에서 내려 법주사로 가는 길은 어느 사찰이나 마찬가지겠지만 상가가 즐비해서 운치가 덜했으나 매표소를 지나면서부터 고즈넉한 사찰 분위기를 느낄 수 있어 그나마 다행이었다.

야자매트가 깔린 산책로는 정2품송 때문인지 세조길로 명명, 그야말로 산책 모드로 폼을 잡을 수 있었다.

필자로서는 법주사를 여러 번 다녀가기도 했고 학부생을 데리고 답사도 왔으며 속리산 문장대 등산을 하기 위해 지나치기도 했었다.

그러나 이번 답사만은 달랐다. 무언가를 건지겠다는 욕심이 생겼으니까. 그런 욕심으로 사찰을 돌아보았다.

사적 법주사法住寺는 진흥왕 14553년, 인도에서 공부하고 돌아온 승려 의신義信이 지은 사찰이다.

경내에 있는 국보인 국내 유일의 8상전捌相殿—捌은 八과 같다은 전殿이 아닌 탑의 성격이 짙다. 탑 이외에도 국보로 쌍사자 석등, 석련지石蓮池가 있으며 보물로는 사천왕 석등, 마애여래 의상, 신법천문도 병풍, 괘불탱, 석조희견보살입상 등 문화재가 있다.

필자가 답사했을 때는 8상전 외부는 누구나 사진에 담을 수 있으나 내부는 사진 촬영을 금하고 있었다.

필자는 신발을 벗고 안으로 들어가 사면의 그림과 천정을 유심히 살펴보았다. 그리고 때 마침 관리자가 자리를 비운 절호의 찬스(?)를 틈 타 내부와 천정을 마음껏 찍을 수 있었다.

8상전은 부처의 일생을 여덟 폭의 화폭에 담아 그린 팔상도捌相圖를 보관하는 건물이기 때문에 탑이다.

따라서 8상전은 8상도를 봉안하는 기능의 5층탑으로 우리나라에서는 유일하게 남아 있는 목조탑이다.

건립 당시의 흔적은 현재 돌로 짠 기단부만 남아 있고 지금의 건물은 1605년 재건축되었으며 1626년에는 대대적으로 보수했다.

중창 때, 평면은 사각형의 단층기단을 돌로 축조했다. 그리고 사방으로 계단을 마련하고 탑신부를 5층 목조건물로 지었다. 그렇게 지은 목조 5층탑은 높이가 22.7m에 이른다.

정유재란 때, 8상전이 전소되다시피 했기 때문에 선조 381605년부터 짓기 시작해서 인조 41626년에 완성했다.

1968년에는 전면적으로 해체해서 복원공사를 했다. 이때 복원한 내부

정면에서 본 8상전

의 사면 벽마다 각각 2개씩 모두 8개의 변상도變相圖를 걸어 8상전의 본래 기능을 회복시켰다.

8상전 복원 때 정사각형 기단은 석재를 이용해서 쌓고 그 위에 목조 5층 탑신을 축조했으며 철제는 맨 위쪽 상륜부에만 설치했다.

기단부는 돌로 낮게 2단을 놓아 쌓았다. 그 위에 갑석甲石—돌 위에 다시 포개어 얹은 납작한 돌을 얹고 4면에 돌계단까지 마련해 놓았다.

1층의 탑신에는 돌계단을 쌓아 사방으로 출입구를 마련했기 때문에 내부에서 사방 어느 곳으로든 출입이 가능하다.

각 층의 칸 수는 1, 2층은 5칸, 3, 4층은 3칸, 5층은 2칸으로 구성하고 내부 벽에 팔상도를 걸었다. 가운데 중심 기둥은 5층까지 올려 세웠으며 기둥 사면은 벽으로 조성해서 불단을 설치했다.

8상전의 옥개석은 기와로 지붕을 이었기 때문에 처마를 받치는 공포는 다른 목조건물에 비해 특이하다.

1층은 기둥 위에 다포, 2층서부터 4층까지는 다포 양식, 5층은 기둥 사이에 공포를 놓은 다포 양식이나 층마다 공포는 조금씩 다르다.

지붕은 4모 지붕으로, 지붕 위는 석조 노반露盤—상륜부를 바치는 부재과 철제로 오륜의 상륜부를 조성했는데 지금도 남아 있다.

내부는 사리를 두는 공간, 불상과 팔상도를 걸어 두는 공간, 예불을 위한 공간 등 세 공간을 따로 마련해 놓았다.

탑 내부 한가운데는 찰주擦柱—탑의 중심 기둥를 세운 심초석이 있으며 그 위에 심주를 세워 상륜부까지 연결시켜 놓았다.

또한 8상전은 1층의 변주와 오른쪽 고주를 연결한 퇴보退樑—퇴칸에 건 대들보에 2층의 변주邊柱—변두리 기둥를 세운 것이 특이하다.

이런 가구법은 목조탑의 전형이 아닌가 한다.

탑 내부 한가운데는 찰주擦柱—탑의 중심 기둥를 세운 심초석이 있으며 그 위에 심주를 세워 상륜부까지 연결시켜 놓았다.

1968년 해체해 복원할 때, 심초석 상면에서 은제 사리호와 사리 장엄구를 수습했는데 사람들의 주목을 끌었다.

이 8상전은 비록 목탑이긴 하나 탑 중에서도 가장 오래되었으며 가장 높은 목조탑이라는 의의는 물론이고 하나뿐이라는 점에서 연구의 대상이 되며 소중한 문화재로 대접받고 있다.

흔히 팔상도捌相圖란 부처의 일생을 여덟 단계로 나눠서 그린 불화를 말하는데 이런 불화를 8상전이나 영상전靈相殿에 보관했다.

팔상도는 첫째, 도솔래의상兜率來儀相으로 부처가 도솔천兜率天을 떠나

통칭으로 조성한 내부 천정

코끼리를 타고 카필라 왕궁으로 향하는 모습을.

두 번째 그림은 비람강생상毘藍降生相으로 마야부인摩耶夫人이 룸바니 동산으로 가서 부처를 낳는 장면을 그렸다.

세 번째는 사문유관상四門遊觀相으로 부처가 성문을 나서 사문沙門을 만나 출가出家하는 장면을 그렸다.

네 번째는 유성출가상踰城出家相으로 부처가 29세 때 처자와 왕위를 계승할 태자의 자리를 박차고 출가하는 장면,

다섯 번째 그림은 설산수도상雪山修道相으로 부다가야의 보리수 아래에서 선정으로 들어서는 장면을,

여섯째는 수하항마상樹下降魔相으로 나무 아래에서 마군魔軍의 항복을 받고 크게 깨달아 각성하는 경지를 그렸다.

일곱 번째 그림은 녹야전법상綠野轉法相으로 대오한 부처가 녹야원으로 가서 5명의 수행자에게 설법하는 장면,

마지막으로 쌍림열반상雙林涅槃相은 쌍수 아래에 앉아서 열반涅槃에 드는 부처의 대자대비大慈大悲한 모습을 그렸다.

이렇게 그린 팔상도는 화폭마다 이해하기 쉽도록 제목까지 붙였다.

청주 고인쇄박물관

『직지심체요절直旨心體要節』

2001. 9월『직지심체요절直旨心體要節』는 세계기록유산으로 지정.

청주 하면 꼭 들러야 할 곳이 딱 하나 있다. 그것은 바로 운천동으로 이전한 청주고인쇄박물관이다.

청주버스터미널에 도착해서 곧장 택시를 타고 직지대로를 따라 청주 고인쇄박물관으로 향했다.

고인쇄박물관은 기록으로만 전해지던『직지심체요절』은 본래의 서명인 『백운화상초록불조직지심체요절』로 저 독일의 쿠텐베르크의 금속활자보다 78년이나 앞선 1377년 청주 홍덕사興德寺에서 간행된 세계에서 가장 오래된 금속활자본을 알리기 위한 박물관이다.

박병선 박사가 프랑스 국립도서관에 사장되어 있던 것을 찾아내어 세상에 알린 분이다. 박사가 아니었다면『직지』는 그 가치를 잊어버린 채 영원히 사장되었을지도 모른다.

박사는 프랑스 국립도서관에서 1967년부터 1980년까지 연구원으로 종사하면서 유네스코가 지정한 '세계 도서의 해'에 전시할 책을 찾다가 직지를 발견했다고 한다.

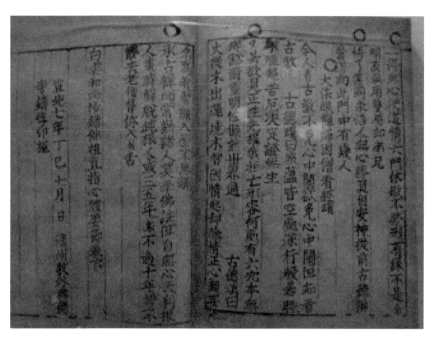

금속활자본 직지

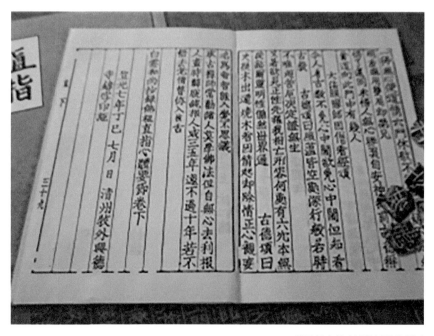

위의 금속활자본을 복원한 직지

『직지』의 하권 표지에는 프랑스 국립도서관 관인이 선명하게 찍혀 있다. 본문 마지막 장에는 '주자인시鑄字印施-쇠를 부어 만든 글자로 이를 널리 배포한다는 뜻'라는 자구도 너무나 선명하게 드러나 있다.

그런데 하권만 전해질 뿐 상권은 지금까지 발견되지 않았다.

『직지』의 요체는 백운화상이 부처나 자기보다 먼저 살다간 이름난 승려의 법어나 편지 등에서 가려뽑은 내용을 수록한 책이다.

직지심경이란 직지인심 견성성불直旨人心 見性成佛에서 나온 것으로 참선을 통해 사람의 마음을 바르게 보면, 마음의 본성 곧 부처님의 마음을 깨닫게 된다는 의미이다.

하루라도 빨리 프랑스로부터 직지를 반환받았으면 하고 프랑스 문화부가 내줄 리 없겠지만 일부러 헛욕심을 품어본다.

청주시에서는 직지 원본을 기증하는 사람에게 1백억의 사례금을 지불하다는 일화도 있으나 아직까지 원본의 원도 나타나지 않았다고 한다.

코스
05

합천 해인사 경판 판고, 팔만대장경 경판

진주 청곡사 영산회괘불탱

합천 해인사 경판 판고

국보. 시대는 고려, 소재는 경남 합천군 가야면 해인사길 122, 유네스코 세계문화유산
으로 등재

당일 코스의 여정으로 새벽에 집을 나와 전철을 타고 서울남부터미널로
가서 고령을 거쳐 가는 거창행 직통버스를 탔다.

고령 버스터미널에서 내려 해인사행 일반버스로 갈아탔다.

해인사 입구가 가까운 낙화담 부근 쯤 버스에서 내려 널리 알려진 옥류
동 트레킹 길인 소리길을 걸어 해인사로 향했다.

잠시 걷다보니 시심이 절로 솟는다.

가야산 해인사 옥류동* 계곡은
유명세보다 6.8km
소리길이 낫기는 나아.
두어 시간 쉬엄쉬엄 걷다 보면
계곡이 빚어내는
온갖 소리를 들을 수 있어.

소리 길을 걷기 전까지만 해도

인간사 힘들고 찌든 삶

이고 지고 매고 있다가도

돌아갈 즈음에는 모든 것

다 내려놓고 가벼운 걸음으로

돌아갈 수 있음이니…

―시 「옥류동」

* 일명 단풍이 붉게 물든다고 해서 홍류동

이런 가벼운 기분으로 필자는 해인사 경내로 들어섰다.

사적 해인사海印寺는 신라 애장왕 3802년에 창건한 법보 종찰宗刹이다. 해인사는 불보의 종찰인 경남 양산의 통도사, 승보 종찰인 전남 승주의 송광사와 함께 삼보 종찰 중의 하나이다.

해인사는 창건된 뒤 일곱 차례나 화재를 입어 그때마다 중창되었는데 현재의 건물은 조선조 말에 중창된 것으로 50여 동에 이르나 창건 당시 것으로는 대적광전 앞뜰의 3층 석탑 정도이다.

해인사는 국보 팔만대장경과 대장경 판고 및 석조여래 입상으로 유명세를 타고 있다. 이밖에도 보물인 원당암 다층 석탑 및 석등, 반야사원경왕사비般若寺元景王師碑 등 문화재도 있다.

팔만대장경은 위기를 맞은 적도 여러 번 있었다고 한다. 그런데도 불가사의한 일은 여러 차례 화재를 입었음에도 대장경과 판고板庫와 경판經板은 그대로 남아 있었다는 점이다.

그 예로 첫째, 일본의 끈질긴 요구로 일본으로 보내질 뻔했다.

일본은 고려 말부터 끊임없이 경판을 요구했다고 한다.

세종 때는 대장경판 자체를 요구했다. 이에 일본의 요구를 거절하고 경판을 도성 가까이 옮기려고 한 적도 있었다.

둘째, 임진왜란 때는 오대산 소백산 가야산이 삼재에 들지 않아 경판이 전화를 입지 않았다고 하지만 이는 사실이 아니다.

실은 소암昭巖 대사가 이끄는 승병과 거창과 합천 일대의 김면金沔과 정인홍鄭仁弘이 이끄는 의병들 때문이었다. 그들은 왜병이 가야산으로 접근하는 것을 결사 항전으로 싸워 왜병의 진로를 개령, 선산 쪽으로 돌렸기 때문에 무사할 수 있었다.

셋째, 일곱 차례나 해인사가 화재로 소실되었으나 그때마다 신이하게도 팔만대장경 판전版殿만은 화마를 면했다.

다섯째는 한국전쟁 때는 항공폭격으로 소실될 뻔했었다. 이를 저지한 사람이 바로 편대장 김영환 대령이다. 사찰 입구로 들어서서 대웅전을 바라보며 올라가다보면 길가에 색다른 비, 바로 판고의 모양을 그대로 옮겨 비문을 새긴 '김영환대장팔만대장경수호비'가 바로 그것이다.

대장경 판전板殿─장경 판고는 해인사의 주 건물인 대적광전보다 한 단 높은 곳에 자리를 잡았는데 팔만대장경을 수장하고 있다.

현재 판고는 1481성종 12년에 고쳐 짓기 시작해서 1488성종 19년에 완공했으며 1622광해 14년과 1624인조 2에 수리했다.

해인사의 대적광전大寂光殿을 뒤로 하고 돌로 마련한 계단을 올라서서 보안문普眼門으로 들어서면 규모나 양식이 비슷한 두 건물이 남북으로 배치되어 있는 판고와 마주하게 된다.

이 건물이 저 유명한 장경을 보관하고 있는 판고다. 판고의 기둥은 모두 108개, 남쪽 건물은 수다라장修多羅藏, 북쪽 건물은 법보전으로 앞면 15칸,

측면 2칸의 단층 우진각 지붕이다.

두 건물은 마당을 사이에 두고 동쪽에 사간판고, 서쪽에 똑 같은 사간판고가 있는데 앞면 2칸, 측면 1칸의 작은 서고로 이를 마주 보게 배치해서 긴 네모형의 형태가 자연스럽게 조성되었다.

이런 판고야말로 대장경을 보존하기 위해 지은 최고의 건물로 당시 건축술이야말로 실로 경이에 가깝다. 판고는 장식적인 의장意匠을 가미하지 않아 간결하면서도 소박하며 우아해서 건축사적 가치도 높다.

판고는 가야산 중턱, 665미터 지점에 남서향으로 지어 동남풍이 자연스럽게 드나들 수 있게끔 배치했으며 일조량도 여름이나 겨울이나 하루 7시간 정도 일정하게 비치도록 설계했다.

장경도 두 장씩 포개어 세워서 굴뚝 효과는 물론 온도와 습도까지 조절

판고 전면 창은 위가 작고 아래가 크다

할 수 있도록 했으며 공기 흐름의 원활과 온도 차이를 줄이기 위해 장경 사이의 간격도 일정하게 마련했다. 그렇게 할 수 있는 것은 경판 양 끝에 제작 때부터 부착해 놓은 마구리－길쭉한 기둥의 양쪽 머리 면 때문이다. 그로 인해 습기나 부패를 원천적으로 봉쇄할 수 있었으며 공기의 미세한 움직임까지 고려한 건축의 정수로 우뚝 섰다.

건물은 큰 부재를 간단하게 가구하면서 세부는 간결하게 처리했기 때문에 장식적인 의장은 거의 배제되었다. 게다가 장경이 썩거나 상하지 않도록 하기 위해 바람이 자유로이 드나들 수 있도록 각 칸마다 크기가 다른 창까지 마련했다. 그것도 건물 앞뒤 면의 창은 상하로 각각 다르게 냈다. 앞면은 위의 창을 작게, 아래 창은 크게 냈는데 반해 건물 후면의 창은 위가 크게, 아래는 작게 설치했다. 창문도 상하로 냈기 때문에 통풍이 잘 되고 아침저녁으로 온도의 차가 거의 나지 않았다.

건물 안의 바닥은 숯, 횟가루, 소금, 찰흙 등을 차례로 깔아 항상 같은 습

판고 후면 창은 위가 크고 아래가 작다

도를 유지하게끔 했으며 그 위에 평초석을 놓고 배흘림이 두드러진 큰 원주圓柱를 세웠다. 주두를 올린 위에 대들보를 얹어 직접 주심도리를 받치게 했으며 밑에는 간단한 초공草工도 마련했다.

얼마나 정교하게 지었는지 다음을 보면 알 수 있다. 이 판고는 현대 과학으로도 해결하지 못한 부분, 곧 수백년이 지나도 생쥐 한 마리, 거미줄 하나 생기지 않게끔 했다는데 있다.

또한 이 판고가 얼마나 과학적으로 지어졌느냐 하는 것을 알 수 있는 근거로는 700여 년이 지났는데도 경판 하나 부식되거나 썩은 것이 거의 없을 정도니까, 이를 증명하고도 남음이 있겠다.

태양의 고도를 고려한 판전의 위치 선정은 물론이고 통풍을 원활하게 하기 위한 창의 크기와 배치, 그리고 숯이나 횟가루, 소금, 모래, 찰흙을 차례로 바닥에 깐 점 등에서 파악할 수 있다.

이 판고의 건물이 얼마나 과학적으로 지은 건물인지를 알 수 있는 일화 하나를 간략하게 소개한다.

1975년, 화재의 위험과 도난을 방지하기 위해 최첨단의 건축기술을 동원해서 새로이 경전을 짓고 장경 일부를 옮겼다.

그런데 얼마 가지 않아 장경이 갈라지고 틀어지기 시작해서 부랴부랴 장경을 원래 있던 판고로 옮겼다고 한다.

어디 권투나 UFC에서만 KO가 있는 것은 아닌가 보다.

이것 하나만 보아도 20세기 첨단을 걷는 건축기술이 13세기 고려의 과학적 건축기술에 형편없이 KO패를 당했으니…

사찰과 관련해 먹거리의 일화가 담겨 있는 시 한 편을 소개한다.

해인사는 가을 김장김치 담기로
널리 알려져 있어.
한때 청담 스님이 주지로 있을 때
김장김치 맛이 기가 막혀
밥도둑이 늘어나자
김치곳간에서 비명이 진동했다나.
그것은 김장김치가 하룻밤 새
소태로 돌변한 데 있어.
범인은 누구도 아닌 청담으로
겨울이 가기 전에 식량이 동이 날까
김칫독마다 소금을 들어부었음이니.

조계사가 운영하는 공양간으로 승소가 있어
승소僧笑란 식당의 옥호로

스님들이 국수 소리만 들어도
미소를 짓는다고 국수란 별명이 붙었다지.
승소에서는 미소로 신도들을 맞이하고
식사를 하고 미소 지으며
돌아가게 한다는 운영 방침.
메뉴는 전통적인 사찰 조리법으로 만들어진
잔치국수, 비빔국수, 미역옹심이.
먹을 것이 귀했던 시절에도
스님들은 죽을 싫어한 반면
점심 공양으로 칼국수를 끓인다는
입소문만 번져도 온 절이
들썩들썩 할 정도로 좋아했음이니.
우리가 생일이면 으레 국수를 먹듯이
국수는 면발이 길어
길다는 것은 명이 길다 와도 통해.
면발 긴 국수를 많이 드시고
중생을 구원의 길, 광명의 길로 계도하면
그게 승소의 이유에 선답일 테지.

ㅡ시「승소」

팔만대장경 경판

국보. 시대는 고려

필자는 판전의 원경과 근경을 찍고 경판을 꼭 찍고 싶었으나 경비원이 절대 불가능하다고 제지했다.

찾아온 취지를 자세히 설명하고 필자 때문에 안전이 위협받는다면 함께 들어가 찍을 수 있도록 배려해 달라고 부탁했으나 거절당했다. 그러면 금줄을 쳐놓은 안으로 들어가서 창틈으로라도 사진을 찍을 수 없겠느냐고 하자, 그것도 안 된다며 만약 들어갔다가는 비상벨이 울려 대소동이 일어난다고, 바깥에 걸어놓은 사진, 바래서 사진이 나올 것 같지 않은 낡은 사진을 찍으라며 막무가내다.

한때 경판고를 찾았을 때는 안을 두루 다니면서 구경까지 했는데 지금에 와서야 특수 목적을 가지고 찾아온 사람을 이토록 박대하고 구박하다니, 그렇게 해야 국보가 잘 관리되는 모양인지 모를 일이다.

끝내 사진을 찍을 수 없었다.

대장경판은 불교 경전의 일부를 일컫기도 하지만 성스러운 불교의 경전을 수록한 3개의 큰 광주리나 그릇을 의미하기도 한다.

대장경 서가(書架)와 경판(출처, 문화유산채널 캡처)

이를 시대나 지역에 따라 삼장三藏, 중경衆經, 일체경一切經, 대장경大藏經 등으로 일컫기도 했다.

내용으로는 경장經藏－부처의 설법, 율律－교단의 계율, 논論－주석과 해석에 대한 주석서인 소疏를 비롯해서 권위 있고 공감을 불러일으키는 다양한 불교 관련의 문헌, 후대의 저술, 불교 관련 역사서, 전기나 사전류, 불교학 관련 주요 저술과 자료까지 총괄한다.

따라서 대장경은 시대가 흐르고 지역이 확대될수록 불경의 종류나 분량도 자연적으로 많아지거나 늘기 마련이다.

불경의 편찬 작업의 시작은 부처의 입적 직후로 500 나한이 마다가 왕국의 칠엽굴七葉窟에 모여서 부처의 설법을 모은 1차 결집부터 4차 결집까지 경, 율, 논을 정리한 것으로부터 비롯한다.

우리나라는 팔만대장경 이전에도 현존하는 세계 최고의 목판인 국보

126호 「무구정광대다라니경無垢淨光大多羅尼經」이 751경덕왕 10년 석가탑 조성 이전에 이미 간행된 적이 있다.

고려도 신라의 경판 조성 역량을 이어받아 경전을 지속적으로 간행함으로써 자연스레 목판 인쇄술이 고도로 발달하는 계기를 마련했다.

고려는 2차에 걸쳐 대장경을 간행했다.

1차는 1011현종 2년으로 거란의 침공을 불력으로 물리치기 위해 초조대장경을 발원했으며 1087선종 4년에는 이를 발간했는데 6,000여 권으로 동양 최대의 분량이었다.

대규모의 경전으로는 대각국사 의천義天에 의해 초조대장경을 보완하기 위해 교장敎藏을 열었다. 또한 1091선종 8년, 홍왕사興王寺에 교장도감을 설치하고 1102숙종 7년까지 4,700여 권의 경판을 조성했다.

이렇게 조성한 경판은 대구 팔공산 부인사夫人寺에 보관했는데 몽고의 침입으로 모두 소실되었다.

2차 사업인 팔만대장경 조성은 소실된 초조대장경을 대신하기 위해 1236고종 23년 재개하고 1251년 강화경 대장경판당에서 경찬의례를 개최하는 것으로 마무리 지어 16년 만에 완성했다.

경판의 재료는 산벚나루를 사용했다. 산벚나무는 나이테가 일정하고 수분 함유량도 고르게 분포되어 있기 때문이다.

벌채한 산벚나무를 톱으로 써 일단 판자로 만들었으며 그것을 소금물에 삶아 그늘에서 오랜 동안 말렸다. 그리고 좀이 쓰거나 비틀어지지 않도록 옻칠을 몇 번 씩 해서 해충까지 방지했다.

경판의 글은 혼자서는 쓸 수 없기 때문에 서예가 능한 사람들에게 모사를 익히게 해 비슷한 글씨체로 썼기 때문에 한 사람이 쓴 것 같다.

이렇게 쓴 글씨를 양각으로 새겼다.

완성한 경판은 배에 실어 와 해인사 판고에 보관했다.

조성 목적은 몽고 침입의 격퇴를 발원함은 물론 왕실의 안녕, 국태민안, 풍년 기원, 불법의 보급, 극락정토의 염원 등이다.

경판사업에 동원된 사람은 국왕을 비롯해 왕족, 고급 관리와 하급 관리, 유학자, 향리, 백성 등 다양한 계층이 참가했다.

현재 해인사 경내 경판전經板殿에 보관하고 있는 팔만대장경의 경판은 고종 2¹⁸⁶⁵년에 인쇄한 2부 중 하나로 경판의 수는 8만 4천 번뇌에 해당하는 8만 여 판에 경문을 담았다.

경판 하나의 크기는 가로 84.6cm, 세로 24cm, 두께 2.8cm, 천자문의 순서에 따라 총 1,511부, 802권, 81,137^{일설은 81,258}장이다.

한 줄로 쌓아 놓으면 백두산^{2774m}보다 508m나 더 높으며 판본 하나의 무게는 3kg으로 모두 합치면 280t이나 된다.

이렇게 거국적으로 조성해서 보관한 팔만대장경은 역사와 불교문화, 출판인쇄술, 국문학, 서지학 등 학문 연구의 소중한 자료가 될 뿐 아니라 기록적 가치 또한 매우 크다. 이런 가치를 높이 인정받아 팔만대장경은 1995년 유네스코 세계문화유산으로 등재되었으며 또한 2007년에는 고려 대장경판과 제 경판이 세계기록문화유산으로 등재되었다.

동국대학교 역경원에서는 1964년부터 2000년까지 무려 40여 년에 걸쳐 팔만대장경을 완역했는데 팔만대장경을 영인해서 이를 저본으로 번역했으며 318권에 이르는 한글 대장경을 출판했다.

해인사를 한참이나 걸어서 내려오다가 사찰 입구에 있는 성보박물관에 들렀다. 대찰 해인사에 비해 박물관의 진열품은 옹색할 정도로 초라했다.

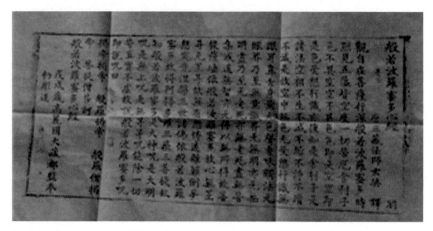
먹물을 발라 눌러서 인쇄한 경판

　판고의 경판을 직접 찍지 못한 아쉬움을 전시한 반야바라밀다심경 경판
과 전시한 탁본을 찍는 것으로 대신했다.
　불경의 중심은 「반야바라밀다심경」에 있고 그 핵심은 공즉시색空卽是色,
색즉시공色卽是空이다. 그런 탓인지 해인사에서는 이를 전통적인 방법으로
인쇄를 해서 탐방객에게 판매한 적도 있다.

　한때 법보 종찰 해인사에서는
　반야바라밀다심경般若波羅蜜多心經
　판경을 전통적인 방법인
　먹물을 발라 눌러 찍어
　탐방객에게 판매한 적이 있음이니.

　반야바라밀다심경의 핵심은
　불경의 팔만사천의 법문을
　260자로 함축한 오온五蘊과 삼과三科,
　사제四諦, 십팔계十八界,

십이연기十二緣起 등이니.

이는 세상 어떤 물상이든
고정적인 형체 없음을 밝혀 놓은 진리
곧 색즉시공, 공즉시색이니.

불보살뿐 아니라 일반 대중이라도
반야바라밀般若波羅蜜을 외며 생활화한다면
반야의 지혜를 얻을 수 있고
반야바라밀을 공부하고 실천한다면
성불成佛할 수도 있음이니.
그 이치 너무나 신묘해 주문을 외나니…

　　　　　　　　　　　　　　—시「반야바라밀다심경」

경판 서가를 찍지 못한 아쉬움을 시로 달래며 사찰을 나왔다.

해인사 장경각에 들렀더니
보안상 촬영을 절대 허락하지 않아
경판은 보지 못한 채
천년 세월만 주워 담으며
독경소리에 넋을 놓고 있는데
계곡 물소리만
팔팔 살아 귀를 간지럽히니…

그 물소리 주워 담으려고
계곡으로 갔더니

속인이라고 구박을 줘 몰아내는 데야
돌아설 수밖에.

물가로 쫓겨나 우두커니 서서
연인 한 쌍이 데이트하는 것을
지켜보고 있으니
너무너무 고와 보여
『한 잔 달빛』*을 담은 시집을
서명해 주려다
주책이다 싶어
돌아선 것이 두고두고 짠해.

—시 「구박」

* 삽화를 곁들인 올 칼라의 필자 시선집

해인사 답사는 경비원에게 구박만 당한 듯해 마음이 씁쓰레하기 그지없
었다. 키니네를 씹은 사람처럼 탐사를 마무리 짓고 해인사를 나와 고령으
로 돌아와서 예매해 둔 서울행 직통버스를 타고 귀가했다.

* 다행히 2021년 6월 19일부터 주말에 일반인에게 공개하고 있다. 관람 신청은 해
  인사 홈피 팔만대장경순례예약 신청 배너 참고.

진주 청곡사 영산회괘불탱

국보. 시대는 조선, 소재는 경남 진주시 금산면 월아산로 1440 – 138.

당일 코스로 새벽같이 집을 나와 남서울터미널로 가서 진주행 고속버스를 탔다. 진주에서 내리니 버스 배차시간이 뜸해 부득이 택시를 타고 청곡사로 가 괘불탱을 마주하고 또 고속버스를 타고 귀가했다.

영산회괘불탱을 걸어두는 영산회상전(출처, 꽃을 피우는 바위)

영산회괘불탱(출처, 문화재청)

경남 진주시 금산면 월아산 기슭에 세워진 청곡사靑谷寺는 경남 일대에서는 가장 오래된 사찰인데 해인사 말사의 하나로 49대 헌강강 5879년 도선道詵 국사가 창건한 사찰이다.

이곳에 절을 세우게 된 계기는 남강에서 청학이 이곳으로 날아왔기 때문에 서기가 충만한 곳으로 보고 사지로 정했다고 한다.

고려 우왕 때는 실상사實相寺 장로 상총尙聰 대사가 중창했으며 임진왜란 때 소실되었다가 광해군 때 복원했다.

청곡사 대웅전은 경남 일대에서는 가장 오래된 건물 중 하나로 단층 팔작지붕에 다포계 계통으로 정면 3칸, 측면 2칸이며 활주를 받쳐 보강했다. 대웅전 계단 양쪽에 괘불걸이로 쓰이던 두 쌍의 돌기둥이 세워져 있는데 기둥에는 엎드려 있는 귀여운 돌짐승을 조각해 놓았다.

국보 영산회괘불탱靈山會掛佛幀은 삼베에 채색을 한 그림이다.

우리나라에도 대형 그림이 있다는 것을 과시라도 하듯이 그림의 크기는 길이 10.4m, 폭이 6.41m로 1722경종 2년, 의겸義謙 등 9인의 화승들이 그린 공동작이라고 한다.

그림의 내용으로는 석가여래가 영축산 영산회에서 제자들에게 직접 설법하는 장면을 포착해서 그렸다.

석가여래 좌우로 문수보살과 보현보살이 연꽃가지를 들고 있고 그 위에는 석가의 제자인 아난존자, 가섭존자를 비롯한 제자들도 그렸다.

여래 뒤의 사람은 조금씩 작게 그려 원근법까지 원용했다.

석가여래는 금강저金剛杵 문양으로 장식된 광배光背-성스러움을 나타내기 위해서 머리 부분에 광명을 표현한 둥근 빛를 씌워 놓았다.

그런데 윤곽선으로 나발螺髮-부처의 머리카락을 소라껍질처럼 들어 올린 모양을 그렸다. 머리 중앙에는 계주髻珠도 그렸다.

육계 정상 부분의 계주에는 방광放光-빛을 내 쏨 또는 그 빛이 좌우로 퍼지고 있는 모습도 그렸다. 법의로는 통견通肩-법의를 어깨에 걸침을 걸쳤다. 더 넓게 드러낸 가슴을 강조하기 위해서 만卍자 위로 법梵자까지 그려 놓은 기법은 매우 놀랍다. 이렇게 그린 석가불은 신체에 비해 얼굴은 큰 편이다. 여의를 든 문수보살과 연꽃 줄기를 든 보현보살의 보관에는 금제 봉황이 장식되어 있다. 불상보다 작은 두 보살은 얼굴을 작게 그렸다.

문수보살, 석가불, 보현보살이 서 있는 공간은 매우 협소한 데도 삼존불에 비해 보다 효율적으로 배치했으며 합장한 다보불과 아미타불, 흰 너울을 쓴 관음보살, 노비구인 가섭과 아난 등 부처의 상도 뚜렷이 구별할 수 있도록 그렸다.

이 괘불탱은 문양 등에서도 화려함이 돋보인다. 뿐만 아니라 화면 전체의 구성이나 건장해 보이는 부처의 몸, 부드러운 얼굴, 둥근 어깨선 등의 표현은 특이하다. 특히 석가 문수 보현의 삼종불화라는 점에서 예천 용문사의 괘불탱과도 비교되며 불화연구에 귀중한 자료의 하나다.

이 괘불탱은 의겸이 제작한 5불 중 하나다.

곧 운흥사의 팔상도, 쌍계사의 팔상도, 송광사의 영산회상도 등의 탱화 중 초기작에 해당되며 동시에 대표작으로 가장 우수한 작품의 하나이며 18세기 초 불화 중에서도 가장 빼어난 불화라고 하겠다.

코스
06

안동 봉정사 극락전, 하회탈 및 병산탈
군위 석굴사 삼존석굴
영주 부석사 무량수전, 조사당 벽화

안동 봉정사 극락전

국보. 시대는 고려, 소재는 경북 안동시 서후면 봉정사길 222

집을 나서 분당선과 2호선 전철을 타고 강변역에서 내려 동서울터미널로 가 안동행 직통버스를 탔다.

안동은 필자의 직장이 있어 30여 년을 생활했다. 그래서 누구보다도 안동을 잘 안다고 할 수 있다. 게다가 필자에게는 천등산 봉정사는 수시로 드나든 사찰의 하나이기도 했다.

정년한 지 7년만에 안동을 찾았다. 버스터미널에 내리니 미리 연락해 뒀던 황순학 군이 차를 대기시켜 놓고 기다리고 있었다. 반갑게 인사를 나누고 일정이 빠듯해서 서둘러 영국의 엘리자베스 여왕이 안동을 방문했을 때 그 진행 방향에 따라 봉정사부터 방문했다.

안동 천등산天燈山 기슭의 봉정사鳳停寺는 672문무왕 12년, 의상 대사義湘大師에 의해 창건된 사찰이다.

지금까지도 절을 짓게 된 설화가 전해 오고 있다. 설화에 의하면, 영주 부석사에 자리 잡은 의상이 어느 날 종이로 봉황을 접어 법력法力으로 공중을 향해 날려 보냈다. 그런데 종이가 날아가 봉황이 앉은 곳이 바로 천등산 기슭, 지금의 봉정사 자리에 떨어졌는데 그곳에다 절을 지었다고 한다. 또 다른 설화로는 의상이 기도를 드리려고 도량을 찾아 산을 오르자 하늘에서 선녀가 내려와 횃불을 밝히고 또 청마가 나타나 길을 인도했다. 의상이 인도를 받아 이른 곳이 천등산 기슭, 곧 청마가 앉은 자리였는데 그곳에 절을 지어 봉정사라고 했다는.

그런데 극락전을 해체해서 보수할 때, 수습한 상량문을 해독한 결과, 의상 대사의 제자인 능인이 창건했다는 기록을 수습했는데 이런 설화는 의상의 신이가 낳은 일화가 아닌가 생각된다.

봉정사는 1999년 영국의 엘리자베스 2세 여왕이 하회 마을로 가기 전에 잠시 들렀기 때문에 유명세를 타기도 했다.

경내에는 국보 극락전과 대웅전이 있으며 지조암知照菴에는 선조의 어필인 현판이 걸려 있다.

여닫는 출입문이 없어진 극락전 전경

지금 남아 있는 극락전極樂殿, 일명 극락보전極樂寶殿은 원래 대장전大藏殿이라고 했었는데 이를 개명한 것으로 추측된다.

극락전은 정면 3칸, 측면 4칸의 단층 맞배지붕-정면과 후면에는 추녀가 있고 양 측면에는 용마루까지 추녀 없이 벽면이 八자형 건물으로 주심포柱心包-기둥을 세우고 나무판을 받쳐 놓은 부재의 불전이다.

1972년 극락전을 해체해서 복원했다.

해체해 복원할 때, 중앙 칸 종도리 밑에서 묵서명墨書銘-절을 창건하거나 중창할 때 관련 사항을 기록한 글을 수습했다.

이 묵서명에는 1368년 옥개부분을 중수했다는 기록이 남아 있다. 기록에 따르면, 극락전의 건립 연대는 이보다 100~150년 앞설 것이라는 추정이 가능하기 때문에 이전까지는 목조 최고 건물로 부석사 무량수전이었으나 이를 바로잡아 최고의 건물임을 추인했다.

건물의 전면은 다듬질한 돌로 기단을 쌓고 자연석으로 초석을 놓은 주좌柱座-중심 되는 기둥 자리에 조각까지 했다. 그리고 초석 위에 배흘림기둥-가운데가 불룩하게 다듬은 기둥을 세웠다.

극락전의 내부를 보면, 동쪽 측면과 대들보 상부가 가구형식으로 조성되어 있음을 육안으로 확인할 수 있다.

그것도 적당한 부재部材와 간결한 치장재治粧材-매끈하게 다듬은 재료를 사용해 고풍스런 맛과 멋을 한껏 살린 것을.

중간 칸 후면에는 고주高柱-높이 세운 기둥를 두 개 세워 대들보를 얹었다. 대들보 위에 복화판覆花板-꽃을 옆으로 엎어놓은 것 같이 새긴 판을 얹어 대공포를 짰다.

대공포栱包-처마 끝의 무게를 받치려고 기둥머리에 댄 나무로 다듬은 가구 위에는 마룻보-받쳐주기 위해 마련한 재료를 얹었다.

극락전 전면과 측면 중앙 칸에는 판문板門-널판지로로 만든 문을, 전면 양협兩夾-두 곳에 마련한 좁은 공간 사이에는 살창-문살무늬 모양의 창살을, 대들보 위의 마룻보에는 복화판도 얹었다. 중도리 전면 쪽인 대들보 위에는 장협長狹-부재를 사용해서 긴 공간을 마련한 것을 짜서 올렸으며 후면 쪽은 고주 위에 올려놓았다. 종도리로부터 주심도리에 이르는 연결재는 곡율曲率-아치형형으로 다듬은 합장재를 각 도리 사이에 끼워 보강했다. 그런 탓으로 부재 하나하나의 기법이나 가구 형식은 다른 건물에서는 볼 수 없는 특이한 건물이 되었다.

극락전은 통일 신라 이후 건축물에서 주로 적용된 부재가 많이 사용되었음도 뒤늦게 확인할 수 있었다고 한다.

이는 비록 극락전이 고려의 건물이긴 하지만 통일 신라의 건축 양식을 계승하고 있는 건물로 추측할 수 있는 근거가 된다.

내부 천정. 최고(最古)의 목조 건축물답게 연륜이 무덕무덕 배어 있다

또 다른 특징적인 요소는 기둥 위의 주두柱頭와 소로小櫨-네모난 받침대, 중도리 밑을 받친 단장협丹粧夾-손질을 해서 다듬은 재료과 첨차檐遮-가운데를 어긋나가 짜서 맞춘 부재의 곡선도 색다르다.

이런 점으로 보아 봉정사 극락전은 통일 신라의 건축양식을 이어받은 고려 건축물의 하나임이 분명하다고 한다.

우리나라에서는 이 극락전이 현존하는 목조건물 중에서 가장 오래된 건물이라는 데 의의가 있을 수 없으며 가치 또한 높다.

봉정사에서 눈여겨볼 것으로 대웅전 뒤쪽 후불 벽화이다.

이 벽화는 대웅전 후벽에 있는 탱화를 보수하려고 탱화를 걸었을 때, 그 안쪽 벽면에 그려져 있던 그림이다.

벽화의 테두리만 해도 가로 4m가 넘는 대형인데다 그림에 담긴 연화와 당초문, 꽃비가 내리는 풍경 등은 고려 말의 변상도變相圖-불교의 여러 내용을 시각적으로 형상화한 그림와도 유사하다.

1435년경에 그려진 이 벽화는 현존하는 가장 오래된 영산회상도인데 1712년 당시 후불 벽화가 많이 훼손되어 탱화를 새로 마련했다는 기록으로 보아 대웅전을 지으면서 복원한 것으로 추측된다.

이런 근거로는 수미단에 화려하게 그려져 있는 모란은 불교와 관련된 장식으로 등장한 시기가 고려 말이기 때문이다.

하회탈 및 병산탈

국보. 시대는 고려, 원형 소장은 서울 용산구 국립중앙박물관

필자는 봉정사를 나와 엘리자베스 여왕이 지나갔던 길을 따라 하회로 갔다. 하회라면 학부생들의 MT 때, 여러 번 묵었던 곳인데도 필자가 찾았을 때는 너무나 변해 낯설기만 했다.

부용대! 줄불놀이가 유명해서 밤에 찾아간 적도 있었다.

부용대 정상에서 줄을 내려 강변 사장에 묶어 놓고 짚단에 불을 붙여 내려뜨리는 놀이로 장관을 이루기도 했다.

하회별신굿 공연장을 지나 탈박물관으로 갔다. 입장을 해서 탈의 전모를 일일이 관찰하며 준비한 원고와 대조했다.

하회河回 탈과 병산屛山 탈은 경북 안동시 풍천면 하회리와 병산리에서 전해 오는 탈이다.

이 탈은 마을 굿에서 탈놀이로 쓰던 것이다.

탈의 종류로는 현재 주지 각시 중 양반 선비 초랭이 이매 부네 백정 할미 등이다. 탈 중에서 주지 탈만이 두 종류가 있으며 나머지 탈은 한 종류

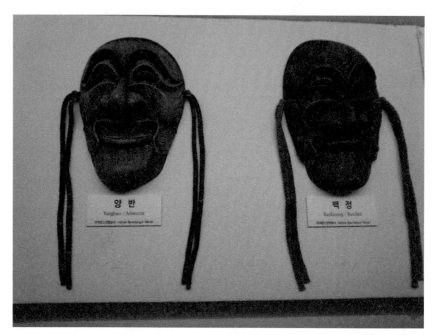

하회탈박물관에 전시하고 있는 하회탈 중 양반과 백정탈

하회탈박물관의 병산탈

만 남았는데 현재 11개 탈이 전해지고 있다.

병산탈은 갑인 대감탈과 을인 양반탈 두 종류만 전해진다.

현재 전해지고 있는 우리나라 탈 중, 옛날 가면 가운데서도 마을 굿에서 사용된 신성가면神性假面과 동시에 예능가면藝能假面의 기능을 가진 탈로는 하회탈이 유일하며 가장 오래되었다.

하회탈의 제작에는 허 도령과 관련된 전설이 전한다.

마을에 허 도령이란 총각이 살고 있었다. 어느 날 밤, 꿈을 꿨다. 꿈속에 마을의 수호신이 나타나 가면제작의 계시를 알려주고 사라졌다.

이튿날 총각은 꿈에서 받은 계시대로 목욕재계한 뒤, 집안에 잡인의 출입을 금하는 금줄을 치고 탈 제작에 들어갔다.

마을에는 허 도령을 사모하는 처녀가 있었다.

그녀는 오랜 동안 허 도령이 보이지 않자 어떻게 지내는지, 또 무엇을 하고 있는지 걱정이 되어 금줄을 친 속으로 몰래 들어갔다.

들어가서는 방문 창호지에 구멍을 내고 안을 들여다보았다.

바로 그 때였다. 총각이 마지막 남은 이매탈의 턱을 만들려고 칼끝을 대는 순간이었는데 그만 피를 토하며 쓰러져 숨을 거뒀다. 그 바람에 나머지 부분은 미완성으로 남아 이매탈은 턱이 없다.

그로부터 마을 사람들은 허 도령의 영혼을 위로하기 위해 성황당 옆에 제단을 마련하고 해마다 제사를 지냈다.

하회탈은 심목고비深目高鼻의 기악적인 골격과 사실주의 수법, 무악면이 가지는 표현과 좌우 대칭이 아닌 모양, 중간 표정의 탈 등 다양한 특징을 지니고 있다. 탈의 표정을 보면, 각시 중 양반 이매 부네 탈은 실눈으로 반

국보로 지정된 가장 오래 된 하회탈(출처, 국립중앙박물관)

만 뜬 상태의 탈인 반면에, 중 양반 이매 선비 백정 탈은 턱이 따로 움직이기 때문에 표정의 변화를 볼 수 있다.

하회탈 중에서 각시 부네 할미 탈은 좌우 상칭이지만 초랭이 이매 탈은 좌우 대칭이 아니다.

그런 탓으로 안면 근육의 방향, 구각 좌우의 높이, 좌우 비익의 각도, 주름살 방향이 다르기 때문에 표정의 변화를 줄 수 있어 다분히 희극적인 요소가 짙다. 게다가 초랭이와 병산탈은 무악적인 수법이 다른 가면에 비해 대담할 정도로 도식화된 느낌까지 든다.

하회탈 중 다섯 탈과 병산탈은 따로 움직이도록 제작했다. 탈 중에서 완전히 우리 것이 된 탈은 각시 부네 이매 탈 뿐이다.

하회탈은 종이나 바가지로 만든 것이 아니라 오리나무를 다듬어서 옻칠을 서너 차례 했기 때문에 짙은 색감까지 드러난다.

탈의 탄생은 고려 중기로 추측된다. 이 시기는 고려청자의 전성기로 예술의 잠재력이 어느 때보다도 활발한 시기였다.

하회탈은 기악면에서 무악면으로 옮겨가는 과도기에 등장한 탓으로 희귀한 탈이 되었으며 동양의 가면 사상 귀중한 자료의 하나이다.

하회탈을 쓰고 공연하는 하회별신굿은 풍자 이면에 한으로 똘똘 뭉쳐 있는 서민들의 애환을 피부로 느낄 수 있다.

필자는 장편소설 『450년만의 외출』에서 다음과 같이 묘사했다.

"저도 어서 그렇게 됐으면 좋겠어요. 하루아침에 실업자가 되어 거리로 쫓겨난 사람이 좀 많아요. 단란한 가정이 해체된 것은 말할 것도 없구요. 자식을 버린 부모며 노숙하는 사람하며 자살자는 또 얼마나 많은지. IMF를 야기한 위정자는 전범자보다도 더 악랄해요. 그런데도 뻔뻔스럽게 큰소리치는 나라가 바로 우리나라예요."

"아, 네."

"선생님께서는 아, 네만 되풀이할 거예요. 재미없게?"

"아, 네."

프레지 리는 뒷머리를 긁적이면서 매우 쑥스러워했다. 그러다가 그는 뚱하게도 하회탈을 사겠다고 말하는 것이 아닌가.

"여보세요. 탈을 사고 싶은데 살 수 있니껴?"

"물론이지요. 팔기 위해 제작하니더."

"어떤 것이 좋을까. 김 교수님께서 좀 골라 주시지요?"

"저라면 양반탈과 초랭이를 사겠어요."

프레지 리는 탈을 사서 써 보기도 했다. 그는 마치 어린애가 장난감을 선물로 받았을 때와 마찬가지로 좋아했다.

규리는 공방을 나와 주차장으로 가다가 놀이마당에서 하회별신굿놀이를 공연하고 있는 것을 보고 그곳으로 갔다.

무대가 중앙에 위치해 있어서 연기자를 가까이 볼 수 있는 장점이 있는데 비해 좌석이 마련되어 있지 않아 다소 불편하긴 했으나 대사가 익살맞아 시간 가는 줄 모르고 관람했다.

하회별신굿은 연기자들이 연기를 잘해 풍자 이면에 한으로 똘똘 뭉쳐 있는 내용을 관람자들에게 전달하기에 충분했다.

어허, 저놈 보아. 뭐 땀시 빈 하늘 두 팔로 쓸어안아. 그리고 마디 굵은 춤사위는 또 뭔고. 한 마당 불길 이룬 신명을 쏟아낸다고 한이 풀릴까. 우두둑 우두둑 뼈마디 뜯기는 소리가 들린다. 아픔을 베어 물고 한 눈 지긋이 뜨고 목줄 핏대 내어 붉은 한을 풀어낸다.

하늘에는 허연 달 무너뜨린 그림자 넉살 좋은 익살에 세 치 혓바닥 놀려 질펀한 장단 가락이 허공을 건너가더니 신내림 받아온다.

어허, 길 비켜라. 누가 무어래든 난 간다. 분하고 설운 아우성 우리가 짊어지고 난 간다. 양반이 무엔고. 상놈이 무엔고. 질펀한 넉살 넋두리 날 세운 도끼마냥 내려치듯 춤사위를 펼친다.

피 묻어 딩구는 잡귀들아, 징소리 쫓아가다 따끔하게 얻어맞고 돌아서는 눈물 자욱, 범벅이 되어 한 마당 혼을 흥건하게 쏟아 놓는디…

연기자와 관람객이 함께 신명을 한 바탕 쏟아냈다.

―장편소설 『450년만의 외출』에서

군위 석굴사 삼존석굴

원경모습

국보. 시대는 통일 신라, 소재는 경북 군위군 부계면 남산 4길 24

하회에서 나와 서안동IC에서 중앙고속도로를 타고 달리다가 군위JC에서 상주영천고속도로 갈아탔다. 이어 동군위IC에서 내려서서 79번 국도를 달리다가 삼존석굴사 입구로 들어가 차를 세웠다.

광명선원을 지나 석굴로 가니 난간으로 시설해 놓은 석굴 입구를 막아 놓았다. 스님을 만나 취지를 설명하고 올라가서 석굴 내부 사진을 찍을 수 없겠느냐고 부탁했으나 일반 사람은 일체 출입을 금하고 있으니 불가능하다고 한다. 그래서 필자는 어쩔 수 없이 석굴 내부는 밑에서 위를 향해 원근으로 찍을 수밖에 없었다.

군위 석굴사石窟寺 경내에 있는 대좌와 광배가 소실된 비로자나 좌상毘盧遮那坐像을 지나 작은 다리를 건너고 인공으로 조성된 돌계단을 지나면 제2의 석굴암으로 알려진 삼존석굴사에 닿게 된다.

삼존석굴은 토함산 석굴암과는 달리 절벽 중간에 생긴 자연 동굴에 인위로 조성한 석굴사원으로 석굴암보다 조성연대가 오래되었으며 석굴사원 사상 매우 중요한 자료의 하나이다.

이 석굴에다 700년 경 통일 신라 때 영남인의 얼굴을 그대로 살린 아미타불, 좌우에 관세음보살과 대세지보살을 조소해 놓았다.

본존불인 아미타여래상은 높이가 2.88m, 왼쪽 불상은 1.92m, 오른쪽 불상은 1.8m나 된다. 이 석굴은 토함산 석굴암보다도 100여 전에 조성되었는데 그것도 모태가 되었다고 한다.

자세는 항마촉지인을 취하고 있으며 통견通肩-通兩肩法, 두 어깨를 다 덮는 가사에 얇은 법의를 걸쳤다.

본존불은 사각형 대좌 위에 양발을 무릎 위에 올리고 발바닥은 위로 향한 자세로 앉아 있는 모습이다.

민머리 위에는 육계肉髻-상투 모양의 큼직한 머리가 있으며 얼굴은 몸에 비해 큰 편에 속한다.

본존불은 법의를 얇게 걸치고 있어 신체의 굴곡이 그대로 드러나 있다.

옷자락은 무릎이 덥힐 정도로 걸쳤다.

그것도 불상을 앉혀놓은 대좌까지 길게 늘어져 있다.

오른손의 모양은 무릎 위에 올려놓았으며 손가락은 땅을 향하고 있는데 항마촉지인의 모습을 하고 있다.

본존불本尊佛은 삼국시대 조성된 서산 마애불상磨崖佛像의 친근한 미소와는 달리 위엄 있는 모습을 하고 있다.

좌우 보살상은 날씬한 몸매인데 목, 허리, 다리에서 살짝 굽어진 자세를 취하고 있으며 세련된 옷 주름이 드러나 있다.

머리에는 작은 불상과 정병淨甁－승려가 여행할 때 가지고 다니는 목이 긴 물병이 새겨진 관을 쓰고 있다.

앞가슴에는 목걸이, 팔에는 팔찌, 옷에는 U자형 주름도 잡혀 있다.

가까이서 본 본존불(출처, 나무위키)

측면에서 본 삼존불(출처, 나무위키)

　날씬한 몸매에 어울리는 신체 비례와 목, 허리, 다리 3부분의 모습에서 새롭게 도입한 당나라 불상의 모습을 보는 듯하다.

　안쪽 보살상의 정연한 보주형補柱形 두광頭光은 통일 신라 이후 조각예술의 사실적인 솜씨 그대로이다.

　본존 여래상에서 통일 신라의 특징인 장엄함을 느낄 수 있으며 여래상의 상현 대좌, 보살상의 복련 대좌, 부드러운 선각 등 삼국시대 조각예술의 상징성도 돋보인다.

　이 석굴은 삼국시대 조각이 통일 신라로 넘어가는 과정에서 조성된 것으로 문화사적 가치도 높다.

영주 부석사 무량수전

국보. 시대는 고려, 소재는 경북 영주시 부석면 부석사로 345

의성IC에서 올라서서 중앙고속도로를 달리다가 풍기IC에서 내려 831 지방도를 따라 가다 부석사 주차장에다 차를 주차시키고 부석사 천왕문을 지나 무량수전 앞에서 걸음을 멈췄다.

대학 1학년 때 부석사를 찾는 적이 있다. 그 당시 무량수전 앞에서 일몰을 감상하고 있는데 비구니가 다가와 해가 졌으니 나가 달라고 했다. 그래서 "지금 제가 잠시 이곳에 머무는 것이 불도에 어긋나는 일이라도 됩니까?" 하고 반문했다. 그러자 비구니는 아무런 반응도 보이지 않고 가 버렸다. 그때의 기억이 지금도 생생하다니…

문화재 자료인 영주 부석사浮石寺는 676문무왕 16년 의상 대사가 왕명을 받들어 창건했으며 몇 번에 걸쳐 중창했다.

광해군 때는 대대적으로 단청丹靑 공사도 했다.

부석사浮石寺 사찰寺刹 경내에는 국보로 지정된 문화재文化財만 하더라도 무량수전 앞 석등石燈, 무량수전無量壽殿, 조사당祖師堂, 무량수전 안 좌측의 소조여래좌상^{塑造如來坐像}, 조사당 벽화^{壁畵} 등이 있다.

또한 2층 석탑, 석조여래좌상, 당간지주 등 보물이 있는 부석사는 산기슭을 깎아 수직면을 만들고 그 위에 커다란 막돌을 사용해서 마구잡이 쌓기로 석축을 쌓아 건물을 지었다.

복원된 일주문을 지나 경사진 진입로로 들어서면 천왕문에 이른다.

이 문을 나서서 석축과 가파른 돌계단을 올라 세 번째 단에 이르면 범종각에 닿는다. 범종각의 누문을 지나 네 번째 단에 이르러서야 비로소 무량수전이 보이며 누하문을 지나야 수량수전에 이를 수 있다.

이 무량수전은 건물 정면이 남쪽을 향하고 있는데 반해 불상은 동쪽을 향하게 한 점이 특이하다.

또한 무량수전에는 국보 소조여래좌상^{塑造如來坐像}-일명 아미타불(阿彌陀佛)이 남쪽을 향해 모셔져 있다.

무량수전

무량수전은 1916년에 해체해 복원한 적이 있다. 해체해 복원할 때, 발견된 묵서명墨書銘에는 1358공민왕 7년 화재를 입어 1376우왕 2년에 중창했다는 기록이 보인다. 또한 원융조사圓融祖師 비문에도 1043정종 9년 중건되었다고 하는 기록이 있으며 최근 연구에서도 무량수전의 건축 양식이 12세기 이전의 양식으로 확인되기도 했다.

또 다른 연구에서는 구조수법이나 세부양식 등으로 보아 묵서명에 기록된 연대보다도 최소한 13세기 초까지 거슬러 올라갈 수 있다는 주장을 제기하기도 했으나 이를 학계에서 인정받지 못했다.

이유는 경내에 있는 조사당祖師堂을 중수할 때 나온 묵서명에 의하면, 1377년에 건립했다는 기록과 실재 건물을 비교했을 때 100~150년 정도는 앞선 것으로 추정할 수 있기 때문이다.

무량수전은 기단 위에 주좌柱座를 세운 초석과 주좌가 아닌 초석을 놓고 배흘림기둥을 세운 주심포柱心包—기둥을 세우고 그 위에 나무판을 받쳐놓은 부재식 건축물이다.

정면은 5칸, 측면은 3칸인 단층 팔작지붕으로 된 주심포 건물이며 가구架構—하나하나의 재료를 사용해서 건물을 짓는 것는 외출목 도리—기둥 등에 얹어 서까래를 받치는 부재를 합친 2고주高柱 건물로 기둥 위에는 공포까지 짜서 얹어놓았다.

공포栱包는 외2출목出目—기둥 중심에서 빚어 나온 도리를 받친 공포의 부재, 내2출목 공포로 주두의 굽은 면은 곡면으로 된 굽받침이 있으며 첨차의 밑면에는 연화 두형頭形을 장식했다.

소로小櫨—네모난 작은 받침대도 주두와 같은 모양이다.

외출목에는 단장여短長欄—도리를 받쳐주는 짧은 가로재를 설치해서 이를 받치고 있으며 주심 위의 단장여 중간쯤의 중앙에는 소로를 떠받쳐 놓았는데 지금도 그대로 남아 있다.

이런 건축 양식으로는 봉정사의 극락전이 화반과 소로 받침으로 단장여를 받친 것이 있는데 봉정사의 것과는 다소 차이가 난다.

내부 고주에는 기둥 윗몸에 허첨차虛檐遮-처마 끝의 하중을 받치기 위해 기둥머리 같은 데다 짜맞추어 댄 부재가 있다.

여기에 대들보 위에 공포를 놓아 종보와 중도리를 받치고 있으며 중도리는 곡선으로 된 솟을대공이 또한 받치고 있다.

건물 정면의 창호는 정자井字 살 모양이며 어간의 창호 두 짝은 밖여닫이이나 옆의 두 짝은 들어열개로 만들어 들쇠에 매달아 놓았으며 뒤쪽에는 판장문을 설치해 놓았다. 무량수전의 기둥은 배흘림기둥, 우주隅柱-네 귀의 기둥는 치솟음이 있다. 또 처마선과 용마루는 현수선懸垂線-양쪽 부분이 고정되어 자체 무게만으로 생기는 곡선을 이루고 있다. 지붕의 수평면상은 후림-안쪽으로 들어간 처마의 곡선으로 되었다. 정면 한가운데 있는 편액扁額은 공민왕이 홍건적의 난 때 안동으로 피난을 왔다가 돌아가는 길에 썼다고 한다.

불전을 지을 때, 건물 중심에 불단을 만들고 불상을 안치하는 것이 일반적인데 비해서 무량수전은 불단을 서쪽에 설치하고 불상은 동쪽을 향하게 해서 안치한 것이 다른 절보다 특이하다.

내부 바닥은 유약을 발라 구운 벽돌을 깔았다. 이렇게 한 것은 아미타불이 서방에 있는데다 극락세계의 바닥은 유리로 되었다는 불경의 내용을 반영했기 때문이란다. 무량수전의 평면 구조야말로 건물의 깊이를 더해줄 뿐 아니라 불단으로 향하는 시선을 집중시키는 장점이 있다.

구조적 특징으로 보아서도 도리 등 주요 가구재는 단면상 크기가 작고 곧은 부재를 사용하면서도 여러 부재를 동원했다.

특히 보대들보-大樑의 단면은 항아리 모양을 하고 있는데 이는 오래된 건축수법의 하나임을 확인시켜 준다.

추녀의 네 귀는 8각 활주活柱-추녀 밑을 받치는 기둥가 받치고 있다. 전면 기둥 사이는 중앙 어간御間-법당이나 큰방의 중심이 되는 벽의 한복판과 양협兩夾-양쪽 끝 벽에 분합문分閤門-대청과 방 사이, 대청 앞의 네 쪽 문을 설치해서 출입하도록 했다.

기둥은 배흘림으로 조성했기 때문에 안정감을 준다.

수량수전의 간결한 두공枓栱-지붕을 받치기 위해 짜 올린 기둥과 우주에 보이는 귀솟음 수법은 건축 전체의 미를 한결 돋보이게 한다. 게다가 자잘한 정자井字 무늬의 분합 위에 시원스런 포벽包璧-소의 혀 같은 벽, 그 위에 가늘고 긴 기왓골이 조화를 더하고 있다.

따라서 무량수전은 배흘림기둥, 공포의 구성 방식, 가구재의 구성 등 주심포 건물의 기본수법이 잘 반영되었다.

이런 점을 다른 건물과 비교해 보면, 장식적인 요소가 적으면서 목조 건축의 형식미와 비례미를 보여주는 건물임을 알 수 있게 한다.

무량수전은 우리나라 현존하는 목조건물 중에서도 봉정사의 극락전, 수덕사의 대웅전과 더불어 고대 사찰 건축의 구조를 연구하는데 배놓을 수 없는 주요 자료의 하나이다.

조사당 벽화

국보. 시대는 고려, 소재는 경북 영주시 부석면 부석사로 345

필자가 처음 조사당을 찾았을 때는 벽면에 벽화가 원본 그대로 있었으나 지금은 이를 뜯어 옮겨서 조립해 박물관에 수장한 모양이다.

옮긴 벽화를 보기도 하고 사진도 찍으려고 박물관으로 갔으나 수리 중이라고 입간판을 세워놓고 폐쇄해 버려서 모처럼 찾아온 보람도 없게 되었다. 할 수 없이 준비해 간 원고로 대체할 수밖에.

국보인 부석사浮石寺 경내 조사당은 조사祖師 또는 사찰의 창건주 등을 기리기 위해 지은 당우唐虞—부처나 보살의 전당의 하나로, 건립의 시초는 신앙심이 깊은 선종에서 비롯했다.

조사당祖師堂은 부석사의 개조開祖인 의상 대사의 진영眞影을 안치하기 위해 지은 당우唐虞로 매우 소박하면서도 간결한 맞배지붕이며 규모 면에서는 크지 않고 자그마하다.

1916년 수리할 때, 선광칠년정사년초이일입주宣光七年丁巳年初二日立柱라는 대들보에 쓰인 상량문이 나와 당우는 1377년 정사년에 건립한 것임을

확인할 수 있다. 선종의 사찰에서는 고승이 열반하면 사라탑인 부도를 건립하고 조사당을 지어 영전을 봉안하는 예가 더러 있었다.

일반적으로 인도나 중국의 조사와 함께 고려의 보조 국사나 보우普愚 등을 조사당에 모셨는데 때로는 서산 대사西山大師나 사명당四溟堂을 모시기도 했다.

조사당으로는 널리 알려진 국보 부석사 조사당, 송광사 국사전, 보물 인신륵사神勒寺 조사당 등이 있다.

부석사는 의상 대사를 부처와 동격으로 존숭된 듯하다.

이는 화엄종의 사찰에서 초대 조사에 대한 존숭의 정도를 보여주는 예가 되며 조사당이 법당인 무량수전보다 높은 곳에 지은 것은 화엄종 중에서도 초대 조사를 부처보다 더 받들어 모셨던 것임을 암시한다.

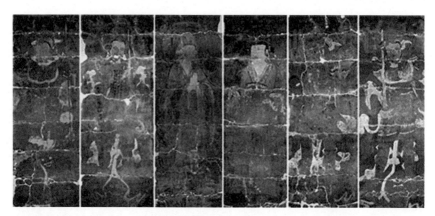

벽의 그림을 뜯어 조립한 조사당 벽화(출처, 부석사)

현존 최고 벽화를 보존 처리하는 장면(출처, 문화재청)

　　부석사 조사당의 벽화는 원래 흙벽에 곱게 채색을 한 그림으로 그림 한 점의 크기는 가로 295cm, 세로 75cm이다.

　　1916년 조사당을 해체해서 복원했을 때, 조사당 벽면에서 벽화 6점을 떼어내어 현재 유리에 넣어 절 박물관에 보관하고 있다.

　　이때 나온 묵서명에 의하면, 조사당은 고려 우왕禑王 3년1377년 원응 국사 圓應國師가 건축한 건물임을 알 수 있다.

벽화도 건물을 지을 때 그린 것으로 추정하나 13세기에 그린 것으로 추정하기도 한다. 당시 그림을 그릴 때는 색감이 살아 있었을 것이다.

그런데 지금은 금이 가고 색이 많이 바래져 있다.

엷은 채색 속을 보면 활달한 먹의 선이나 균형이 잡힌 형태는 물론이거니와 장방형의 풍만한 얼굴과 긴 눈썹, 작은 입, 보관의 모양, 그리고 화사한 문양 등은 14세기경에 그린 것으로 추정되는 지장시왕도－일본 세이카도 문고미술관 소장의 모습을 빼닮았다고 한다.

오른손을 어깨 높이로 들고 손바닥 위에 보주를 올려놓은 지장보살을 중심으로 그 아래의 좌우에 5명씩의 부처를 그렸다.

곧 도명존자道明尊者, 무독귀왕無毒鬼王, 범천梵天, 제석천帝釋天, 사대천왕四大天王－일명 호세천왕으로 동쪽은 지국(持國), 서쪽은 광목廣目, 남쪽은 증장增長, 북쪽은 다문多聞) 천왕 등의 부처상은 고려 불화의 주요 특징인데 이런 것을 고스란히 담아내고 있다.

6폭의 벽화에 그려져 있는 부처는 다음과 같다.

범천과 제석천은 불교의 호법신 중에서 최고의 신이며 사천왕은 앞의 두 신에게 직접 통제를 받는 호법신장이다. 범천의 상은 오른쪽을 향하고 있는 모습을 하고 있는데 보관을 썼으며 두 손을 맞잡은 당당한 자세에 배를 내밀고 서 있으며 V자형으로 파인 가슴 아래에 띠를 맨 옷차림을 하고 있다. 제석천帝釋天은 합장한 자세인데 범천과는 대조적이다. 어깨와 체구는 날씬한 편이며 보관을 쓴 데다 옷은 좌우로 뻗어내리 듯이 걸쳤다. 악귀를 발로 밟고 있는 사천왕은 갑옷을 입은 무장이다. 그런데 자세나 손에 쥐고 있는 물건은 천왕마다 다르다. 특이하게도 지국천왕持國天王은 새의 깃으로 장식된 투구를 썼는데 왼손에는 칼을 쥔 데다 부리부리한 눈, 곱슬곱슬한 눈썹과 수염, 얼굴의 표정이 위압적이다. 증장천왕增長天王은 건장한 체구를 가졌으며 왼손에 화살, 오른 손에 칼을 쥐고 있는 모습을 하고 있다. 광목천왕廣目天王은 어깨를 귀면鬼面으로 장식했고, 악귀를 밟고 있는 다문천왕多聞天王은 왼손에 칼을 들고 있다.

벽화의 부처상들은 위엄이 당당할 뿐 아니라 우아한 형태이며 능숙한 필치로 그렸기 때문에 독특한 성격까지 반영할 수 있었다.

불화는 조사당 입구에서부터 사천왕, 제석천, 범천의 순으로 배치되어 있다. 이는 석굴암의 배치와 유사하지만 부처 대신 절의 창건자이자 화엄종의 초대 조사인 의상 대사를 외호外護하는 신장의 성격이 짙다.

조사당의 벽화는 양식적으로 보아 12~13세기 불화 양식과 비슷하며 우리나라에서 현존하는 벽화로는 가장 오래된 고려 불화 중 하나로 그 당시를 대표하는 수작이라고 할 수 있다.

지금은 본래의 그림에 덧칠을 해서 원래의 모습은 많이 없어져 아쉽기는 하지만 그래도 고려 불화풍이 다소라도 남아 있어 그런 대로 당시의 그림을 상상할 수 있어 천만다행이다.

코스
07

문경 봉암사 지증대사 적조탑비

문경 봉암사 지증대사적조탑비

국보. 시대는 통일 신라, 소재는 경북 문경시 가은읍 원북길 313 봉암사

봉암사는 비구니들의 도량, 도를 닦기 위해 일체 외부인의 출입을 금하다가 1년에 단 한번, 4월 초파일에 한해서만 개방한다.

그래서 우연히도 희양산 등반을 하고 봉암사로 내려오는 코스를 잡은 산악회가 있다는 것을 알고 그 산악회의 버스에 올라 중앙고속도로를 타고 달리다가 이화령 직전인 연풍IC에서 내려섰다.

연풍에서 주진리 등산로 입구로 가서 곧장 등산을 시작했다.

필자는 남다른 체력으로 정상을 향해 쉬지 않고 올랐다.

정산은 백두대간으로 996.4m의 바위, 행여나 적조탑비 사진을 찍지 못할까 조바심을 태우며 단독으로 하산해서 봉암사로 들어섰다.

문경 봉암사는 천년 봉쇄
특별 선원으로 특이한 사찰.
부처님 오신 날
단 하루만
일반인에게 공개해.

무게감 있는 선승들이 돌아가며

법상에 올라

일반인들의 마음공부를 위해

간화선 법문을 열어

티끌이 일긴 일되

티끌을 덮어쓰지 않는 선을 수행한다지.

─시「간화선」

초파일 탓으로 넓은 경내는 사람들로 북적댔다. 게다가 점심때라 대중에게 공짜로 점심공양을 제공하고 있어 공양을 먹으려고 3~400m나 줄을 서서 기다리고 있지 않는가.

필자는 사람이 뜸한 틈을 타 적조탑비의 사진을 마음껏 찍고 덤으로 비빔밥인 점심 공양도 했기 때문에 복 받은 하루였다.

희양산 기슭의 봉암사鳳巖寺는 스님의 정진을 위해 종단에서 특별 수도 도량으로 지정하고 참배하러 온 불자 이외 일반인에게는 1년에 단 한번초파일만 개방하는 유일한 사찰이다.

879헌강왕 5년 당에서 돌아온 지증智證─智詵대사가 창건한 이래 선도 도량만을 고집해서 선찰로 지금도 이를 고수하고 있다.

창건 당시 지선은 희양산 중턱 봉암용곡에 선궁禪宮을 지었다고 하는데 전통적인 선사상에서는 용납될 수 없는 일이지만 선가의 토착화를 위한 하나의 수단에서 비롯된 것이라고 보면 이해가 된다.

봉암사란 사찰 이름은 881년 나라에서 내렸다.

조선조 초기에 이르러 기화己和란 스님이 1431세종 13년 절을 중수하고 오랜 동안 머물렀다고 전하며 1674^{현종} 15년에는 화재로 소실되었으나 신화信和란 스님이 중건했다.

1915년에는 세욱世煜이란 스님이 퇴락한 당우를 고쳐지었으며 1927년에는 지증대사의 비각과 익랑을 세웠다.

현존하는 당우로는 경순왕이 잠시 피신했다는 극락전이 유일하다.

극락전의 가구방식은 매우 이채롭다. 이유는 천정 꼭대기에 석탑 상륜부의 모양인 보주를 얹어 놓았기 때문이다.

경내에는 지증대사의 사리 부도인 지증대사탑, 앞뜰에는 9층 석탑, 정진靜眞 대사 원오탑圓悟塔과 비가 있다.

지증대사 적조탑비는 기단부가 특이한 데다 온전하게 남아 있어 연구자들의 주목을 끈 비碑이기도 했다.

탑비란 다름 아닌 봉암사를 창건한 지증의 공적을 찬양한 비로 경애왕 924 원년에 세웠는데 귀부龜趺ー거북 모양으로 만든 비석 받침돌와 이수螭首ー뿔 없는 용의 머리까지 갖췄다.

귀두는 뿔 하나를 장식한 용두형으로 앙련과 8마리의 용이 서로 얽혀 다투는 장면을 조각해 놓았는데 매우 섬세한 데다 이수마저 갖추고 있어 통일 신라 전성기 비로 추정된다.

비문은 최치원이 짓고 글씨는 승려 혜강이 왕희지 필체의 영향을 받은 해서체로 썼다. 비의 높이는 2.73m, 너비는 1.64m이다.

비문의 내용은 지증대사의 일생을 여섯 가지 신이한 일과 여섯 가지 훌륭한 행적으로 나눠서 기록해 놓았다.

이런 기록은 독특한 전기의 기술 방식으로 우리나라 비문으로서는 유일하다.

이밖에 신라 말의 인명, 지명, 관명, 사찰명, 제도, 풍습 등의 기록과 백

지증대사 적조탑비

제의 소도蘇塗-천신에게 제사를 지내던 성지에 관한 기록도 있다.

비문에 의하면, 882헌강왕 8년 지증대사가 입적하자 왕이 탑호와 함께 적조寂照라는 시호를 내리고 최치원에게 비문을 부탁했다.

고운 최치원이 자신의 관직 이름을 밝힌 것으로 미루어 보아 비문은 893진성여왕 7년에 지은 것으로 추정된다.

비를 세운 연대는 924경애왕 1년 무렵쯤이며 비문은 선종사禪宗史 연구에 귀중한 자료가 되기도 한다.

사산비명四山碑銘이란 다음 비를 두고 이름이다.

최치원이 비문을 지은 탑비로, 국보인 만수산 성주사 낭혜화상朗慧和尙의 백월보광탑비白月葆光塔碑가 하나이고 국보 쌍계사 진감선사 대공탑비大功塔碑가 둘이다.

뒤늦게 국보로 지정한 봉암사 지증대사 적조탑비가 셋이다.

끝으로 초월산 대숭복사탑비大崇福寺塔碑가 그 넷이다.

12세에 입당해 18세에 비록 빈공과賓貢科이긴 하지만 급제한 최치원은 개산시조開山始祖로 널리 알려졌다.

최치원이 쓴 사산비명도 물론 유명하지만 비문 중 셋이나 국보로 지정되었다는 것은 더욱 놀라운 일이 아닐 수 없다.

초파일이라서 인산인해, 삼괴보건진료소부터 차량 출입을 통제해서 사찰에서 나와 등산까지 해 지쳤는데 어쩔 수 없이 6km나 걸어야 했다. 쉼 없이 걸어 집결지에 도착했다. 너무나 빨리 온 탓으로 두어 시간이나 기다렸다가 타고 갔던 등산 버스에 올라 귀가했다.

코스
08

감은사지 동·서 3층석탑

국보. 시대는 통일 신라, 소재는 경북 경주시 양북면 용담리 55-1

당일 코스로 여정을 잡아 분당에서 이른 새벽에 집을 나서 전철을 탔다. 수서역으로 가서 예약한 SRT에 승차, 신경주역에서 내려 시내버스를 타고 고속버스터미널로 갔다.

신라 천년의 고도 서라벌, 경주 어디를 가도 명승 유적이 아닐까 마는 누가 뭐래도 그 정점의 중심은 불국사와 석굴암일 것이다.

얼고 언 가슴을

지킨 긴 세월

눈으로

내리다 못해

갈대 잎

피 빛으로

물들이고

한 점

선으로 남은 고도

우리가 말하는 서라벌이다.

─시「서라벌」

터미널에서 묻고 물어 시간마다 있는 감은사지를 지나는 시내버스를 타고 한 시간이나 달렸을까. 아차, 했으면 내리는 것을 놓칠 뻔했다.

창으로 탑이 보여 내리니 탑마을 버스정거장이었다.

감은사지는 정비가 잘 되어 있었다.

탑이 있는 곳으로 올라가 동·서석탑을 둘러보면서 사진을 찍었다. 평일인데도 찾는 사람이 많았다. 아이들을 데리고 온 가족도 있었다. 탑은 찾는 사람이 많아 다른 국보에 비해 외롭지 않아 보였다.

감은사지 탑은 신라의 탑 중에서 미륵사지 석탑에 비견할 수는 없지만 규모로는 가장 큰 탑이라고 할 수 있다.

앞에서 본 감은사지 동 · 서 3층석탑

감은사感恩寺는 682신문왕 2년에 창건했다. 탑의 조성도 그 무렵으로 추정되며 우리나라 탑 중에서 가장 오래된 탑이다.

『삼국유사』 기록에 의하면, 대왕문무왕은 지의법사智義法師를 만나 다음과 같이 말했다고 기록해 놓았다.

"짐은 죽은 뒤, 동해 바닷가에 묻혀 나라를 지키는 용이 되어 불법을 받들면서 나라를 수호하는 것이 소원이외다."

문무왕은 비록 통일로 오랜 전쟁의 고통에서 백성들을 벗어나게 했으나 남은 걱정은 왜구의 잦은 침탈이었다. 왕은 이를 염려해서 죽은 뒤 동해 바닷가 수중에 묻혀서 스스로 해중 능의 주인공이 되었다.

문무왕은 왜를 진무하기 위해 절을 짓기 시작했으나 완성을 보지 못한 채 붕어하자 신문왕이 뒤를 이어 682신문왕 2년에 완공했다.

감은사 금당은 문무왕이 죽은 뒤 동해용이 되었다고 믿은 탓으로 용이 자유로이 출입할 수 있도록 출구까지 조성해 놓았다.

금당은 당시 비교적 잘 보존된 듯 지표에는 주좌가 새겨진 초석 하나가 지금도 남아 있으며 사각형 초석과 대석도 있다.

사찰을 지으면서 동시에 조성한 석탑은 1400여 전의 세월을 뛰어넘어 우리나라에서는 가장 높고 우람한 2기의 3층석탑이다.

이 석탑의 원형은 백제에서 비롯했다고 할 수 있으나 우리나라의 석탑다운 석탑의 양식은 이 탑으로부터 비롯했다고 한다.

동서 마주 보는 두 석탑은 높이가 13.4m로 같다. 2중의 기단에 사각형인 동서 탑은 규모나 크기도 동일하다. 2층 기단 중에 마련한 하층 기단은 지대석이나 면석도 같은 돌을 사용해서 12장의 석재로 구성했다.

동쪽 3층 석탑

갑석은 하층이 12장, 상층이 8장, 탱주로는 하층에 3개, 상층에 2개를 세웠는데 현존하는 신라 탑 중 규모가 가장 크다.

맨 아래에 우주와 면석을 따로 세웠으며 2층은 각 1면에 1장씩, 3층은 한 장의 돌을 얹어 놓았다.

옥개석과 받침은 각각 4개, 받침으로는 층마다 5단이 있다. 상륜부 노반에는 3.3cm의 철제 찰간擦竿－철 막대기을 얹었다.

석탑에 사용된 석재를 다룬 수법은 백제의 것과 같다.

그러나 백제는 목조탑을 모방한 것인데 반해 이 탑의 조형수법은 기하학적인 배율에 따랐다는 점에서 백제의 탑과는 다르다.

1960년 서쪽에 있는 탑을 해체해서 복원했을 때, 3층 탑신 북단 가까이에서 직경 15cm, 깊이 9.3cm의 원형구멍을 발견했으며 그곳에서 탑을 조성할 때 넣어뒀던 사리 장신구를 수습했다.

사리공의 크기는 가로 57cm, 세로 29.5cm, 깊이는 29.1cm이다.

이 사리공 속에서 금동사리 외함과 집 모양의 금동사리 내함, 유리로 된 사리병 등 다수를 수습했다.

사리 장신구는 동아시아의 공예 중에서 가장 우수한 것으로 국제적 감각이 어떤지를 여실히 보여준다.

서쪽 탑에서 수습한 유물은 조성 연대가 분명하고 출토 장소마저 확실해서 가치가 매우 높다고 한다.

1996년 동탑도 해체해서 복원했다.

당시 서쪽 탑과 비슷한 사리 장신구를 수습했으며 2006년에는 서쪽 탑을 다시 해체해 2008년에 복원했다.

서탑 출토 사리장엄구(출처, 국립중앙박물관)

동탑 출토 사리함 금동 전각형사리기 (출처, 국립중앙박물관)

사천왕사의 조형물, 감은사지 석탑, 고산사지 석탑이 위대하다는 것은 삼국을 통일한 신라의 정신이 탑 속에 스며들었기 때문일 것이다.

필자로서도 이를 두고 위대하다고 찬양하는 것은 지극히 당연하지 않을까 싶다. 현재 남아 있는 문화유산이 위대하고 가치가 있다면 이를 낳은 그 시대 또한 위대하다고 하지 않을 수 없는 것처럼.

한 시간을 둘러보고 경주로 나오는 버스를 타려다 잘못 표시된 정류장에서 기다리는 바람에 오는 버스를 향해 달려갔으나 간발의 차이로 놓치고 말았다. 다음 차는 1시간 뒤, 경주로 오는 자가용차라도 있으면 시집을 서명해 주면서까지 동승하려고 했으나 그 시간에는 한 대도 경주로 오는 차가 없었다. 어쩔 수 없이 재차 탑으로 가서 탑 둘레를 한 시간이나 돌며 사색하면서 시간을 죽여야만 했다.

청운교 백운교

국보. 시대는 통일 신라, 소재는 경북 경주시 불국로 385

시간도 없는데 한 시간이나 기다려 경주로 돌아오는 시내버스를 타고 오다 기사에게 물어 중간에 내렸다가 불국사행 버스로 갈아탔다.

불국사 하면 필자에게는 좋지 않은 기억이 있는 곳이다.

고교 재직 때 2학년 담임을 맡아 경주로 학생들을 인솔해서 수학여행을 갔었다. 밤 두 시까지 학생들을 지도하고 잠자리에서 들었으며 석굴암에 가기 위해 새벽 다섯 시에 일어나 학생들을 인솔하고 토함산 석굴암을 관광하고 불국사 역으로 가서 서울로 올라가기 위해 기차를 타기 전, 인원 점검을 해 보니 한 명이 보이지 않았다.

새벽 세 시쯤 학생들이 술집에 나가 술을 먹다 종업원과 다툼 끝에 한 학생이 정종 대병을 깨어 종업원의 눈을 찔렀다나. 그래서 경찰서에서 곧바로 검찰청으로 이송시켰다는 것이다. 그 동안 반장이라는 녀석은 같이 나가 술을 먹어 사건 경위를 알면서도 담임인 필자에게 알리지 않았으니 머리가 왜 그렇게 맹한지. 사고 즉시 알았다면 검찰청으로 넘어가기 전에 경찰서에서 수습할 수도 있었는데.

급히 연락받고 내려온 학부모는 모두가 인솔교사 잘못이라고 교장을 찾아가 필자의 모가지를 자른다고 삿대질을 마구 해대기까지 했다.

　필자는 경주에 남아 이틀이나 고생하며 사건을 수습하고 서울 가정법원으로 이송시켜 재판을 받게 했으며 법정에 직접 출두해서 학생에게 선처를 호소하는 변호까지 하는 변까지 치러 집행유예로 나오기까지 했으니…
지금도 그때의 일이 너무나 생생하다.

　불국사는 사적으로 지정되었으며 세계문화유산으로 등재되었다.

　사찰 경내에는 국보 다보탑, 3층석탑, 연화교 칠보교, 청운교 백운교, 금동비로자나불좌상, 금동아미타여래좌상 등이 있다.

　기타 보물과 사리탑 등 문화재도 있다.

측면에서 본 청운교 백운교. 위가 청운교, 아래가 백운교

불국사 입구에서 내려 맨 먼저 찾아간 곳이 청운교 백운교다.

청운교 백운교는 불국사佛國寺 경내 대웅전으로 들어서는 자하문紫霞門과 연결하는 돌계단 다리이다.

다리 아래에는 극락정토極樂淨土를 상징하는 구품九品—극락에서 다시 태어날 때 아홉 등급, 연지蓮池를 마련해 두기도 했다.

백운교 청운교는 부처님이 계시는 곳으로 건너갈 수 있도록 만들어 놓은 상징적인 다리이며 계단을 다리라고 한 것도 일반인의 세계와 부처의 세계를 이어준다는 의미를 지녔다.

청운교 백운교 다리는 751경덕왕 10년과 774혜공왕 10년 사이 불국사를 중창할 무렵, 김대성의 발원으로 건설된 다리로 추정되며 조성 연대도 불국사와 같다고 한다. 그 뒤 언제 중수했는지는 알 수 없으나 1715숙종 41년, 계청戒聽이 시주해서 중수했다는 기록이 남아 있다.

1973년 불국사를 중수할 때, 청운교 백운교 두 다리의 난간도 복원했으며 2010년에는 석재에 붙은 오물을 제거하기도 했다.

불경에는 부처가 사는 나라로 가기 위해 물을 건너고 구름 위도 걸어야 한다는 경문經文이 있다.

그런 탓으로 청운교 백운교는 부처가 있는 곳으로 가는 다리라는 상징적인 의미를 지니기도 하며 돌계단으로 한 것은 대중과 부처의 세계를 이어준다는 의미도 담겨 있다.

청운교는 높이가 3.82m, 너비는 5.11m이고 백운교는 높이 3.15m, 너비는 5.09m로 석단을 만들고 네모난 돌기둥을 세웠다. 백운교는 18 계단인 등형磴桁—반원형의 손잡이으로 좌우를 구분해 놓았으며 좌우 같은 형으로 난간을 설치했다.

석단 전면 두 군데다 석계를 만들어 당탑으로 오르도록 조성했다.

다리 아래에는 작은 석재를 사용해서 궁륭형穹窿形—가운데는 높고 바깥으로 갈수록 낮아지는 아치형의 다리을 만들었으며 통행이 가능토록 조성했는데 현재 상하 석주만 남아 있다.

청운교는 16 계단으로 백운교와 같은 형태이며 세부 양식은 서쪽의 석계와 그 밖의 당탑과 조화를 이루도록 조성했다.

다리는 45° 각도로 정교하게 구성했으며 무지개 모양으로 해서 직선의 딱딱함을 부드럽고 생동감이 넘치도록 했다.

두 다리는 돌로 쌓은 석축이 받치고 있다. 위아래가 이중 구조로 된 계단에는 장식이 없으나 규모는 크다.

돌계단 양쪽에 돌기둥을 세워 난간을 마련했으며 다리를 받치고 있는 반원형의 무지개형 다리는 우리나라에서 가장 오래된 다리이다.

청운교 백운교는 국보 불국사 연화교와 칠보교의 가구식 석축과 더불어 아름다운 조형미의 정점頂點을 지닌 데다 석조 건축의 우수성과 독창성마저 돋보인다.

따라서 문화재로서 가치도 크다. 게다가 통일 신라 때 축성된 다리인데 온전한 형태로 유일하게 남아 있는 귀중한 유산이다.

다리 아래 부분인 석교와 석문에 나타난 반원형의 아치인 홍예문은 이런 유의 출발점으로 주요 자료가 된다.

뿐만 아니라 불국사의 연화교 칠보교, 보물인 가구식 석축과 함께 아름다운 조형미는 물론이고 신라 석축 기술의 우수성과 독창성을 여실히 보여준 가치 있는 문화재이다.

다 보 탑

국보. 시대는 통일 신라, 소재는 경북 경주시 불국로 385

불국사 대웅전 앞뜰 주변에 ㄷ자로 회랑을 조성한 한 가운데 좌우에다 마련한 탑이 다보탑과 석가탑이다. 탑의 크기는 크지도 작지도 않으면서 아담해서 사람들에게 전혀 위압감이 주지 않는다.

불국사 대웅전 앞뜰, 회랑으로 조성한 한 가운데다 마련한 탑이 다보탑과 석가탑이다. 탑의 크기는 크지도 작지도 않으면서 아담해서 사람들에게 위압감이 주지 않는다.

다보탑은 『묘법연화경』의 「경보탑품見寶塔品」을 근거로 제작되었기 때문에 다보여래상주증명탑多寶如來常住證明塔이라고 하며 석가탑을 두고는 석가여래 상주설법탑常住說法塔으로 일컫는다.

다보탑은 불국사 대웅전 앞 서쪽 석가탑 맞은편에 자리잡고 있다. 높이 10.4m, 기단의 폭이 4.4m이며 쌍탑으로 조성해 놓았다.

건립 연대는 8세기경으로 경덕왕 때 김대성이 불국사를 창건하면서 서쪽 석가탑과 함께 조성된 것으로 추정된다.

두 탑을 나란히 마주 보게 세운 이유가 있다.

'현재의 부처'인 석가여래가 설법하는 것을 '과거의 부처'인 다보불이 증명했다는 『법화경』의 내용을 따랐기 때문이다.

다보탑의 기단부는 사방으로 보계寶階를 마련하고 그 위 네 모퉁이 중앙에 사각 석주를 세워 교차되는 지점에 받침을 얹어 갑석甲石−기초석 위에 올려놓은 잘 다듬은 돌을 올려놓았다.

기단 아래에는 네 모퉁이에 네 마리 사자를 배치했으나 현재는 한 마리만 남아 있다. 갑석 위에는 사각형 난간에 8부 신부八部身部−八部神衆, 여덟 분의 부처를 놓았으며 다시 8각 갑석으로 덮고 8각 난간을 마련한 다음 안쪽에 8개의 죽절형竹節形−대나무 모양 석주를 돌려세워서 연화석蓮花石−연꽃무늬를 새긴 돌을 받쳤다.

연화석 위에는 8개의 주두柱頭−기둥 위에 올려놓는 됫박 모양의 네모난 부재를 세워 옥개를 받치도록 했다.

오랜 세월이 흐른 지금에 와서도 상륜부에는 노반路盤−표층과 노반 사이의 층, 복발覆鉢−탑의 노반 위에 엎어놓은 주발 모양의 장식, 앙화仰花−상륜부 가운데 연꽃잎이 사방으로 퍼져 있는 형태, 보륜寶輪−탑 꼭대기 원반형의 장식, 보개寶蓋−보개 구슬로 장식한 탑의 천개가 온전하게 남아 있다.

다보탑은 한국 석탑 중에서 특이한 형태로 기발한 의장으로 만들어진 탑이다. 이런 걸작의 탑은 그 유례를 찾아보기가 쉽지 않다.

지금도 다보탑은 나라 잃은 슬픔을 강변하고 있는 듯하다.

1925년 일제는 다보탑을 완전히 해체해 보수했다.

그런데 해체 보수 작업에 대한 기록이나 사라함의 장신구는 사라졌다. 만약 석가탑을 해체해 보수했을 때처럼 사리함 속에 장신구를 수습했다면 우리의 귀중한 문화유산이 되었을 텐데 너무나 아깝다.

다보탑

또한 기단 위에는 네 머리 사자상이 있었다.

그런데 지금은 한 마리만 남고 세 마리는 사라졌다. 이를 되찾으려고 노력했으나 여전히 행방을 찾을 수 없다고 한다.

다보탑은 석조 미술의 백미白眉인 동시에 석가여래와 다보여래多寶如來의 만남을 현실 공간에 옮겨놓은 탑이다.

요컨대 경전에서 말하는 탑의 형태를 독창적으로 승화시켰다는 데 의의를 찾을 수 있는 탑이라고 할 수 있다.

시인 감상옥은 다보탑을 대상으로 시조 한 수를 읊었다.

불꽃이 이리 튀고 돌조각이 저리 튀고
밤을 낮을 삼아 징소리가 요란하더니
불국사 백운교에 탑이 솟아오르다.

꽃 쟁반 팔모 난간 층층이 고운 모양
임이 손 간 데마다 돌옷은 새로 피고
머리엔 푸른 하늘을 받쳐 이고 있도다.

— 김상옥의 시조 「多寶塔」

필자 또한 시 한 편을 지었다.

왜 저렇게 커, 왜 크냐고.
하마나 기다렸음 됐지
석재로 남은 그리움

얼리고 또 달래어도
어쩌지 못해 쇠메로 치는 소리, 그 소리가.

아사달이 기다리던 아사녀 따라
다보탑 속으로 들어가는
설운 사연의 소리,
그 소리가 왜 저렇게 커야 하냐고?
그게 시공을 초월한 사랑이거니…

─시「다보탑」

3층석탑 - 석가탑

국보. 시대는 통일 신라, 소재는 경북 경주시 불국로 385

3층석탑인 석가탑은 불국사 경내 대웅전 앞 서쪽 다보탑과 마주 보고 있는데 높이는 10.4m나 된다.

조성은 경덕왕 10년으로 추정되는데 석가탑釋迦塔을 다보탑多寶塔과 마주 보게 하는 탑으로 나란히 세운 이유가 있다.

다보탑을 세운 이유와 같이 『법화경』에, 부처가 영취산에서 경을 설파할 때, 다보여래의 진신사리를 모셔둔 탑이 땅 속에서 솟으며 부처의 설법을 찬탄하고 증명한다는 소리가 들려서 나란히 세웠다고 한다.

석가탑은 신라 석탑 중에서 가장 우수한 탑으로 형태는 2층 기단과 3층의 탑신, 그 위에 상륜부로 구성되었다.

하층 기단은 기대基帶 위에 높직한 굽이돌이 둘러져 있으며 중석에는 우주隅柱-모서리 기둥와 탱주撐柱-받침 기둥 2주씩을 각 면에 세웠는데 갑석은 4개로 윗면은 경사지도록 조성했다. 게다가 중앙에는 활 모양의 2단 굄까지 받쳤다.

상층 기단은 하층 기단보다 높으며 우주와 탱주도 2개 있다.

갑석 밑에는 부연副椽-탑의 기단, 갑석 하부 쇠사리이 있는데 약간 경사지게 했으며 각 행에는 2단의 탑신 굄도 있다.

탑신부에는 탑신석과 옥개석을 얹어 놓았다. 각층 옥신屋身에는 4개의 우주隅柱도 세워 놓았다. 옥개 받침은 5단씩, 단 위에는 각형의 옥신 받침이 있다. 상륜부는 노반露盤, 복발覆鉢, 앙화仰花만 남아 있는데 이런 옥신은 조성 수법이나 형태가 동일하다.

2단의 기간 위에 3층의 탑신을 세운 감은사지 3층탑, 고선사지 3층탑의 양식을 이은 것으로 통일 신라 최대 걸작이라고 평가받는다.

석가탑의 첨탑은 유실되었으나 이를 보완한 것은 그 시기에 조성되었다고 믿는 남원 실상사 백장암 3층석탑이 온전히 남아 있어 실상사의 첨탑을 본으로 삼아 1973년 복원해 놓았다.

불국사 앞뜰에 조성한 석가탑과 다보탑

탑을 중심으로 연꽃을 조각한 탑구도 조성했다. 이 탑구塔區를 팔방금강좌八方金剛座라고 한다.

팔방금강좌는 특별한 착상인 동시에 탑의 장엄함을 더해 주는 희귀한 구조인데 그렇게 조성한 이유가 있다.

부처의 사리를 보관하는 곳으로 매우 깨끗해야 하기 때문이란다.

석탑은 조각이 없는 대신 간결하면서도 장엄하다.

또한 각 부분의 비례가 엄격해서 아름다움은 더욱 빛난다. 적절하게 배분한 균형미도 매우 뛰어나며 안정감마저 더해 걸작 중의 걸작이다.

석가탑은 비교적 잘 보관되어 오다가 1966년 9월, 도굴범에 의해 훼손을 입어 무너질 위험에 놓이게 되었다.

그래서 1966년 10월부터 탑신을 해체해 12월에야 복원을 완료했다.

해체작업 중 2층 옥신 상면 중앙의 네모난 사리공 안에서 사리를 비롯해 사리 용구는 물론이고 각종 장신구를 다수 수습했다.

전혀 생각지도 못한 무구정광대다라니경無垢淨光大多羅尼經을 수습했다는 것은 획기적인 발견이었다.

무구정광다라니경은 당의 측천무후자則天武后字를 사용한 목판 인쇄본으로 추정되며 출판사상 세계 최초 목판 인쇄물이다.

출토된 유물은 국보로 일괄 지정했다.

석가탑은 현진건에 의해 『무영탑』으로 재탄생하기도 했다.

『무영탑』은 아사달이라는 백제 석공을 주인공으로, 아사녀와 만들어진 인물 주만과의 삼각관계로 전개된다.

그러나 겉으로는 화려하면서도 속으로는 병든 사회에 뿌리내린 각 계층의 문제점들을 직시하려는 작가의식作家意識이 적나라하게 드러낸 작품이라고 할 수 있겠다.

그러자 문득 그 돌 얼굴이 굼실 움직이는 듯하며 주만의 얼굴이 부시도록 선명하게 살아났다.

마치 어젯밤의 아사녀의 환영 모양으로 그 눈동자는 띠룩띠룩 애원하듯, 원망하듯 자기를 쳐다보는 것 같았다.

'이 돌에 나를 새겨주세요. 네, 아사달님. 마지막 청을 들어주세요.' 그 입술은 달싹달싹 속살거리는 것 같다.

아사달은 정을 쥔 채로 머리를 털고 눈을 감았다.

돌 위에 나타난 주만의 모양은 그의 감은 눈시울 속으로 기어 들어오고야 말았다. 이 몇 달 동안 그와 지내던 가지가지 정경이 그림 등 모양으로 어른어른 지나갔다.

파일 탑돌이 할 때 맨 처음으로 마주치던 광경, 기절했다가 정신이 돌아날 제 코에 풍기는 야릇한 향기, 우레가 울고 악수가 쏟아질 적 불꽃을 날리는 듯한 그 뜨거운 입김들……

아사달은 고개를 또 한 번 흔들었다.

그제야 저 멀리 돈짝만한 아사녀 초라한 자태가 아른거렸다. 주만의 모양이 구름을 헤치고 둥둥 떠오르는 햇살과 같다면, 아사녀는 샐녘의 하늘에서 반짝이는 별 만한 광채밖에 없었다.

물동이를 이고 치마꼬리에 그 빨간 손을 씻으며 바시시 웃는 모양, 이별하던 날 밤 그린 듯이 도사리고 남편을 기다리던 앉음앉음, 일부러 자는 척하던 그 가늘게 떨던 눈시울, 버드나무 그늘에서 숨기던 눈물들 ……

아사달의 머리는 점점 어지러워졌다.

아사녀와 주만의 환영도 흔들렸다. 회술레를 돌리듯 핑핑 돌다가 소용돌이치는 물결 속으로 조각조각 부서지는 달그림자가 이내 한데로 합하듯이, 두 환영은 마침내 어울리고 말았다.

아사달의 캄캄하던 머릿속도 갑자기 환하게 밝아졌다.

하나로 녹아들어 버린 아사녀와 주만의 두 얼굴은 다시금 거룩한 부처님의 모양으로 변하였다.

아사달은 눈을 번쩍 떴다. 설레던 가슴이 가을 물같이 맑아지자, 그 돌 얼굴은 세 번째 제 원불願佛로 변하였다.

선도산으로 뉘엿뉘엿 기우는 햇발이 그 부드럽고 찬란한 광선을 던질 제, 못 물은 수멸수멸 금빛 춤을 추는데 흥에 겨운 망치와 정 소리가 자지라지게 일어나 저녁나절의 고요한 못 둑을 울리었다.

새벽 만하여 한가위 밝은 달이 홀로 정 자리가 새로운 돌부처를 비칠 제, 정 소리가 그치자 은물결이 잠깐 헤쳐지고 풍 하는 소리가 부근의 적막을 한 순간 깨뜨렸다.

―현진건의 장편소설 『무영탑』 대단원 부분

필자가 직접 들은 도괴倒壞 위험에 놓인 석가탑을 더 이상 방치할 수 없어 해체하는 과정에 알려지지 않은 일화를 소개한다. 석가탑을 해체해 복원작업에 직접 참가한 전 중앙박물관장 고 황수영 박사와 그 이외의 참가자들의 전언도 참고했다.

석가탑의 2층을 해체하면서 3층돌을 들어내자 그 안에서 생각지도 못한 네모진 사리함이 드러났다. 이를 수습하기 위해 무심코 뚜껑을 여는 순간, 갑자기 불길이 솟으면서 안에 있던 종이가 산화되어 공중으로 날아가 버

우아한 석가탑

렸다고 한다. 이를 당시만 해도 상상조차 못했다고 한다.

발굴에 참가한 그 누구도 한지가 오랜 시간 밀폐된 공간에 있다가 갑자기 공기에 노출되면 한 순간에 산화되어 흔적도 없이 사라진다는 것을 알지 못한 대실수였다고 한다. 그에 대비해서 밀폐된 공간을 차단해서 보다 과학적인 조치를 취한 다음 뚜껑을 열었다면, 최소한 산화되는 불행만은 막을 수도 있었을 것인데 너무나 안타까운 일이 아닐 수 없다.

네모진 함 속에는 탑을 조성하는데 도움을 준 명단이나 탑을 조성하는데 관련된 소중한 것을 넣는 것이 관례이다.

문학을 하는, 아니 향가를 소설로 쓴 필자는 그 속에 당시 한창 유행했던 향가를 집대성한 「삼대목三代目」이라도 무구정광대다라니경처럼 수장된 것을 수습이라도 했다면 하는…

그대 단아한 몸매야말로
더할 것도 없고
덜할 것도 없는
신이 창조한 조각품 아닐까 싶어.

황금 분할, 황금 배율의 몸매를
헬스로 가꿔 균형미를 더하고
벤치 프레스며
트라이셉스 익스텐션와
스쾃Squat하며
런지Lunge로 하체마저 강화했으니
한 눈에 봐도 딱 석가탑이네.

―시 「석가탑」

석굴암 석굴

국보. 시대는 통일 신라, 소재는 경북 경주시 불국로 873-243

필자가 학생들을 인솔하고 수학여행을 왔을 때 꼭두새벽에 토함산 에 올라 석굴암을 관람했다. 그때는 입장료를 새로 지불하고 현실로 들어가 서 관람할 수 있었다.

그래서 본존불과 11면 조각상을 유심히 살펴보았다.

그러나 지금은 현실 입장을 엄격히 금하고 있으며 현실 바깥에서 안을 엿볼 수밖에 없었다.

필자 같은 신분이나 목적으로는 직접 들어가서 사진을 찍는다는 건 엄 감생신, 아예 꿈도 꿀 수 없어 이미지로 대체할 수밖에.

토함산 석굴암의 정식 명칭은 석굴암 석굴로 삼국시대는 석불사라고 했 으며 임진왜란 이후에는 불국사에 귀속되었다.

1910년, 일제가 명칭을 석굴암으로 일컬었는데 현재까지도 그 명칭을 그대로 사용하고 있으니 한심하다고 할 밖에.

『삼국유사』를 보면, 8세기 중엽 통일 신라 751$^{경덕왕 10년}$, 김대성金大城

석굴암 본존불(출처, 한국의 유네스코 세계유산 석굴암 캡처)

이 불국사를 창건할 때, 왕명으로 조성했다는 기록이 있다.

김대성은 현세의 부모를 위해 불국사를 창건했고 전세의 부모를 위해 석굴암을 조성했다고 했으나 석굴암의 조성은 김대성 개인의 원력보다는 왕실을 비롯해 온 신라가 일으킨 불사라는 게 옳다.

석굴암의 방향은 정확히 동남방 30°, 그 방향은 해가 뜨면 빛이 본존불의 이마를 훤히 비추면서 석실 전체를 환하게 밝힌다고 한다.

또한 석굴암의 방위는 김 씨 왕조의 공동묘역이라고 할 수 있는 동해 지역문무왕의 해중릉과도 일치한다. 동해 지역이란 삼국 통일의 주역인 문무왕의 해중릉, 곧 대왕암이 자리 잡은 지역을 말한다.

이런 호국사상은 해중릉을 비롯해서 감은사感恩寺, 이견대利見帶, 석굴암 등 같은 맥락으로 이해할 수 있다.

석굴암은 신앙적인 면은 말할 것도 없거니와 신라 미술의 최고 정점을 이룬, 우리 민족 최대의 조각품으로 자리매김을 했을 뿐 아니라 1995년 유네스코 세계문화유산으로 등재되었다.

석굴암의 특징이라면 인도나 중국은 자연적인 석굴인데 반해 인공적으로 조성한 석굴 사찰이란 점에 있다.

이유는 인도나 중국은 사암이라서 굴을 파기 쉬웠으나 우리나라는 단단한 화강암이기 때문에 파기가 쉽지 않았기 때문이다.

그런 조건 때문에 돌을 쌓아 인공석굴을 만들 수밖에 없었다.

석굴암은 평면 석굴인데 전방 후원後圓을 보면, 네모진 공간의 전실前室과 원형의 주실主室로 나누어 놓았다.

전실에는 인왕상, 사천왕상 등 부조를 배치해서 예불과 공양의 장소를 마련했다. 주실에는 원각圓刻의 본존상, 보살상, 제자상 등을 조성해 놓았

다. 천정은 360여 개의 돌을 사용해서 둥글게 쌓았기 때문에 자연스런 궁
륭형穹窿形이 되었다.

천정 중앙은 연꽃을 조각한 원판의 돌을 덮어 마감했다. 천개天蓋의 무
게가 무려 20t이나 된다고 한다.

지금 그런 천개가 세 군데나 금이 나 있다.

일설에 의하면, 천개는 조성할 때부터 깨어져 있었다고 한다.

그렇다면 천년을 버티어 온 것이 오히려 신이할 정도이다. 석굴암을 조
성할 때는 접착제가 없었기 때문에 하는 말이다.

그런데도 돌판과 돌판을 둥글게 쌓은 기술은 세계 어느 곳의 유적에서
도 발견된 적이 없다고 한다.

이런 면에서도 당시 신라인들의 석굴 조성 기술은 가히 세계의 최첨단
을 걸었다고 하지 않을 수 없을 것이다.

석굴암 조각상의 배치를 들여다보자.

전실에다 팔부신중八部神衆 8구, 인왕仁王 2구, 사천왕四天王 4구, 천부天
部 2구, 보살菩薩 3구, 나한羅漢 10구, 감불龕佛 8구, 본존여래좌상 1구를 배
치해 놓았다.

그것도 좌우 대칭으로 가지런히 배치했다. 이런 배치야말로 석굴암의
안정감을 한결 돋보이게 한다.

전실 중심에는 본존불좌상本尊如來坐像이 안치되어 있다.

이는 석굴암 자체가 본존여래좌상을 봉안하는 데 있었기 때문이다.

중앙의 본존여래좌상과 가장자리에 빙 둘러 조성한 석불이야말로 내부
공간을 구획한 조각 예술의 한 정점을 이루었다.

연화문이 새겨진 대좌 위에 본존여래좌상을 결가부좌로 안치시켰고 광배光背로는 석굴 후벽 천정 밑에 둥근 연화 판석을 가설했다.

본존여래좌상의 특징은 통일 이후 유행한 여래좌상의 기본 형태를 따르고 있다.

법의를 보면, 오른쪽 어깨는 맨살, 왼쪽 어깨에만 가사를 걸쳐놓은 우견편단의 양식으로 악마의 유혹을 뿌리친다는 항마촉지인降魔觸地印, 머리 위에는 육계肉髻─부처의 머리에 있는 상투 모양, 머리에는 나발螺髮─부처의 머리카락을 씌어 놓았다.

이런 배치를 한 것은 본존여래좌상의 상호相好는 원만하기 그지없는 모습에다 자비가 한껏 돋보이도록 조성하는 데 있다.

신부身部 또한 당당한 거구의 장부상이다.

오른손은 무릎에 올려놓았으며 목에는 삼도三道─악인이 죽으면 간다는 세 유형의 괴로운 세계를 조성했다.

두 번째 손가락은 다음 손가락 위에 겹치게 해서 살아 움직이는 듯한 생동감을 살린 데다 왼손마저 두 발 위에 올려놓아 편안한 자세와 안정감까지 살렸다.

본존여래좌상은 신앙적인 의미와 조형적인 가치가 조화를 이룬 매우 빼어난 조각품이다. 부드러운 자태나 인자한 표정마저도 고도의 조각 기술을 살렸기 때문에 살아 생동하는 것과 같다.

이처럼 조성한 것은 불교의 구원상을 형상화하기 위함이었다.

본존여래좌상의 주요 부분은 단연 명호冥護─부처의 얼굴 또는 드러나지 않게 신명이 보호하는 부처의 얼굴에 있다.

일제는 석가여래로 일컬어 왔으나 이는 잘못 일컬음이다.

19세기 말 중수 당시 현판을 수습했는데 현판에 의하면, 미타굴彌陀窟이라는 기록은 물론이고 현판에 수광전壽光殿이라는 글씨가 선명히 남아 있었다고 한다.

이는 분명히 무량수無量壽, 무량광無量光을 뜻하는 수광壽光으로 볼 수 있으며 본존여래좌상의 명호가 석가여래가 아닌 아미타불阿彌陀佛임을 입증하는 근거가 된다.

이로 본다면, 본존여래좌상의 명호는 7, 8세기 신라에서 유행한 아미타불이 분명하기 때문에 김대성이 미타정토彌陀淨土를 구현했듯이 동해지역의 유적과 직접적으로 통하는 공통점도 있다.

따라서 본존여래좌상의 명호는 신라인들의 정토신앙인 아미타불이며 왕족들의 발원에 의해 조성된 불사임을 확인할 수 있다.

그런데 지금의 석굴암은 원래의 모습과는 다르다.

그것은 석굴암을 나무로 만든 집, 석굴암 내부를 보호하기 위해 유리창으로 석굴을 막아 놓았기 때문이다.

일제 때 천정의 3분의 1정도가 손상되어 보수를 했다. 그 당시 석굴 전체를 2m 두께로 시멘트 시공을 해서 마치 터널처럼 만드는 바람에 원형을 찾아볼 수 없게 되었다.

또한 석굴 내부는 외부 공기가 순환되지 않은 탓인지 돌 표면에 이슬이 생기기 시작했으며 부처의 좌상에 푸른 이끼가 끼는 것은 물론이고 조각된 돌이 깨지거나 부서지기도 했다.

이를 해결하기 위해 1960년 석굴암에 나무집을 지었으나 습기가 제거되기는커녕 오히려 심하기만 했다.

끝내 제거 방법을 찾지 못하다가 궁여지책으로 강력한 에어컨을 설치해 습기를 제거하려고 했으나 그것도 현명한 방법이 될 수 없었다.

11면관음보살입상(출처, 지식백과)

현재 하늘을 찌르는 고층 건물을 지으면서도 석굴암에 이슬이 맺히는 것 하나 해결할 수 없다니…

그런데 신라인들은 천년이 지나도 쉽게 이슬이 서리지 않는 건축술의 지혜를 터득했으니, 오직 감탄이 있을 뿐이다.

전통적인 시조 시인 김상옥은 이 석굴암 본존불에 대해 「大佛」이라는 제하로 시조 한 수를 읊었다.

가까이 보이려면 우러러 눈물겹고
나서서 뵈일수록 後光이 떠오르고
사르르 눈을 뜨시면 빛이 굴에 차도다.

어깨 드오시사 연꽃 하늘 높아지고
羅漢도 물러서다 가슴을 펴오시니
임이여! 크신 그 뜻이 다시 이뤄지어다.

－김상옥의 시조 「大佛」

석굴암은 본존여래불도 유명하지만 11면에 조각된 부처의 제자상도 매우 뛰어난 조각 솜씨를 보여주고 있다.

본존여래의 뒤쪽, 석굴암의 가장 깊은 곳의 관음상은 석굴암의 부조상 가운데 조각이 가장 뛰어나며 회화성도 빼어난다.

머리 위에 10구의 작은 부처의 얼굴을 새긴 11면관음보살상은 중생을 남김없이 구제하겠다는 관음신앙을 구현했다.

이 관음상만이 정면을 바라보고 있다.

정면이면서도 마치 그림을 보듯 정교하고 부드러우면서도 율동적인 천의天衣와 영락瓔珞—달개 곧 구슬을 꿰어 만든 장신구은 말할 것도 없고 입가에 은은한 미소를 머금은 자비심이 가득한 얼굴, 신체 각 부위와의 완벽한 조화와 배율은 화강암에다 보살상을 조각했다는 것이 사뭇 의심스러울 정도로 매우 섬세하다.

여기에 영락의 한 자락을 살며시 잡고 있는 오른손가락의 미묘한 변화야말로 아름다움의 극치를 최대로 발휘하고 있음에야.

또한 김상옥 시인은 11면관음보살상도 읊었다. 이 시조는 새기면 새길수록 마음에 감칠맛이 와 닿는 것은 필자만일까.

의젓이 蓮坐 위에 발돋움하고 서서
속눈썹 조으는 듯 동해를 굽어보고
그 무슨 연유 깊은 일 하마 말씀하실까.

몸짓만 사리어도 흔들리는 구슬소리
옷자락 겹친 속에 살결이 꾀비치고
도도록 내민 젖가슴 숨도 고이 쉬도다.

해마다 봄날 밤에 두견이 슬피 울고
허구한 긴 세월이 덧없이 흐르건만
황홀한 꿈속에 싸여 홀로 미소하시다.

　　　　　　　　　　　　　　　—김상옥의 시조「十一面觀音」

필자도 그냥 지나칠 수 없어 시 한 수를 지었다.

석굴암의 본존여래불의 뒤쪽,

가장 깊은 곳의 보살상은

부조상 중에서도

조각이 뛰어나며 회화성도 빼어나.

머리 위에 10구의 작은 부처의 얼굴을

새긴 11면 관음보살상은

중생을 남김없이 구제하겠다는

관음신앙을 구현했음이니…

정교하고 부드러우면서도

율동적인 천의와 영락*이며

입가에 미소를 머금은

자비심 가득한 얼굴을

신체 부위와의 완벽한 조화와 배율로

화강암에 조각했다는 것이

의심될 정도로 섬세함의 극치.

영락의 한 자락을 살며시 잡고 있는

오른손가락의 미묘한 변화는

불교 조각예술의 한 정점을

신의 경지로까지 끌어올렸음이니…

―시「11면 관음보살상」

* 영락瓔珞―달개, 곧 구슬을 꿰어 만든 장신구

녹유신장벽전

    사천왕사四天王寺 사지 출토 녹유신장벽전綠釉神將璧塼은 신라의 미켈란젤로로 알려진 승려 양지良志의 걸작으로 제작자와 제작 시기679년가 분명한 불교 조각의 예술품이다.

    국립경주문화재연구소는 2006년부터 2012년까지 발굴한 문화재 중에서 괄목할 문화재는 사천왕사 사탑지에서 6점으로 조각난 신장상 파편이다. 2006년 발굴 당시 목탑 기단의 계단 옆에서 녹유신장벽전이 세워져 있었던 것이 확인됨에 따라 이것이 탑의 면석面石임을 밝혀냈다.

조립 복원한 녹유신장벽전(출처, 문화재청)

왼손에 칼을 든 신장

이어 조사 결과, 목탑 기단부 네 면에 24개의 녹유신장벽전이 화려하게 장식되어 있음도 확인했다. 또한 2008년 7월, 기단부 계단에서 또 세 종류의 녹유신장벽전을 발굴했다.

관계자들은 서쪽 탑에서 나온 녹유신장벽전도 이런 유형에서 크게 벗어나지 않으리라 예측했으며 세 신장神將의 정체는 사천왕이나 팔부신장이 아닌 제3의 신장일 가능성도 매우 짙다는 것을 밝혔다.

2009년 5월, 1918년 일제 때 파편으로 수습해서 박물관에 수장 중인 벽전과 발굴 현장에서 새로 출토된 조각을 맞추고 찾지 못한 일부 조각신장상의 10% 정도의 작은 두 조각은 새로 제작해서 맞추면서 복원을 완성했다. 비로소 100년의 기다림 끝에 세 신장의 퍼즐은 기적같이 온전한 모습을 드러냈던 것이다.

이런 작업은 힘들고도 어려운 작업이 아닐 수 없다.

맞춰진 녹유신장벽전의 신장은 갑옷을 입고 칼을 쥔 채 악귀의 목을 엉덩이로 깔고 앉은 위세가 너무나 당당해 보인다. 게다가 커다란 코하며 부리부리한 눈도 매우 위압적이다. 신장의 얼굴만 봐도 악귀들은 감히 불법을 넘보지 못할 것 같다.

현재 이 벽전은 국립경주문화재연구소가 소장하고 있다.

금관총과 천마총

    필자는 국립경주문화재연구소에 박물관으로 곧장 가지 않고 들린 곳이 노서동 고분군이다.

    사적 금관총은 경주시 노서동 고분의 하나로 1921년 9월 가옥공시 중 우연히 금관이 발견되어 이름이 붙여졌다.

    금관총의 원형은 지름 45m, 높이 12m 정도인데 돌무지무덤으로 알려졌으며 목곽을 마련해서 목관을 넣은 것으로 추정하고 있다.

    금관 이외에도 순금제 귀고리, 금제와 은제 팔찌, 반지 등 각종 구슬, 금동제 신발 등 장식구, 수많은 유물이 출토되었다.

    각종 구슬 종류만 해도 3만 점이 넘고 금의 총중량은 7.5kg에 이르는 분량을 수습했다.

    금관총 금관과 금관총 과대 및 요패는 국보로 지정했으며 수습한 유물은 국립중앙박물관과 경주박물관이 나눠 보관하고 있다.

    사적 천마총은 필자가 한때 경주를 찾았을 때, 천마총 내부를 복원해서 공개했기 때문에 무덤 속으로 들어가 발굴 당시 원형을 볼 수 있었다. 그런데 지금은 수리를 한다고 입구를 막아 들어갈 수 없었다.

황남동 고분군 중 제155호분으로 관리되고 있는 천마총天馬冢은 황남동 일대에 있는 고분의 하나로 1973년 4월 16일부터 발굴을 시작해서 8월 29일에 발굴 과정 전모를 발표했다.

천마총은 신라 22대 지증왕릉智證王陵으로 추정되는 능으로 돌을 쌓아 만든 목곽분을 만들고 그 안에 목관을 넣은 고분이다.

능의 규모는 지름 47m, 높이 12.7m로 추정된다.

출토 유물로는 국보로 지정된 금관, 장니障泥 천마도, 금모 이외에도 장식구류 8,766점, 무기류 1,234점, 마구류 524점, 그릇류 226점 기타 796점 등 11,500여 점을 수습했다.

출토된 금관은 국보로 지정되었다.

발굴 당시 사람들의 이목을 끈 유물은 단연 장니 천마도다.

봉분이 없는 금관총

천마총 봉분

    이 천마도天馬圖는 자작나무 껍질을 여러 겹 누빈 위에 하늘을 나는 천마를 능숙한 솜씨로 그렸는데 삼국 그 어디에도 없는 신라 유일의 고미술품이라는 그 의의가 높다.

    천마총의 유래도 이 장니 천마도에서 유래했다고 한다.

고선사지 3층석탑

국보. 시대는 통일 신라, 소재는 경북 경주시 국립경주박물관

필자는 천마총을 보고 국립경주박물관으로 갔다. 박물관 남쪽에다 옮겨 놓은 고선자지 3층석탑부터 들러보았다.

원래 고선사지는 덕동댐 조성으로 수몰되고 탑만을 이곳으로 완전하게 이설해 놓았다.

고선사高仙寺는 원효가 머물렀던 사찰로 그가 입적한 해가 686년이기 때문에 탑의 조성은 그 무렵일 것으로 추정된다. 이를 입증이라도 하듯이 석탑의 양식도 그 시대와 유사하다.

원효의 후손 설중업薛仲業은 원효를 추모하기 위해 각간 김언승金彦昇의 후원을 받아 고선사에다 선사의 탑비를 세웠다.

지금 탑은 없어졌으나 귀부龜趺ー거북이 모양으로 만든 비의 받침돌만 남았다. 이 귀부마저도 머리는 없고 몸통만 남았다. 비신이 있던 자리에는 구멍이 나 있는데 길이 53cm, 너비 13cm나 된다고 한다.

고선사지 3층석탑

석탑의 몸통 등에는 구름 문양이 새겨져 있으며 중앙에는 비좌^{碑座}가 조성되어 있는데 지름이 1.6m나 된다.

석탑의 높이는 9m로 2층에 기단을 마련한 점이 특이하다.

지대석과 아래 기석의 면석은 같은 돌로 12장을, 아래 기석 갑석과 위기단의 면석은 다른 돌로 12장을 사용해 지었다.

탑신부의 초등 옥신은 우주^{隅柱—모서리 기둥}와 면석은 다른 돌로 8장을, 위쪽 기석도 8장을 사용했다.

2층 옥신은 각 면에 1장을 4석으로, 3층 옥신은 1석, 옥개는 기석과 받침으로 돌의 재질이 다른 부재 4석을 사용했다.

오개 받침도 5단으로 해서 조성했다.

아래 기석 탱주로는 3주, 위 기단의 탱주로도 2주 등 감은사지 석탑과 같으나 1층 옥신의 각 면에 새긴 비명만이 다르다.

이 석탑은 빗물이 떨어지는 면이 평평한 데도 소박하다. 4면의 합각도 예리하고 전각의 반전도 잘 구현한 탓으로 장중하고 경쾌하다.

이 석탑은 감은사지 3층탑에 버금간다.

고선사지 석탑은 장중함이 사람들의 시선을 끌며 하늘을 찌를 듯한 철주는 비록 남아 있지 않으나 전체적으로 마무리가 부드럽다는 점 등은 감은사지 탑에 비겨 미세한 차이밖에 없다.

성덕대왕 신종

국보. 시대는 통일 신라, 소재는 경북 경주시 국립경주박물관

현재 신종은 박물관 본 건물 북쪽으로 옮겨 누구나 쉽게 접근해서 감상할 수 있게 마련해 놓았다.

신라 34대 경덕왕景德王은 부왕인 성덕대왕의 위업을 추앙하기 위해 구리 12만 근을 들여 종을 만들려고 했으나 뜻을 이루지 못했다.

뒤를 이어 아들 혜공왕惠恭王이 부왕의 뜻을 받들어 재위 7771년이 되는 해에 종을 완성해서 성덕대왕 신종이라 명명했다.

이 신종은 우리나라에서 상원사 범종 다음으로 오래된 종이다.

종을 지을 때 전설 하나가 지금도 전해진다.

뜻대로 종이 지어지지 않았다. 그러자 아기를 시주 받아 쇠를 녹여 부을 때 쇳물과 함께 아기를 넣어서야 비로소 종소리다운 소리가 났다는 전설이 전한다. 종을 칠 때마다 아기가 '에밀레'하면서 엄마를 부르는 소리가 난다고 해서 에밀레종이라는 전설의 종으로도 알려졌다.

성덕대왕 신종

그런 전설 탓인지 종소리는 너무나 신비롭고 아름답다. 다른 동종은 10~20초 정도 여운을 끄는데 반해 이 신종은 1분 이상이나 여운을 끌어 에밀레종이라는 이름까지 생겼다.

이런 신비로운 소리는 두 개의 소리가 서로 영향을 주고받으면서 강약을 반복하는 맥놀이현상 때문이라고 한다.

신종은 훼손이 우려돼 2004년 이후 타종을 중단했다.

신종은 처음 만들어서 봉덕사奉德寺에 달아 놓았기 때문에 봉덕사종이라고도 했다. 봉덕사가 폐사된 뒤 영묘사로 옮겨 봉황대 옆에 종각을 지어달아 놓았다가 1915년 종각과 함께 동부동 박물관으로 이전했으며 박물관이 신축되자 1975년 현재의 자리로 옮겼다.

신종의 높이는 3.75m, 입지름은 2.27m, 두께는 25~11cm, 무게는 약 25t이나 되며 신종의 종 머리에는 용머리와 음관音管-범종의 위쪽에 대나무마디 모양의 소리 대롱이 조각되어 있다.

이 음관이야말로 세계 어느 나라에도 없는 우리나라 종에서만 보이는 독특한 것으로 맑고 아름다운 소리를 나게 한다.

신종의 몸체 상하에는 견대肩帶와 구대構帶가 있다. 견대 밑 네 곳에는 유곽이 있으며 유곽 안에는 9개의 유두도 있다.

몸체의 좌우에는 신력의 내력을 적은 명문과 앞뒤로 두 개의 당좌가 있다. 또 네 곳에는 구름을 타고 연화좌에 앉아 향로를 받는 공양 천인상天人像이 천의자락을 휘날리고 있다.

신종은 범종 중에 양식 면에서 가장 뛰어난 걸작의 하나로 동산 같이 크고 우람하며 조화와 균형이 일체를 이루었다.

신종은 조각마저 유연해서 긴장감마저 살아나는 데다 곡선미는 장중하

기가 이를 데 없다. 종소리 또한 맑고 그윽해서 울릴 때마다 여운이 은은히 울려 퍼져 듣고 있으면 영원으로 드는 듯하다.

용뉴에는 한 마리 용이 천판에 목을 숙여 입을 붙이고 있는데 목 뒤로는 굵은 유통이 부착되어 있다. 대나무 가지처럼 마디가 선명히 새겨진 음통에는 위로부터 앙복연仰覆蓮의 연판무늬 띠와 그 아래로 꽃무늬가 장식된 3단의 띠를 순서대로 배치했다.

하단에는 위로 향한 앙련이 새겨져 있으며 각 연판 안에는 돌기된 꽃무늬 주위로 새긴 잎도 매우 생생하다.

특히 몸통 주위에다 작은 연꽃을 두르고 천판의 가장자리에는 돌아가면서 연판무늬를 장식했다. 이를 보고 있으면, 보이지 않는 천판 부분까지 세심하게 정성을 다해 제작했는지를 확인시켜준다.

위쪽 아랫단에도 연주무늬가 장식되어 있다.

대 안에는 넓은 잎 모양의 모란 당초무늬를 유려하게 부조해 놓았다. 게다가 상대에 붙어 있는 연곽에도 동일하게 당초무늬를 새겼다.

연곽 안에 조각된 연꽃 봉오리는 상원사 동종과는 달리, 돌출한 형태가 아닌 연밥이 장식된 둥근 자방子房 밖에 두 겹으로 된 8엽 연판에 연꽃을 납작하게 조각해서 독특한 모양을 만들어냈다.

이런 특이한 형태는 운수사雲樹寺의 종이나 저 일본의 조구신사常宮神社의 종과 같이 8~9세기경 통일 신라의 종을 계승하긴 했으나 정형이라기보다는 변형에 가깝다고 한다. 뿐만 아니라 주악 천인상과 종구鐘口의 모습 등은 다른 종과는 확연히 차이가 나는 독특한 양식을 띠고 있는데 종신에는 악기를 연주하는 주악 천인상과 달리 손잡이가 달린 향로를 받쳐 든 공양자상이 앞뒤 면으로 조각해 놓았기 때문이다.

이는 종의 명문에서 볼 수 있듯이 성덕왕의 명복을 빌기 위해 제작된 것인 만큼 왕의 극락왕생을 염원하는 모습을 표출하기 위해서였다.

연화좌 위에 몸을 옆으로 돌린 공양인상 주위로 모란 당초무늬가 피어오르고 머리 위에는 천의가 휘날리는 모습도 생동하는 듯하다.

종구부분은 여덟 번이나 굴곡을 이루도록 변화를 준 것도 특이하다. 그에 따라 하대 부분도 팔의 굴곡이 생겼다.

굴곡을 이룬 골마다 당좌 같은 원형 연꽃무늬를 여덟 군데나 새겼으며 그 사이에 당초무늬를 연결시켜 화려하게 보이도록 부조했다.

그것도 당좌의 원형 테두리 없이 유려한 보상화무늬를 조각했다.

또한 당좌와 공양인상의 몸체 사이에 발원문과 종 제작에 참여한 인물에 관련한 천여 자의 명문을 양각시켜 놓았다.

명문은 630여 자의 서문과 200여 자의 명銘으로 되어 있다.

이 명문은 이 방면의 효시며 문장도 매끈하다.

당시 사회의 한 단면을 짐작할 수 있는 자료도 된다.

이런 점에서도 신종은 통일 신라 전성기에 제작된 것으로 조각예술의 걸작임을 누구도 부인할 수 없겠다.

명문을 쓴 사람은 김필계金弼溪 또는 김필오金弼奧로 볼 수 있으나 마모가 심해 확실하게 해독할 수 없으나 대왕의 공덕을 종소리를 통해 기리고 널리 알리며, 영원히 온 나라에 흘러 퍼지게 해서 국태민안이 오래오래 지속되기를 기원하는 것으로 요약할 수 있다.

서문은 다섯 단락으로 나눌 수 있다.

첫째는 종소리야말로 원음을 들을 수 있게 해 주는 신기임을,

둘째는 왕의 공덕을 찬양하는 내용을 종에 담아 기릴 뿐 아니라 나라가 평화롭고 대중마저 복락을 누리기를 발원하는,

셋째와 넷째는 아들인 경덕왕과 혜공왕의 효성과 덕의 찬양을,

다섯째는 종을 완성한 후의 감격과 종의 경이로움, 종의 효용을 기술하고 종소리와 함께 나라가 복락 누리기를 기원하는 내용이다.

이어 명을 덧붙여 놓았는데 4자구句로 시적인 맛까지 살려 찬양과 발원을 표현한 것은 다른 종의 추종을 불허한다.

널리 알려진 에밀레종의 전설은 두 측면에서 상상이 가능하다.

하나는 성덕대왕 신종의 무게가 20t, 제조 기간이 무려 20여년이 걸려서야 완성할 수 있었다. 제조 기간이 20여 년이나 걸렸다면 제조 과정에서 숱한 실패를 거듭했을 것이 자명하다.

어떻게 해서든 거듭된 실패를 극복하고 종을 완성하기 위해 아기인신공양과 같은 극단의 전설이 잉태될 수도 있다.

다른 하나는 신종은 에밀레종이라는 이칭처럼 독특한 소리 때문에 아기 인신공양의 전설이 잉태되었는지도 모른다.

이 종은 여운이 긴 것으로 유명하다. 에밀레종을 치면 은은한 여운이 끊어질 듯하다가 작아지고 다시 이어지곤 하는 현상이 1분 이상 지속된다. 게다가 가슴을 울리는 여운은 3분 정도 남아 있기까지 한다.

두께의 불균형, 비대칭성의 모양 등 종의 여러 부분에서 다른 진동 소리가 나는 절묘한 맥놀이 현상으로 발생하는 소리, 그것도 반복되는 여운이 '에밀레, 에밀레'하는 아기 우는 소리처럼 들린다. 이를 마치 아기가 자기를 공양한 어미를 원망하며 우는 듯한 소리 같다고 해서 성덕대왕 신종 대신 에밀레종이라는 전설을 낳았던 것은 아닐까.

에밀레종의 제작 기간이 20여 년, 아기인신공양의 전설까지 잉태시킨 선인들의 장인정신은 오늘날에도 재현이 가능할까.

미국 독립 200주년을 기념해 1976년에 L.A에 기증한 '우정의 종'이나 새로 제조해서 보신각에 건 새 보신각종은 에밀레종을 그대로 본따 제작했으나 에밀레종의 신비한 소리는 끝내 재현할 수 없었다고 한다.

에밀레종의 신비성은 다음 숫자에서도 확인할 수 있다.

종소리가 지닌 주파수, 화음 등 여러 항목을 숫자화해서 100으로 환산했을 때, 옛 보신각종은 60 미만, 상원사 동종은 65, 46t이라는 어마무시한 중국의 영락 대종은 40, 그에 비해 에밀레종은 무려 86이라니, 종 자체가 지닌 신비, 바로 그것이 아닐 수 없겠다.

아기인신공양의 전설을 잉태한 에밀레종의 핵심은 종 자체의 특이한 소리와 제조 기법의 신비, 곧 장인정신이 아닐까 싶다.

금제 허리띠

국보. 금제 허리띠는 길이는 109cm이고 무게는 1,181.7g.

허리띠 꾸미개는 허리띠 표면을 장식한 띠꾸미개와 허리띠 아래로 드리운 띠드리개로 구성했는데 네모꼴에 하트 모양의 드림이 달렸으며 세 개의 잎 무늬를 투조하고 달개로 화려함을 더했다. 띠드리개에는 질병을 다스리는 약병, 향수병, 풍요를 상징하는 물고기, 용무늬를 새긴 장식, 굽은 곡, 숫돌을 끼웠던 두겁 등이 달려 있다.

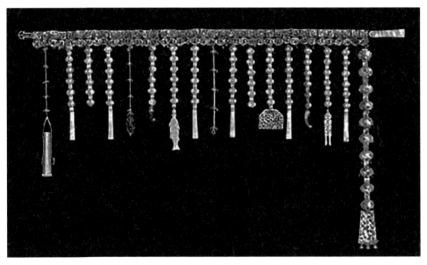

금제 허리띠(출처, 국립중앙박물관)

금관총 금관

국보. 시대는 신라, 소장은 경북 경주시 일정로 186, 국립경주박물관.

금관의 높이는 44.4cm, 지름은 19cm이다. 외관과 내관을 금실과 금으로 만든 못을 오려 붙여 장식했기 때문에 화려하면서도 우아하다.

금관의 깃과 외관 전체는 금판 영락瓔珞을 달아 조금만 움직여도 반짝이도록 했으며 곳곳에 경옥으로 만든 곡옥도 장식했다.

외관外冠은 신라 금관의 전형을 보여준다.

머리띠 정면에는 3단으로 된 출卅자 모양의 장식이 3개, 뒤쪽 좌우에는 2개의 사슴 뿔 모양을 장식해 놓았다.

머리띠와 卅자 장식의 주위에는 점이 있는데 비취색이 나며 구슬 모양의 장식에는 금실까지 매달아 놓았다.

끝에도 가는 고리에 금으로 된 사슬을 늘어뜨린 두 줄의 장식이 있으며 나뭇잎 모양의 장식도 곁들었고 비취색 곡주曲珠도 매달았다.

외관 내부를 장식한 내관으로는 관모와 관식이 있다.

관모는 얇은 금판을 오려 세모꼴 모자 위에 두 갈래로 된 새 날개 모양으로 장식했다. 의관儀冠의 일종인 내관 감투에는 정T자와 마름모꼴을 투각透刻, 또는 고기비늘 모양의 타출 무늬를 지문地文으로 장식해 놓았다.

금관총 외관(출처, 문화재청)

외관에 관모와 관식을 조립했을 때의 금관모습
(출처, 문화재청)

내관에는 당초문唐草文을 투각했기 때문에 외관보다는 기교를 매우 중시한 듯하며 관식冠式의 사실적 표현마저 기교를 중시했다.

금관에 장식된 수목형과 녹각형은 러시아 등지에서 출토된 유목민들의 금제 보관에서도 보이는 고대 관식의 한 예가 된다.

한국의 예로는 전라남도 나주시 반남면의 옹관묘甕棺墓에서 출토된 백제 금동관이 있다.

또한 새의 깃털을 장식한 예로는 고구려 쌍영총雙楹塚과 개마총鎧馬塚의 인물상에도 나타나 있다.

천마총 금관

국보. 시대는 신라, 소장은 경북 경주시 일정로 186, 국립경주박물관

이 금관은 소장과 관리는 국립경주박물관이 하고 있다.

천마가 그려진 말다래가 출토되었다고 해서 천마총으로 명명했다. 이곳에서 출토된 금관은 높이가 32.5cm나 되는데 금판이 매우 두껍다. 원형 대륜臺輪의 앞면 세 줄기에는 출屮자 형으로 입식立飾이 세워져 있어 매우 특이하다. 금관총에서 출토된 금관이 가장 정제된 것이라면 천마총에서 출토된 천마총 금관은 가장 화려하다.

천마총 금관은 넓은 관테에 3개의 나뭇가지 모양과 2개의 사슴 뿔 모양의 장식을 접합시킨 전형적인 신라 금관의 형태로 정면에 금 은 옥과 달개를 많이 달아 화려함의 극치를 이뤘다.

이런 것이 이 금관의 특징이라고 하겠다.

신라는 지배자의 상징으로 금동장식을 활용했다.

경주의 왕족들이 착용한 것은 물론이고 재질이나 모양은 다르지만 지방의 수장들도 금관을 착용할 수 있었다.

이는 금동관 하사를 통해 지방 수장을 견제하려는 중앙 정부가 추진한 정책의 하나였다고 한다.

금관(출처, 문화재청)

장니 천마도(天馬圖)

국보. 장니 천마도는 가로 75cm, 세로 53cm, 두께 6mm 정도로 말의 안장 양쪽의 장니障泥에 그린 그림이다. 채화판은 자작나무 껍질을 여러 겹으로 하고 그 위에 고운 껍질을 누빈 다음, 가장자리에 가죽을 붙였다. 천마가 꼬리를 세우고 하늘을 향해 힘차게 내닫는 모습과 다리에 돌기가 나 있는 것이 신의 기운을 느끼게 한다.

천마도는 회화로도 작품의 가치가 높다.

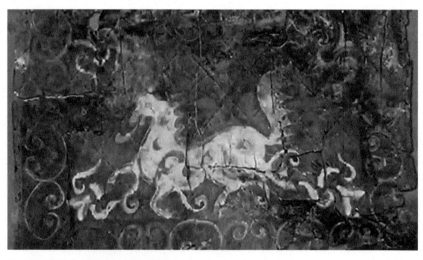

장니 천마도(출처, 문화유산 채널 캡처)

코스
09

남원 실상사 백장암 3층석탑

국보. 시대는 통일 신라, 소재는 전남 남원시 산내면 입석길 94−129

1박 2일 코스로 이른 새벽 분당에서 동현만이군이 필자와 손녀 예린일곱 살을 태우고 판교IC에서 경부고속도로로 올라섰다.

대전을 지나 비룡JC에서 중부고속도로로 바꿔 타고 주행하다가 함양JC 에서 광주대구고속도로로 옮겨 탔으며 지리산IC에서 내려섰다. 내려서서 는 37번 국도를 주행하다 60번 도로로 바꿔 탔다.

곧 이어 백장사 입구에서 차 한 대가 겨우 지나다닐 정도의 가파르고 좁 은 길을 서행해 백장암 3층석탑 속으로 들어갔다.

백장암 3층석탑은 국보 중에서 가장 외진 곳에 위치해 있는 탓인지 탐 방하는 사람이 보이지 않는다.

다행인지 모르겠으나 외진 곳에 있는 탓으로 지금까지 가장 온전하게 남아 있는 탑 중의 하나라고 한다.

가장 온전한 탑으로 남아 있었기 때문에 불국사 석가탑의 유실된 첨단 을 복원할 때, 이 3층석탑의 첨단을 본따 마무리했다고 한다.

3층석탑 전모

남원의 실상사實相寺는 사적으로 통일 신라 때인 828홍덕왕 3년, 홍척洪陟 대사가 창건한 사찰이다.

그런데 실상사는 좀체 발전을 보지 못하다가 홍척이 당나라로 가 유학하고 돌아온 뒤, 홍덕왕興德王의 초청을 받아 불법을 강론한 뒤에야 비로소 으뜸 사찰의 하나로 발전했다.

임진왜란 때 사찰은 폐허가 되어 부속암자인 백방사에서 승려들이 기거했으며 1700숙종 26년까지 36동의 건물을 세우기도 했다.

1882고종 19년 불이 나서 사찰은 대부분 불에 탔다.

그 뒤 여러 승려들이 힘을 모아 중건했다.

문화재로는 국보 백장암 3층석탑을 비롯해서 보물로는 부조, 3층석탑 2기, 증각 대사 응료탑과 비, 백장사 석등, 철제여래좌상, 백장암 청동은입사향로, 약수암 목조탱화 등이 있다.

절 북쪽에는 백장암百丈庵이 있다.

이 백장암 3층석탑은 백장암 아래에 있는 경작지에 조성해 놓은 탑이다. 지금 절이 남아 있지 않아 백장암은 남쪽 경작지인 석탑 바로 뒤인 석등과 같은 위치에 있었을 것으로 추정된다.

이런 추정은 북쪽에 법당으로 확인되는 건물 터가 뚜렷하다는 점, 그곳에 백장암이 있었을 것이라고 추정하기 때문이다.

백장암 3층석탑은 높이가 15m로 화강암 석재를 사용했으며 기단부와 탑신부의 구조가 특이해서 공예적인 이형의 석탑이다.

또한 기존 양식에 얽매이지 아니하고 자유롭게 탑을 조성했기 때문에 각 부의 장식 조각이 매우 섬세하고도 유려하다.

기단부는 네모난 지대석 위에 탑신의 굄대를 마련해서 별도의 돌을 얹고 그 위에 석탑을 조성해 놓았다.

상면에는 조각된 구조물이 없는 반면 측면 사방으로 낸 난간형의 돌에는 조각을 새긴 것이 매우 흥미롭다.

1층의 탑신은 너비에 비해 높으며 2,3층 탑신도 1층에 비해 감축이 크지 않은 점도 특이하다. 층마다 처마가 직선인 데다 네 귀에 있는 전각의 반전反轉도 경쾌하며 낙수落水 면은 평평한 신라 석탑의 탑신을 따르고 있으나 하층부는 층을 두지 않아 이 또한 특이하다.

옥신과 옥개석 밑의 조각도 섬세하고 화려해서 시선을 끈다.

탑의 조각상

1층 옥신석 사이에 보살입상과 신장상이 2구씩, 2층 옥신에는 주악 천인상이 또 2구씩, 3층 탑신에는 천인좌상 1구를 돋은 새김으로 조각해 놓았는데 조각이 매우 화려하다.

1층과 2층 사이 옥개석 하변에 앙련仰蓮을 조각했으며 3층 옥개석 밑에도 3존상三尊像을 조각해 놓았다.

다소 파손된 상륜부 부분은 지금도 방치되어 있다.

노반석 위에 복발覆鉢－탑의 노반 위에 놓는 그릇을 엎어놓은 것 같은 모양의 장식 보륜寶輪 보경寶鏡 수연水煙－탑의 구륜에 불꽃 모양으로 만든 장식 등 부재도 정연하다.

그것도 찰주擦柱－탑을 세우는데 가장 중심이 되는 기둥에다 차례로 꽂아 놓아 매우 가지런하며 단정하기 이를 데 없다.

1999년 발굴단이 백장암 사지를 발굴하다가 석탑 하단부 기단에서 높이 14cm, 두께 10.6cm, 길이 50cm 정도의 팔부상－사천왕에 딸린 여덟 귀신의 상이 조각된 부재 5점을 수습하기도 했다.

조각된 부재는 설계 때부터 기존의 형식에서 벗어나 자유롭게 가구한 듯하며 각 부재의 표면 조각에도 특이한 의장을 했다.

이런 의장意匠은 통일 신라에서는 볼 수 없는 아름답고도 독특하다.

이 탑은 신라의 탑 중에서 의장이 가장 많기 때문에 풍부한 상상력으로 지어낸 걸작 중의 하나로 평가받고 있다.

구례 화엄사 각황전

국보. 시대는 조선, 소재는 전남 구례군 마산면 화엄사로 539

백장암에서 나와 60번 국도를 달리다가 산내면 면소재지에서 861번 지방도로를 타고 험로이기는 했으나 전망이 좋은 해발 1,090m의 성삼재性三峙로 주행했다. 노고단 입구에서 잠시 쉬었다가 구례로 들어섰으며 화엄

2층 구조인 각황전

사에 도착해서 차를 주차시키고 각황전을 마주했다.

화엄사는 노고산 산행의 초입이기도 해서 필자는 학부생을 인솔해 구례에서 1박하고 노고단을 올라 뱀사골로 내려온 경험이 있다.

장시간 주행에도 여섯 살 손녀 예린이가 보채거나 칭얼대지 않는다. 워낙 아빠를 좋아해서 따라왔다고 해도 신기할 정도다. 혼자서도 핸드폰을 가지고 노는데 푹 빠진 탓일까. 그렇게 귀여울 수가 없다.

영산 지리산智異山 자락에 위치한 화엄사는 백제 성왕 22544년, 인도에서 건너온 연기 대사의 의해 창건되었다고 한다.

또 다른 기록에 의하면, 신라 진흥왕眞興王 5년 연기 조사에 의해 창건되었다고 전해지고 있으나 두 기록 다 확실치 않다.

선덕여왕 12년에는 자장 율사慈裝律師가 들어 중창했으며 도선 국사에 의해 중창과정을 거치면서 번성했다.

절의 이름은 「화엄경」에서 화엄을 따 화엄사라고 지었다고 하나 일설에 의하면, 문무왕 때 의상義湘 대사가 왕의 지시를 받고 푸른 돌에 「화엄경」을 새겼다고 해서 화엄사라 했다고 전해지기도 한다.

어쨌든 사찰명은 화엄사華嚴寺로 굳어졌다.

이런 대사찰도 임진왜란 때 모두 소실되었으며 인조 141636년에 이르러서야 비로소 중창될 수 있었다고 한다.

화엄사 가람의 배치는 영주 부석사만큼이나 독특하다.

사적인 화엄사는 남향한 일주문을 지나 30°로 경사진 길을 따라 북동 방향으로 가다 보면 금강문이 나타난다.

이 문을 지나면 천왕문天王門이 나온다.

천왕문을 나서면 석축 위에 지은 보제루普濟樓에 이른다.

보제루 동쪽 끝에서 돌계단을 오르다 보면 비로소 넓은 뜰과 동서의 쌍탑, 북쪽의 대웅전, 서쪽의 각황전이 한눈에 들어온다.

특히 화엄사는 일출과 일몰 전후로 지리산 자락에 울려 퍼지는 범종梵鐘 소리가 매우 은은하기로 유명하다.

또한 하동에서 화엄사에 이르는 쌍계사雙磎寺 십리 벚꽃길과 더불어 4월이면 벚꽃으로 장관을 이루기도 한다.

각황전을 지었는데도 편액을 걸지 못하다가 뒤늦게 숙종 28¹⁷⁰²년, 장육전丈六殿을 지은 뒤에야 각황전覺皇殿이란 편액을 달았다.

이 편액은 숙종이 직접 써서 하사한 것이라고 한다.

화엄사 사찰 경내에는 국보로 지정된 목조건물 중에서 규모가 가장 큰 각황전, 영산회괘불탱, 조각이 세련되고 매우 아름다운 4사자 3층석탑, 동양 최대의 석등이 있다.

보물로는 동쪽 오층석탑, 서쪽 오층석탑, 원통전圓通殿─관세음보살을 본존으로 모시는 건물 앞의 사자탑, 대웅전이 있으며 사찰에 딸린 암자로는 9층암, 금정암金井庵, 지장암地藏庵 등이 있다.

또한 천연기념물인 올벚나무도 있다.

각황전은 건축미가 돋보이도록 높게 쌓은 석축 위에 동남 방향으로 건물을 세웠는데 대웅전大雄殿과는 직각을 이루고 있다. 정면 7칸, 측면 5칸, 다포계 2층 팔작지붕의 구조로 된 건물이다.

그런 구조이기 때문에 건물은 웅장하면서도 안정된 균형감은 물론이고 엄숙한 분위기까지 자아낸다.

이 건물은 내부에 둥글게 다듬은 기둥으로 고주高柱를 세워 내외전으로 구분해 놓고 중심부를 형성해 놓았다.

통층으로 된 내부 천정

　뒤쪽 벽은 5칸인데 2칸은 비어둔 채 3칸에만 탱화幀畵 – 1860년 무렵에 그린 것으로 추정를 걸어두고 있다.

　여기에 5칸 크기의 불단을 설치해 놓았다.

　불단佛壇 중앙에는 석가모니불, 좌우에는 과거불인 다보불형태는 일정치 않으며 보정세계(寶正世界)의 교주로 알려짐, 아미타불의 3불 좌상을 안치했다. 문수보살과 보현보살, 그리고 세지보살과 관음보살의 네 보살 좌상은 목조로 조각해 봉안해 놓았다.

　불당 안은 밑에서부터 천정까지 탁 트이도록 조성해 시원스런 느낌을 받도록 했으며 소란小欄 – 큰 부재로 짠 사이에 잘게 댄 부재 반자 – 사용하는 자료와 모양이 여러 가지인 부재를 종보에 설치했다.

　또한 둘레에다 소란 반자를 2단으로 구성해서 빗천장天障 – 삿갓 모양으로 경사진 천정까지 마련했다. 그로 인해 웅장함이 한결 돋보인다.

　외관의 창호로는 정면이 7칸이다.

또한 격자빗살분합문, 좌우 어간과 퇴칸退間−건물 중심부를 둘러싼 둘레 부분의 공간에 2짝 띠살−문 등에 가로대는 띠 모양의 나무 부재 분합문이 설치되어 있다. 뒷면에도 좌우 퇴칸을 제외한 나머지 5칸에다 2짝 띠살 분합문分閤門도 조성해 놓았다.

2층은 사방을 격자무늬−바둑판처럼 가로 세로 일정하게 직각이 되게 한 무늬를 한 높은 창으로 내부까지 빛이 들어오도록 했다.

구조는 평주와 고주를 연결한 퇴보 위에 기둥을 세워 2층 변주邊柱−변두리에 세운 기둥로 삼은 중층 가구이다.

공포의 살미山彌−장방형 단면으로 된 긴 부재인 첨차檐遮−가운데를 어긋나게 짜서 맞춘 자재(資材)의 일종는 길게 뻗어 올라가는 형태로 조선조 후기의 양식을 그대로 재현해 놓았다.

내부는 밑에서 천정까지 통층通層−바닥에서 천정까지 뻥 뚫린 공간으로 가구해 놓아 시원스럽다.

각황전은 1699∼1702년, 4년에 걸쳐 중건되어 오늘에 이르고 있다.

이 각황전은 웅장함을 더해 주는 데다 단아한 멋을 가미한 기법마저 매우 뛰어나 우수한 건축 문화재의 하나일 뿐 아니라 조선조 후기의 대표적인 건축물의 하나로 우뚝 섰다.

하동 쌍계사 진감선사대공탑비

국보. 시대는 통일 신라 말, 소재는 경남 하동군 화개면 쌍계사길 59

화엄사에서 나와 19번 국도를 타고 동쪽 섬진강 강변을 달리다가 화개 장터에서 좌해전해 유명한 십리 벚꽃 길을 달려 쌍계사 주차장에 차를 주차시키고 쌍계사를 향해 부지런히 걸었다.

필자로서는 쌍계사 탐방이 세 번째, 어느 절이나 절은 그게 그거라는 인식이 배어 있었으나 쌍계사만은 달랐다. 그 이유는 진감선사 대공탑비 탓이었다. 신라 말의 대가 고운 최치원이 비문을 썼기 때문에 그의 글과 글씨를 동시에 마주할 수 있었으니 하는 말이다.

지리산智異山 기슭 삼신산三神山 쌍계사雙磎寺는 본래 840문성왕 2년 진감선사眞鑑禪師 최혜소崔慧昭가 절을 짓고 이름을 옥천사玉泉寺라고 한 데서 연유한다.

그런데 이 고을에 같은 이름의 절이 있어 혼동을 피하기 위해 헌강왕 때, 왕이 절 앞의 개울인 쌍계에서 쌍계를 따 글을 써 하사하고 최치원에게도 '쌍계석문雙溪石門' 네 자를 쓰도록 해 바위에 새기면서 쌍계사라고 고쳐 부르게 되었다고 한다.

대공탑비

쌍계사 경내에는 국보인 최치원이 쓴 진감선사 대공탑비를 비롯해서 보물인 쌍계사 부도, 대웅전 등 지정문화재가 있다.

진감선사 대공탑비眞鑑禪師大功塔碑는 진성여왕 1887년에 건립된 비로 높이 3.63m, 비신 2.13m, 너비 1.035m, 두께 22.5cm나 된다.

그런데 이 진감선사대공탑비는 현재 귀부龜趺, 이수螭首, 탑신塔身만이 온전하게 남아 있다.

탑은 신라 말의 탑비 형식에 따라 귀두는 용두화로 했으며 귀부의 등에는 6각의 귀갑문을 단순하게 조성해 놓았다. 이에는 보주를 다투는 반용蟠龍-승천하지 못한 용이 조각되어 있다. 이수 앞면 가운데 전액篆額은 양각, 그 위의 앙련판仰蓮瓣-연꽃이 위로 향하게 그린 꽃잎에는 보주를 얹었다. 중앙에는 비의 몸통을 끼울 수 있도록 만든 비좌가 자리 잡고 있으며 사면에는 구름무늬가 새겨져 있다.

비의 손상이 매우 심각하다

머릿돌에는 구슬을 두고 다투는 용의 모습을 힘차게 조각해 놓았으며 앞면 중앙에는 '해동고려진감선사비'라는 비명이 새겨져 있다.

비의 꼭대기에는 솟은 연꽃무늬를 한 구슬 모양의 머리 장식도 있다.

직사각형의 몸돌은 여러 군데 갈라지는 등 손상을 입었다.

글씨는 글자 사이가 2cm 정도, 상하가 긴 짜임새, 자연스런 흐름을 살려 조형의 변화를 느끼게 한 신품이다.

비의 전면은 손상을 입어 건립연대는 정확히 알 수 없었다.

그런데 다행히 1725영조 1년 목판에 모각模刻－있는 그대로 본떠 새김한 비문이 남아 있어 887년임이 확인되었다.

최치원의 글씨는 공간이나 자형에 구애받지 않는 신묘한 필체로서 문자 그대로 생동감이 넘치는 명필이 아닐 수 없다.

진감선사 혜소慧昭는 속성이 최崔로 804애장왕 5년 세공사의 배에 편승해 당으로 가서 신감 대사의 문하로 승이 되었다.

혜소는 승이 된 뒤 여러 지방을 돌아다니면서 수도하다가 830흥덕왕 5년 귀국해 왕들의 사랑을 받다가 77세에 입적했다.

진감선사가 입적하자 885헌강왕 1년 왕은 공영탑空靈塔이라는 시호를 추중하고 탑비를 세우도록 했다.

비문은 당대의 개산조인開山祖人이며 문장가인 고운孤雲 최치원이 지었는데 사산비명四山碑銘의 하나로도 유명하다.

이태 전, 3월 초순에 들러 탑을 들러보다 매화 향에 취해 넋을 잃고 있는데 매화 향이 시심을 발동시켜 시를 짓기도 했었다.

3월 초순 하동 쌍계사 경내로 들어서면
겨울이 혹독하면 혹독할수록
향이 더 더욱 짙다는 백매화가 탐방객을 반기나니…

까만 기와지붕과 조화의 정점을 이룬

팔영루 앞 백매화가 사찰 경내를

매화 향으로 그득 채워서는

탐방객을 반기는 것까지는 좋았으나

향에 취해 돌아갈 생각을

잃은 탐방객이 많아

참선에 정진할 수 없어 흠이 되었나니…

—시「백매화」

팥꽃나무에 속하는 서향瑞香은

높이가 1~2m 정도

줄기는 곧으면서 가지는 수없이 많아.

꽃이 피기 시작하면

향이 천리를 간다는

속설이 널리 퍼져 있어.

외래종은 꽃이 옅은 홍서향인데 비해

쌍계사 청학루 앞

토종 백서향은 꽃도 크고 희어.

멀리, 더 멀리 향내를 내뿜어

사찰 경내며 주변을 온통 향으로 가득 채워.

향기에 이끌려 찾아온 속인의 마음까지 전율케 해.

불자 아니라도 오늘 하루는

불은을 입고 귀가하나니…

—시「서향」

순천 송광사 국사전

국보. 시대는 조선, 소재는 전남 순천시 송광면 송광사안길 100

이른 아침 구례를 출발해서 송광사를 향해 달렸다.

송광사로 가는 국도는 엇갈리기 쉬워 네비의 안내를 받으면서 17번, 이어 18번 국도를 타고 주암호 옆길을 달리는데 갑자기 타이어 공기가 빠지기 시작하는 것이 아닌가.

일정 때문에 조바심마저 태우고 있는데 보험사에 연락을 하니, 다행히 30분 이내로 도착해서 임시로 때워 준다고 한다.

30분이 좀 지나 보험사에서 부탁받은 정비사가 차를 카 센터로 끌고 가지 않고 차를 세워둔 채 임시로 바람 새는 곳을 때워 주면서 서울까지는 운행이 가능하다고 한다.

참으로 편리한 세상이 아닐 수 없다.

송광사 주차장에 차를 세우고 국사전을 향해 올라갔다.

국사전國師殿에 이르러 막상 담장 안으로 들어가려고 하니 암초를 만난 것처럼 이곳도 일반인의 출입을 허락하지 않아 당혹했다.

1년에 한번, 4월 초파일에나 대중에게 개방한다면서.

한참을 서성이다가 지나는 스님에게 찾아온 취지를 설명하고 국사전의 사진을 한 컷 찍을 수 없겠느냐고 부탁했다.

그런데 세상에 이런 스님도 다 있구나 싶을 정도로 아주 친절하게 국사 전으로 안내해 주며 내부 사진을 보다 잘 찍을 수 있도록 사방의 문까지 활짝 열어주는 것이 아닌가. 사찰치고 이런 친절은 필자로서는 태어나 처음 받아보는 배려가 아닐 수 없다.

더욱이 친절親切의 '친親'자도 모르는 사찰에서 이런 스님을 만났다는 것은 탐방 중 최고의 행운이랄 수밖에.

사적인 송광사는 삼보인 불보佛寶 법보法寶 승보僧寶의 사찰 중 하나인 승보 사찰로 수행의 사찰이며 천년의 소리를 고스란히 담고 있는 고찰이라는데 의의가 있다.

조계산 서쪽 기슭에 자리잡은 송광사松廣寺는 본래 신라 말 혜린 선사에 의해 창건된 조그만 사찰에 지나지 않았다.

그런데 대찰이 된 것은 보조 국사 지눌知訥이 절의 면모를 일신하면서 정혜결사定慧結社의 중심지로 삼은 뒤부터였다.

조계산曹溪山-884m 서쪽 기슭에 자리 잡은 송광사를 일컬어 대찰이라고 하는 것은 규모를 두고 하는 말이 아니다.

이유는 조계종 본산의 도량道場이면서 승보사찰이기 때문이다.

송광사는 보조 국사 지눌知訥 등 여섯 분이나 국사를 배출했다.

국사國師란 나라가 인정한 최고의 승려이며 한 시대를 대표하는 스님으로 자긍심이 대단한 승려였을 것이다.

송광의 松를 파자하면 十八公이니 도가 높은 스님이 그만큼 배출된다는 의미이며 廣은 불법을 널리 편다는 뜻이다.

이런 유래를 지닌 송광사는 많은 문화재를 지닌 사찰의 하나이다.

이 사찰에는 국보로 목조삼존불감木彫三尊佛龕, 고려 고종제서高宗制書, 국사전國師殿이 있다.

보물은 대반열반경소大般涅槃經疏, 관세음보살보문품삼현원찬과문, 대승 아비달마잡집론소 등 8점이 있다. 또한 추사秋史 김정희의 서첩書帖, 영조 의 어필御筆, 대원군의 난초 족자 등 문화재도 있다.

송광사의 상징적인 건물인 국사전은 대웅전 오른쪽에 높은 축대를 쌓고 그 위에 서향으로 건립했는데 이곳에다 수도한 16국사의 영정影幀－1780년 제작한 것으로 알려짐을 모셨다.

이 건물은 고려 공민왕 18¹³⁶⁹년에 창건했다고 전한다. 그 뒤 두 차례에 걸쳐 중수하는 과정에서 자연스럽게 조선 초기¹⁴⁰⁴년의 건축 양식을 띠게 된 것이 아닌가 추측된다.

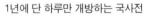
1년에 단 하루만 개방하는 국사전

국사전의 규모를 보면 정면 4칸, 측면 3칸으로 주심포 단층 맞배지붕의 건물이다. 정면 3칸의 칸 사이는 9.3자 정도, 측면 3칸 사이는 각각 4.25, 5.3, 4.25자 정도로 장방형에 가깝다.

건물의 두드러진 특징은 다음과 같다.

정면을 4칸으로 한 것과 양쪽 측면에 고주를 세워 정면 쪽을 퇴칸—본 건물 밖에다 기둥을 세워 늘린 칸처럼 시설한 점이다.

공포는 기둥 위에만 배치한 주심포계 양식으로 짜임새는 단순하지만 세부수법상 장식적인 요소가 짙은 건물이다.

정면 3칸에는 4짝 분합문을 설치했다. 오른쪽 측면은 회벽, 왼쪽 앞은 퇴칸에 외짝 분합문을 설치했으나 나머지 공간은 회칠을 했다.

건물 후면은 하방을 둔 회벽이며 출입문을 제외하면 3면을 막은 감실형龕室形—벽의 한 곳을 깊이 파 부처를 모시는 공간의 건물이다.

측면의 오른쪽으로는 고주 2개, 왼쪽에는 고주 1개를 세워 종보—대들보 중 위쪽 대들보를 직접 받쳐주고 있다.

국사전 내부에 걸린 조사들의 진영

내부에는 세 개의 벽 앞에 단을 설치하고 영정을 모시기에 알맞도록 평면으로 시설했다. 바닥은 나무 마루다. 천정은 대들보 윗몸에 평반자를 가구해서 공간이 낮고 길게 보이게 했다.

그런 구조 한 탓인지 아늑한 분위기가 돋보인다. 구조 또한 매우 특이하다. 첨차檐遮─가운데를 어긋나게 짜서 맞춘 부재와 1출목 살미─짜임새를 위한 부재를 포갠 위에 대들보를 통칸으로 얹어놓았다.

또한 앞뒤로 동자기둥 2개를 세워 종보와 중도리─기둥 등에 얹어 서까래를 받치는 부재를 받쳐 놓았다.

종보 가운데는 판형대공─대들보 등을 받치는 판 모양의 짧은 기둥을 세워 종도리를 받침으로써 천정을 마무리했다.

공포栱包─처마 끝의 무게를 받치려고 기둥머리에 댄 부재는 기둥과 창방昌枋─기둥과 기둥을 연결하는 부재이 만나는 부분에서 첨차檐遮를 돌출시키고 그 위에 십자형으로 짠 첫째 살미와 행공行栱─주심에 놓인 도리 방향의 첨차을 받쳤다. 이행 첨차로는 외목도리 장여長欐─폭이나 높이가 긴 장방형의 부재를 받친 주심포도 설치해 놓았다. 게다가 외목도리를 기둥 밖에 놓았기 때문에 받치기 위한 첨차가 자연스럽게 길어졌으며 끝에다 초각─맨 처음의 조각까지 했다.

이런 형태를 보면, 초각한 대들보와 종보, 받침 등에서 조선 초기의 양식이 그대로 드러나 있다. 건축 구조상으로 보아서도 조선 초기의 양식을 적용한 탓인지 소박하고 아담한 형태이며 기법 면에서도 주심포는 조선조 중기 건축 양식의 표준이라고 할 만한 주요한 건물이다.

국사전은 대들보와 종보도 초각해 마구리했다는 데도 의의가 크다.

강진 무위사 극락보전

국보. 시대는 조선, 소재는 전남 강진군 성전면 무위사로 308

송광사를 출발해 18번 국도를 달리다가 보성IC에서 남해고속도로로 올라섰다가 강진 무위사IC에서 내려섰다. 내려서서 13번 국도를 타고 가다 무위사 입구로 들어가 무위사 극락보전을 대면했다.

서울서는 길이 멀고 외져 찾아오기가 쉽지 않다. 마음을 단단히 먹고 벼루고 별러서 무위사를 찾기 전에는.

무위사無爲寺는 진평왕 39⁶¹⁷년 원효대사元曉大師가 처음 관음사觀音寺란 이름으로 창건했다고 전한다.

875년인 헌강왕憲康王 1년, 도선道詵 국사가 중창해 갈옥사葛屋寺로 개명한 뒤, 많은 승려들이 머물며 수도했다.

905년 효공왕孝恭王 9년 선각禪覺이 세 번째 중창했다.

1407^{태종} 7년에는 천태종의 17 자복사資福寺 중의 하나가 되었으며 1430^{세종} 12년에는 극락보전을 지었다.

1555^{명종} 10년, 태감太甘이 네 번째 중창하고 무위사라 명명했다.

극락보전

1975년 벽화 보존각 해탈문 천불전 미륵전 등을 중창했으며 1991년 산신각, 1995년에는 동쪽 요사를 지었다.

경내에 있는 보물인 선각대사 편광탑비先覺大師遍光塔碑의 비명에 의하면, 신라 때부터 무위갑사無爲岬寺로 불리어졌다는 기록으로 보아 「사지寺誌」에 오류가 있지 않나 싶다.

이 무렵 무위사는 본 절만 해도 23동의 건물, 암자가 35개 동으로 모두 58동에 이르는 대사찰이었으나 그 뒤 잦은 화재 등으로 소실되어 많이 축소되어 현재의 모습이 되었다.

무위사의 대표적인 건물인 극락보전은 세종 12¹⁴³⁰년에 창건했는데 정면과 측면이 같은 3칸의 건물이다.

극락보전 공사는 나라에서 인정하는 최고 기술자들이 참여한 왕실사업으로 효령대군이 공사에 깊이 관여했다고 전한다.

극락보전 공사는 나라에서 인정하는 최고 기술자들이 참여한 왕실사업으로 효령대군이 공사에 깊이 관여했다고 전한다. 공포는 안팎으로 2출목, 두공斗栱 위의 첨차檐遮가 좌우로 길게 뻗어 있어 장설長舌-긴 혀과도 같다. 첨차 아래쪽 주심포는 특유의 곡선으로 짧고 강한 앙설仰舌-소의 혀처럼 생긴 받침과 같다.

이밖에 세부 시공도 건실한 수법을 적용했다.

기단은 큰 판석板石을 세우고 그 위에 작은 돌을 2켜-기와나 벽돌 등을 옆으로 쌓는 수평층 정도로 쌓았다. 전면 1열에만 갑석甲石-지대 둘레에 쌓은 돌 위에다 놓는 잘 다듬은 돌으로 둘렀으나 나머지 3면은 자연석으로 깔았다. 기단 위편에 놓인 초석의 간격間隔은 정면에 있는 칸 사이와 측면에 마련한 칸 사이가 12자로 거의 동일하다. 정면 좌우 칸은 13자, 측면 좌우 칸은 7자이다. 그런 탓으로 정면과 옆 칸의 칸 실이 평면을 이루고 있다.

기단 위로 전석을 깐 것은 고려의 전통을 이어받은 셈이다. 지붕은 人자 모양의 맞배지붕으로 짰다.

처마를 받치기 위한 구조는 잘 짜이어진 데다 기둥 위에만 설치했기 때문에 간결하기가 이를 데 없다.

간결한 탓으로 아름다움은 말할 나위도 없거니와 세련되기도 거의 완벽에 가깝다고 할 수 있다.

극락보전은 곡선재曲線材를 주로 쓰던 고려 말에 비해 조선조 초기에 적용했던 직선재直線材를 사용한 탓으로 간결하면서도 짜임새를 갖춘 균형미까지 추구하지 않았나 생각된다.

그렇기 때문에 조선조 초기 건축 양식으로 주목을 끌 수밖에.

극락보전 내부의 중앙에는 수미단須彌壇 형태의 불단을 놓고 그 위에 목조아미타삼존불좌상木彫阿彌陀三尊佛坐像－1476년 무렵에 제작된 것으로 추정을 봉안해 두고 있다.

건물을 지은 지 46년 뒤인 1476년 당시 그려진 것으로 추정되는 후벽의 전면에는 아미타 삼존불, 벽 뒷면에는 수월관음불을 안치한 탓으로 내부 공간이 더욱 장엄하게 느껴진다. 게다가 소박한 아름다움까지 사실적으로 구현한 극락보전은 바라보면 볼수록 단정하면서도 엄숙한데 조선조 선비정신의 전형을 보는 듯하다.

극락보전은 담담하면서 소박하기 이를 데 없는 아름다움이야말로 어느 불전보다도 빼어났으며 검박하다. 또한 단정함이 절 분위기를 보다 은은하게 채워 주기도 해서 감탄이 절로 솟는다. 더욱이 극락보전은 기둥 높이에 비해 기둥 사이의 간격이 넓어 안정감까지 더해준다.

나뭇결이 드러난 소슬 빗살문, 소박하면서 부드럽게 처진 지붕마루가 온기마저 느끼게 하는 데야 무슨 말이 더 필요하겠는가.

이런 절묘한 분위기는 꼭 필요한 부재만 사용해서 지었기 때문에 간결하고도 짜임새 있는 건물로 일신할 수 있지 않았나 싶다.

이 극락보전은 1956년에 해체해서 중수했다.

중수 과정에서 기대하지도 않았던 묵서명을 수습했다. 수습한 묵서명墨書銘에 의하면, '십이년 병신 삼월초 길화성十二年 丙申 三月初 吉畵成'이라는 명문을 해독할 수 있다. 이 '길화성吉畵成'이란 것은 3월 초 좋은 날을 맞아 그림을 완성했다는 뜻을 의미한다고 한다.

이런 기록으로 미루어 보아 건물도 벽화가 그려진 1476성종 7년에 완성된 것으로 추정할 수 있다고 한다.

이 극락보전은 1956년에 이르러 해체해서 복원했다.

1974년에는 내부의 벽화를 한 점만 남기고 28점은 해체해서 새로 지은 보신각으로 옮겨 보존하고 있다.

지금의 극락보전은 1981년 지붕을 해체해 수리한 그대로다.

벽화를 그릴 때 전설 하나가 전해지고 있다.

극락보전의 사면벽화四面壁畵가 완성될 무렵쯤이라고 한다. 이제 마지막으로 할 일은 관음보살을 그리는 작업만이 남았다.

그런데 하루는 노인이 나타나 주지에게 당부했다.

"49일 동안 누구든 법당 안을 엿보지 못하도록 하시오. 부탁이외다."

노인은 부탁을 남기고 법당 안으로 들어갔다.

49일째 되는 바로 그날이었다.

절 주지가 궁금하다 못해 '이맘쯤은 그림을 다 그렸을 터. 들여다봐도 되겠지.' 해서 부탁을 어기고 문에 구멍을 뚫어 안을 엿보았다.

바로 그 순간이었다. 파랑새 한 마리가 관음보살의 눈동자 하나를, 그리고 나머지 하나를 그리려다 붓을 입에 문 채 어디론가 날아가 버렸다. 그런 탓으로 관음보살의 얼굴에는 눈동자 하나가 없다.

장흥 보림사
철조비로자나불좌상

국보. 시대는 통일 신라, 소재는 전남 장흥군 유치면 보림사로 224

씁쓰레한 마음으로 무위사에서 나와 재차 호남고속도로로 올라섰다가 장흥IC에서 내려섰다. 이어 23번 국도를 타고 가다 용문리에서 820번 지방도로를 타고 가서 보림사 입구로 들어섰다.

가는 날이 공교롭게도 장날이라고 했던가.

보림사 대적광전은 수리 중이었다.

어려운 걸음으로 태어나 처음 찾아왔는데 가림막으로 광전을 막아 놓아 법당 안으로 들어가서 사진을 찍기는커녕 아예 좌상을 볼 수조차 없었다. 그래서 가져간 원고로 대신할 수밖에.

그 대신 대적광전 앞 삼층석탑을 찍는 것으로 만족해야만 했다.

보림사寶林寺 대적광전大寂光殿은 정면이 5칸, 측면이 3칸으로 다포계 팔작지붕의 건축물이다. 1996년 발굴 자료에 의해 중건되기도 했다. 대적광전은 반듯하게 다듬은 석재를 사용해서 기단을 쌓고 그 위에 자연석을 가

대적광전의 좌상(출처, 스튜디오 태믹스 캡처)

져다 초석으로 앉혔다.

기둥은 민흘림의 원형, 기둥머리에 창방과 평방을 끼웠으며 다포계 공포를 올려 겹처마로 구성했다.

이 대적광전에 안치된 철제 비로자나불좌상毘盧遮那佛坐像은 철로 만든 불상으로 현재 대좌와 광배는 남아 있지 않다.

불상의 왼팔 뒷면을 보면 헌강왕 2858년, 무주광주와 장흥 장사 김수종金邃宗이 시주해서 불상을 조성했다는 명문이 새겨져 있는데 이로써 정확한 조성연대를 알 수 있다.

불상의 형태를 보면, 머리에는 소라 모양의 머리카락을 붙여 놓았으며 달걀형의 얼굴은 약간 살이 찐 듯하다.

오뚝한 콧날과 굳게 다문 입은 약간의 위엄마저 느끼게 하지만 전체적으로는 추상화 같이 느껴지기도 한다.

좌상의 양 어깨에 걸친 옷은 가슴 앞에서 일단 U자형으로 모아졌다가 다시 두 팔을 걸치면서 무릎까지 내려와 있다.

옷 주름은 부드러운 곡선이나 탄력을 잃은 듯하다. 손은 체구와는 달리 매우 예쁘장하다. 오른손의 엄지를 곧추세워 왼손 엄지 끝에 대고 감싸 쥔 채 서원을 나타내는 손 모양인 지권인智拳印은 일반적으로 모든 번뇌를 끊고 보리菩提의 기쁨 안에 든다는 의미로 해석된다.

또한 부처와 중생은 하나이며 번뇌와 열반은 같은 것이라는 가르침도 동시에 상징하고 있다고 한다.

이런 불상의 조각은 이전의 불상과는 전혀 다르다.

그것은 보다 현실적인 느낌이 들게 하지만 8세기경 불상에 비하면 긴장감이나 탄력성이 다소 떨어진다.

더욱이 신라 불상의 이상적인 조형미에 미치지 못해 도식화되는 과정으로 나타난 9세기 후반의 불상 양식 그대로이다.

그런데 이 불상은 명문에 나와 있는 기록과는 달리 보조 선사 부도비문의 사실과는 달라서 논란이 되고 있다.

부도의 비문에는 장사 부사인 김언경金彦卿이 헌강왕 4860년에 비로자나불을 조성했다는 명문이 새겨져 있기 때문이다.

이 명문 탓으로 세 가지 설이 생겼다.

하나는 김언경이 김수종의 공을 가로챘다는 설,

둘은 두 이름은 같은 사람일 것이라는 설,

셋은 김수종이 870년 서원부 소유으로 보림사 쌍탑을 조성한 보조 선사의 제자라는 설이 그것이다.

이 불상은 제작 연대가 확실해서 유사한 비로자나불의 계보를 파악하는데 주요 자료가 된다.

뿐만 아니라 우리나라에서는 철로 만든 최초의 불상이라는데 의의는 배가되고도 남음이 있다.

익산 미륵사지 석탑

국보. 시대는 백제, 소재는 전북 익산시 금마면 미륵사지로 362

장흥 보림사에서 나와 네비에 의지해 23번 국도를 타고 나주, 나주에서 831번 지방도로를 타고 가다 나주IC에서 무안광주고속도를 탔다. 한참 달리다가 북광주IC에서 호남고속도로로 올라섰다.

한동안 주행하다가 익산IC에서 내려서서 지방도로 720번, 이어 722번 도로를 탔다.

그런데 도로확장공사를 하고 있어 지그재그로 운전을 해야 했다.

오후 늦게 마침내 미륵사지에 도착해서 차를 주차시켰다.

먼저 전시관부터 들려 관람했다. 전시관을 나와 야외에 있는 복원한 석탑의 사진을 찍고 무너진 탑을 복원한 석탑과 대면했다.

미륵사지彌勒寺址는 사적으로 지정했으며 2015년 백제역사유적지구로 세계문화유산에 등재되었다.

미륵사의 기록은 일연의 『삼국유사』 「무왕」 편에 수록되어 있다.

어느 날 무왕武王이 왕비와 함께 사자사로 가려고 용화산 밑 큰 못가에 이르렀을 즈음 때 맞춰 미륵 삼존이 못 가운데서 솟아오르는 것이 아닌가.

왕은 수레를 멈추고 예를 갖추자 부인이 왕에게 말했다.

"이곳에 큰 절을 지어주세요. 소원입니다."

왕은 왕비의 말을 들어주기로 마음먹고 무왕은 지명법사知命法師를 찾아가서 못 메일 일을 상의했다.

법사는 신령스러운 힘으로 하룻밤 사이 산을 헐어 못을 메워 평지로 만들었으며 메운 평지에 미륵 3존상부터 조성하고 회전會殿과 탑, 낭무를 각각 세 곳에 세워 미륵사彌勒寺라 했다.

신라 진평왕도 여러 공인들을 보내어 일을 도와줬다.

그 절이 지금고려 충숙왕 때도 남아 있다고.

이런 창사 설화 이외에도 정치적인 목적도 다분히 있었을 것이다. 추측하건데 다름 아닌 백제의 국력신장國力伸張을 위해 마한 세력의 중심지인 금마 지방에 미륵사를 세웠다고 하는…

미륵사는 백제 최대 사찰의 하나로 당시 백제의 건축술과 공예를 가진 장인들을 총동원해서 건축했을 것이다.

미륵사彌勒寺는 3탑, 3금단錦端-기둥머리에 비단자락 모양으로 돌린 무늬 식으로 가람을 배치했다.

이런 배치야말로 미륵사상을 가람에 직접 구현한 것으로 일반 대중까지 용화사상으로 인도하겠다는 미륵신앙의 한 정점이 된다.

석탑의 아래층의 탑신은 3칸, 중앙 칸에는 내부를 드나들 수 있도록 사방으로 출입구를 마련해 놓았다.

탑 중앙에는 네모난 찰주까지 세웠다.

각 면은 앤타시스 수법을 쓴 모난 기둥을 세웠으며 그 위에 평방平枋-모서리에서 기둥 밖으로 약간 튀어나온 부재과 **창방**唱榜 - 기둥머리에 기둥과 기둥 사이를 연결해 주는 부재을 짰다.

또한 두공枓栱 - 대들보 위에 세운 짧은 기둥 양식을 모방한 3단의 받침으로 옥개屋蓋 - 지붕, 탑의 맨 위 덮개를 받쳐 놓았다.

2층부터는 탑신이 얕아지긴 했으나 옥개석屋蓋石은 아래층과 같은 수법 그대로를 적용해서 동일하게 쌓았다. 가구架構 수법은 석탑을 조성하기 전에 목탑부터 미리 세워 이를 참조했다는 사실이 증명되었기 때문에 이를 근거로 한국 석탑의 기원을 추적해 낼 수 있다고 한다.

이 석탑은 본래 다층 석탑이었으나 서남 부분이 무너지고 북동쪽 6층만이 남아 있으나 그것마저 복원 관계로 해체되고 현재 절을 지을 당시의 흔적은 당간지주만 남았다.

양식상으로 보아 현존하는 석탑 중에서는 가장 오래된 석탑일 뿐 아니라 규모마저도 조성 당시는 9층 석탑, 높이는 20m 안팎의 거대한 탑이었다고 학계에서는 추정하고 있다.

탑의 조성 연대도 무왕 때인 600년에서 640년 사이로 보는 것이 유력하다고 학계에서는 판단하고 있다.

이유는 탑의 양식이 이전에 성행했던 목탑의 양식에서 벗어나 나무 대신 석재를 사용해서 조성했기 때문이다.

이 석탑은 위대하고 훌륭하다. 그러면서 매우 아름답다.

따라서 이 석탑은 우리나라 최고의 석탑으로 평가받고 있다.

이렇게 평가하는 데는 일리가 있다.

하나는 높은 미륵사상을 구현했기 때문이다.

둘은 당시 기하학적인 이론과 웅장한 건축술을 집대성해서 조성한 탑이기 때문에 훌륭하다. 셋은 탑을 조성한 장인들의 미적 감각과 예술성이 돋보이기 때문에 당연하게도 탑마저 빼어났다.

남아 있는 서쪽 탑은 일제 식민지 때, 붕괴 우려로 1915년, 시멘트를 덧칠하는 바람에 훼손됐을 뿐 아니라 오히려 원형을 망쳐놓았다.

이 탑을 해체하기 전, 실측한 탑의 높이는 14.24m로 우리나라에서 최대의 석탑이며 전면은 거의 붕괴되었으나 북동쪽 한 면만은 6층까지 남아 있는데 조성할 당시는 9층으로 추정하고 있다.

서쪽 탑의 지난날의 모습(출처, 국립익산박물관 전시 사진)

2001년 해체해 2019년 3월에야 복원한 탑을 공개했다(출처, 전북일보)

문화재 당국은 서쪽 탑의 정확한 규모는 물론 가람 배치의 성격과 구조를 밝혀내기 위해 총체적으로 발굴하기도 했다.

2001년 탑을 해체해서 2010년 조사를 끝내기까지 8년, 또 2013년부터 복원을 완료하기까지 5년, 무려 13년에 걸친 해체와 복원사업은 2018년 5월 현재 드디어 완성 단계에 이르렀다.

1990년대 복원한 동탑처럼 9층으로 복원해야 한다는 주장도 있었으나 6층까지만 현존하는 데다 훼손된 부재를 제외하고 옛 부재를 재사용한다는 원칙실재 65% 사용과 9층으로 조성하면 옛 부재가 하중을 견디지 못할 것으로 판단해서 6층으로 보수했다.

미륵사지 탑을 보고 있으면, 백제의 탑은 신라의 탑보다 아기자기한 면은 없으나 스케일이 보다 크며 따라서 신라탑을 보고 왔다면 신라인보다 백제인의 배포 하나는 알아줘야겠다는 것을 느껴질 정도다.

탑을 해체해서 수습한 결과, 사지의 규모를 비로소 파악할 수 있었으며 2만여 점의 유물도 거두어들일 수 있었다.

2009년 1. 14일, 탑의 1층 중앙 기둥을 해체해 조사하는 과정에서 석함에 넣어둔 사리장엄함을 수습했다.

사리장엄함의 수장품으로는 창건 연대와 창건주를 기록한 금제 사리, 봉안에 담긴 금제 판, 항아리 등 500여 점의 유물이 나왔다.

이 유물에서 미륵사彌勒寺는 무왕 재위 40639년, 백제 왕후의 발원으로 건립되었다는 것을 확인했다.

또한 금판 뒷면의 194자로 된 사리 봉안 기록 판에는 시주자의 신분은 무왕의 왕후, 좌평인 사택적덕의 딸이라는 명문까지 확인했다.

코스
10

숭례문 — 남대문

국보. 시대는 조선, 소재는 서울 중구 세종대로 40

당일 일정을 잡아 집을 새벽 같이 나와 분당선, 신분당선, 2호선, 4호선 지하철을 타고 회현역에서 내려 남대문으로 갔다.

누가 뭐래도 숭례문崇禮門보다는 남대문 하면, 모를 사람이 없을 정도로 유명한 국보가 아닐까 싶다.

그런 탓인지 오죽 하면 기절 복통할 에피소드까지 생겼겠는가.

필자도 어려서부터 남대문에 대한 동네 어른들의 우스개소리를 들어서 막연하게나마 남대문을 기억하고 있었다.

전차가 시내를 질주하던 시절이라 한다.

남대문을 구경한 어떤 사람이 고향으로 돌아가 동네 사람들에게 자랑스럽게, '남대문 옆으로 전차가 지나가는데 정말 구경할 만하더라.' 했더니, 서울을 가 본 적도 없는 친구가 '내가 보니까 전차가 남대문 안으로 다니더라.' 하고 떠벌리는 바람에 입씨름이 벌어졌다.

그런 다툼 끝에 서울을 가 보지도 않은 사람이 남대문 안으로 전차가 다닌다고 우기는 고집에 가 본 사람이 졌다는…

유럽을 영행한 사람이라면, 문 하면 프랑스 파리의 개선문, 로마의 포로 로마노에 있는 콘스탄티누스의 개선문을 떠올릴 것이다.
그런 문은 한결같이 돌의 문이라면 우리의 남대문은 나무의 문이다. 서구의 그것과는 사뭇 정감부터 다르다.

숭례문崇禮門-남대문은 도성 한양의 남쪽 정문으로 우리나라에서는 가장 큰 관문의 하나이다.
서울 사람들에게는 자긍심의 대상이고 지방 사람들에게는 한번 보고 가

화재 복구 후의 숭례문

화재 진압 뒤의 모습(출처, 문화재청)

면 늘 자랑거리가 된 문이다.

숭례문은 정면 5칸, 측면 2칸으로 지어진 중층의 우진각지붕네 방향의 추녀가 용머리까지 닿아 있는 지붕의 구조의 다포多包-기둥과 기둥 사이의 공간을 짜서 올린 공포 건물이다.

1395태조 4년에 짓기 시작해서 3년 뒤 완성했으며, 50년이 좀 지난 1447세종 29년에는 개축하기도 했다.

오랜 뒤인 1961년 훼손된 부분을 해체해서 수리하기도 했으며 2008년 화재 당시 90%나 타는 피해를 입어 2013년 복원했다.

그런데 화재로 성문이 전소하다 시피한 데다 부실시공으로 말미암아 말도 많았으며 국보 1호의 상징성마저 상실했다.

숭례문의 중앙부는 석축 기단 위에 홍예문虹蜺門을 세웠는데 한양 4대 성문 중 규모가 가장 크다.

이 문은 석축 위에 1.17m의 벽돌로 된 여장女墻−성가퀴, 성문에 낮게 쌓은 담을 둘려 쌓았고 동서쪽에는 협문夾門을 설치했으며 건물의 외부 바닥에는 판석을 깔았다.

건물 내부의 아래층 바닥은 홍예虹蜺−아치형, 무지개 모양, 반쯤 둥근 아치형의 모양, 윗면인 중앙 칸에만 우물마루우물 井자 모양으로 짠 마루를 조성하고 나머지는 흙바닥 그대로 됐다.

지붕은 위와 아래를 겹처마로 했다. 사래추녀 끝에 잇대어 단 네모지고 짧은 서까래 끝에는 토수吐首−추녀 네 귀퉁이에 짐승이나 귀신머리의 기와를 달았으며 추녀 끝에는 잡상雜像, 용두, 용마루 양 끝에는 독수리 머리를 올렸다. 문루의 천정은 연등머리로 장식했다.

숭례문이 국보 1호로 지정된 근거는 우리나라에서 가장 오래된 건축물인 것도, 건축술이 뛰어나서도 아니다. 무뇌無腦 탓인지 단지 일제 치하 조선총독부가 지정한 국보를 생각 없이 그대를 답습했기 때문이라고 한다. 그런데도 주체성도 주인의식도 없이 일제가 지정한 그대로를 지금도 국보 1호로 적용하고 있으니 머리를 맞대고 고민해 볼 일이다.

총독부가 1호로 지정한 이유가 있다. 그것은 임진왜란 때 왜장 가또 기요마사가 숭례문을 통해 한성에 맨 먼저 입성한 상징성 때문이다.

이런 사실을 서울대학교 국사학과 대학원생인 오타 히데하루의 「한국사론」 49집에 실은 석사 논문에서 밝혀 놓았다.

오타의 논문에 의하면, 조선군 사령관으로 근무한 하세가와 요시미치가 교통장애가 되는 숭례문을 헐어 버리려고 했다.

그런데 일인의 거류민 단장 나카이 키타로가 "숭례문은 가또 기요마사가 드나든 문이며 조선출병 당시의 건축물은 남대문 이외에 두어 개 밖에 없는데 파괴하는 것은 아깝지 않소." 해서야 그만뒀다니…

대한민국이 건국된 지도 오래인데 여전히 일제의 국보 지정을 그대로 답습하고 있으며 지금도 국보 1호로 행세하고 있다.

2008년 2. 10일, 임진왜란과 병자호란, 한국전쟁에도 무사했던 숭례문은 개인의 욕구불만과 예측 불허의 행태로 불을 질러서 1층은 일부, 2층은 90%나 불에 타 소실되는 막대한 피해를 입었다.

이에 문화재청은 문화재위원들을 소집해서 국보 유지여부에 대해 심의를 거친 결과, 유지 및 복원을 하기로 합의했다.

이유는 지정 당시 목조건축만 고려해서 지정한 것이 아니고 역사적인 의미 등 복합적인 요소를 감안해서 결정했기 때문이라고 부연했다.

☆ 2013년 말도 많던 숭례문은 복원을 완료했다.

공사를 진행하는 도중에 총책임자인 대목장大木匠 신○○72세이 납품받은 금강송과 국민들이 기증한 목재를 빼돌려 물의를 빚어서 감사원의 감사까지 받았으며 검찰의 수사를 받기도 했었다. 검찰의 수사 결과, 단청장 홍○○은 실형을 받기도 했다.

그런 탓인지 3개월도 되지 못해 단청이 벗겨지고 나무에 균열이 생기기 시작해서 부실시공이 또 문제가 되었다.

국보 1호의 문화재를 중수하는데 이에 참여한 것만으로도 자긍심自矜心을 가질 만도 한데 이렇게 비리를 저지르다니…

1996년과 2005년, 이어 2008년 세 번에 걸쳐 문호재청에서는 국보 1호의 해제 문제를 제기했었다.

그렇지 않아도 2008년 숭례문 방화사건 이후 부실시공으로 국보 1호의 상징성은 크게 훼손된 것은 부인할 수 없는 사실이다.

2005년 감사원도 숭례문의 상징성이 크게 훼손되었기 때문에 이 점을 고려해서 국보 1호의 교체를 권고하기도 했다.

1900년대 초 숭례문(출처, 문화재청), 궁릉문을 오가는 전차 선로가 보인다.

문화재청도 국보 70호인 훈민정음으로 교체를 추진했으나 문화재위원들의 반대로 무산되어 현재도 국보 1호로 남아 있다.

이는 우리의 문화정책의 일단을 여실히 보여준 셈이다.

한 번 더 생각하고 또 생각해서 신중에 신중을 기했다면 이런 맹랑한 결정은 결코 하지 않았을 것이다.

이런 점이야말로 기성세대는 여전히 일제의 잔재를 청산하지 못한 대표적인 친일의 사례가 아닌가 싶다.

문화재 지정번호는 지정 당시 순서대로 부여하는 일련번호인데도 이를 가치 서열로 오인해 서열화 논란이 되는 경우가 있었다.

뒤늦게 문화재청은 이런 점을 해소하기 위해 의견을 수렴해서 제도 개선을 마련했다. 그에 따르면, 2021. 11. 19일부터 지정등록번호를 삭제하고 지정번호를 사용하지 않는 정책으로 개선한다고 공지했다.

경복궁

사적. 시대는 조선, 소재는 서울 종로구 사직로 161

필자는 남대문을 둘러보고 급히 걸어 사람이 없는 근정전과 경회루를 찍기 위해 시청을 지나 광화문 4거리, 광화문을 지나 개방시간에 맞춰 도착해서 맨 먼저 홍례문을 지나 근정문 안으로 들어섰다.

외국여행을 자주 다닌 사람이라며 궁 하면 흔히 먼저 떠올리는 것이 저 영국의 버킹컴궁이나 파리의 베르사유궁, 또는 빈의 쉰브린궁을 떠올리지 않을까 싶다.

그런 궁들은 대리석이나 돌로 지어 차갑게 느껴지지만 우리의 궁은 나무로 지어 따뜻하고 정감이 넘쳐난다.

서울 종로구 세종로에 있는 사적으로 지정된 경복궁은 국보 근정전勤政殿을 비롯해서 경회루가 있다.

조선조 초기 이성계가 왕이 되어 1394년 궁을 짓기 시작해서 이듬해 완성했을 때는 규모가 그리 크지 않았다.

창건 당시 경복궁은 390칸 정도에 지나지 않았다. 정전인 근정전 5칸으로 상하층 월대와 행랑을 갖추었다.

이어 근정문, 천랑, 각루, 강녕전 7칸, 연생전 3칸, 경성전 3칸 왕의 집무실인 보평청 5칸으로 규모가 큰 편은 아니었다.

궁궐의 명명은 『논어』의 주아周雅 편에 나오는 '이미 술에 취하고 덕으로 배 부르니 군자 만년 큰 복이니라.'旣醉以酒 旣飽以德 君子萬年 介爾景福에서 두 자를 따서 경복궁이라고 지었다.

정종은 즉위하자마자 개성으로 도읍을 옮겼으나 태종이 왕권을 이어받자 한양으로 재차 천도해 정궁으로 사용했다.

태종은 궁내에 연못을 파고 경회루를 짓기도 했다. 마자세종은 집현전을 두어 학문하는 신하를 가까이 했다.

1592년 임란 때 전소되어 중수를 논의했으나 이를 실천하지 못하다가 불이 난 지 270년이 지나 흥선 대원군에 의해 대규모로 중수했다.

필자의 상식으로는 경복궁의 나무 한 그루도 의미 없이 심은 나무는 아마도 없을 것이라는 생각이 들었다

그래서 경복궁에 심어진 나무에 대해 시 서너 편을 짓기까지 했다.

다리미로 거울처럼 다려놓은
비단 하늘 아래에서
대궐 뜰의 나무에게
귀 기울인다.

광화문, 홍례문 지나 근정전 옆에서
오른쪽으로 용문루 지나면서

길을 틀어 자선당과 자경전 빗겨두고
향원정, 향원지를 돌아
건청궁에 이르기까지
나무들의 이야기를 엿듣다 보면
세자비만 간택 받았겠느냐고
떵떵거리는 소리로 몸살을 앓아댈 테니.

부채꼴 미선나무는 보호 수종으로
회화나무는 학자수로 소문나서
비술나무는
나라 재화 풍성하게 한다고
개오동나무는
벼락막이 한 데서
간택을 받아 심어진 수종들 아닐까 싶어.

                                    ─시 「나무 이야기」

회화나무가 대궐 뜰에
심겨진 뜻은
왕자가 공부 잘 하라는
왕의 깊은
뜻이 담겨 있어.
주나라 삼공三公이
회화나무 밑에 둘러앉아서
정사를 논의했다고
선비의 기개를
표상하는 학자수學者樹란
별명까지 얻은 데다

출세한 사람들의 상징수로

거듭 났다지.

왕도 자식 생각하는 마음은

백성들과 다를 게 없어.

자식 공부 잘하고

계속 정진해서

삼공처럼 선정 베풀기를

바란 탓으로 간택됐다지.

─시「회화나무」

1910년 국권을 빼앗은 일제는 궁 안의 전, 각, 누각 등 4,000여 칸을 헐어 민간에 방매하기도 했다.

석조로 조선총독부를 지어 근정전을 가려 버리기도 했으나 김영삼 정부는 1995. 8. 15를 기해 건물을 아예 철거해 버렸다.

지금은 하나 둘씩 건물을 복원하고 있다.

못을 파 인공 섬을 조성해서 지은 향원정香遠亭은 2층 구조로 익공식 기와지붕인 데다 누각은 평면인 정육각형의 정자다. 장대석으로 단을 모으고 짧은 육모의 돌기둥까지 세웠다. 1, 2층은 같은 나무로 기둥을 세웠으며 기둥과 기둥 사이는 4분합을 놓았다. 공포는 내외 일출목─出目이고 일출목의 행공 첨차에 소로를 두었으며 외목도리 밑에 장설長舌을 받쳤다. 향원정은 구성 요소가 절묘한 조화를 이뤄 비례감이 빼어난 정자로 왕이나 왕족이 휴식을 즐기던 정자였다.

근정전

　근정전勤政殿은 1395년 경복궁을 건설하면서 지었는데 임진왜란 때 소실되어 방치했다가 1867년 대원군에 의해 중건되었다. 정면 5칸, 측면 5칸 중층 다포양식 팔작지붕의 직사각형 건물이며 경복궁의 중심, 왕실의 상징, 왕권의 근엄함과 화려함을 드러낸 대칭 건물로 현존하는 국내 목조건물 중 가장 크며 조선조 말기 건축의 정수를 보여준다.

정면에서 본 근정전

경 회 루

국보. 경복궁 궁궐의 핵심인 국보 경회루慶會樓는 북악산과 인왕산을 배경으로 인공 연못을 파서 한가운데 세워졌기 때문에 경복궁에서 가장 아름다우며 최고의 경관으로 알려진 누대이다.

태종 12¹⁴¹²년, 왕이 개성에서 한양으로 재천도하면서 누각을 수리했는데 공사는 노비 출신인 박자청이 맡았다.

박자청朴子淸은 당대 제일의 건축술을 지녔는데 재능을 인정받아 목수로서는 품계가 1품까지 오른 입지전적인 인물인데 땅이 습해 연못을 조성하고 누대를 세웠다.

누대가 완성되자 태종은 하륜河崙에게 이름을 지으라고 했다.

하륜은 경회루慶會樓—임금과 신하가 덕으로 만나는 곳라고 지었다. 또 왕은 양녕讓寧에게 글씨를 쓰게 했다.

그렇게 해서 경회루란 편액扁額을 걸었다고 한다.

성종成宗 때는 전면적으로 수리를 하면서 돌기둥에 구름 용 화초 등을 조각해서 신선세계를 연상토록 조성했다.

경회루는 정면 7칸기둥과 기둥 사이 34.4m, 축면 5칸28.5m의 건물로 사신을 접대하거나 궁중연회 장소로 활용했다.

경회루는 1592년 임진왜란 때 전소되어 버려두었던 것을 1867년 홍선

대원군에 의해 재건되었다.

　중창 시에 동서로 128m, 남북이 113m의 인공 못을 조성하고 못 안에 섬을 만들어 누대를 건축했다. 누대 바닥에 48개의 돌기둥을 세웠다. 지붕은 팔작지붕, 또는 합각지붕으로 조성했다.

　지으면서 박공博栱 — 뱃집 앞처럼 八자 모양의 두꺼운 널빤지, 용마루 부분은 삼각형 벽, 건물 사면으로 지붕을 조성하기까지 했다.

　추녀는 용마루에서 만나는 우진각隅 — 角 지붕으로 했다.

　2익공翼工 — 창방(昌枋, 昌防)과 직선을 이루도록 교차시키고 보 방향으로 새 날개 모양과 같은 간결한 부재를 결구해서 만든 공포栱包의 일종으로 지붕을 덧붙여 놓았다. 여기에 기둥마저 아래는 굵게, 위로 가면서 서서히 가는 듯 깎아 조화로움과 경쾌함까지 느껴지도록 조성했다. 한 술 더 떠

경회루 전경

석주 위에 나무기둥을 세우고 중루까지 만들었다.

위쪽 마루는 외곽 툇간이 가장 낮게 배치했으며 그 다음 높은 기둥과 안쪽의 높은 기둥 사이는 1단을 높게 배치해 놓았다.

여기에 안쪽 높이 세운 기둥 사이마다 공간을 어느 정도 마련해 두고 한 계단 높여 마루를 조성해 놓았다.

이런 구조는 외국 사신을 영접하거나 연회를 할 때, 참석자들을 품계대로 앉게 하는 자리구분을 위해서였다고 한다.

마루 밑은 우물 천정을 만들어 곱게 단청했다.

고주와 안쪽 고주 사이에 하방下方－아래 방향을 돌리고 사분합문四分閤門－대청이나 방 사이 앞쪽에 낸 4개의 문을 달아 문을 올리면 곧장 사방으로 넓은 공간이 되도록 가구했다. 마루 끝 바깥 기둥에는 낙양洛陽－건물 기둥 윗부분의 옆이나 기둥머리에서 기둥과 기둥을 연결해 주는 가로재인 창방 아래에 돌려 붙인 부재을 특별히 설치해서 장식했다.

낙양각洛陽閣을 장식한 이유는 난간이 아름답게 보이도록 하기 위해 장식적인 고려 때문이라고 한다.

용마루는 웅대하게 보이도록 높이 올렸으며 지붕의 둘레가 급하기 때문에 측면 지붕의 합각도 자연스럽게 마련한 것은 평면이 커져 시각적인 조화를 극대화하기 위한 의도에서 비롯했다.

경회루는 규모가 너무 커서 건물을 지을 때 기술상으로 어려움이 너무 많았다고 한다. 그런 온갖 어려움을 극복하고 생각보다 견고하게 지은 건축물이 경회루이다. 또한 단일 평면으로 규모가 큰 누각인데도 무리 없이 견고하게 지은 건축물은 놀랄 정도이다.

게다가 화려한 단청 그림자가 연못에 비치면 그 영상 또한 매우 아름답게 드리워지도록 고려까지 했으니 한국 목조건축의 우수성을 과시하고도 남음이 있음은 말할 것도 없다.

실로 물위에 건물을 지었으면서도 육중한 건물이 잘 견딜 수 있도록 견고하게 지은 것은 경이에 가깝다고 하겠다.

경회루에 얽힌 숨은 일화 하나를 다음에 소개한다.

구종직丘從直이란 사람이 과거에 급제해 벼슬길에 나아갔다. 그는 경회루의 경치가 매우 아름답다는 소문을 귀에 못이 박히도록 들었다. 그래서 꼭 한 번 보고 싶어 벼루고 별렀다.

구종직은 숙직을 하던 날의 기회를 놓치지 않았다. 깊은 밤을 틈타 몰래 잠입해 들어가서 누대를 둘러보고 있을 때였다. 때마침 왕이 나들이하는 바람에 그만 발각되고 말았다. 왕이 의아해서 예까지 어떻게 들어왔느냐고 물었다. 구종직은 당황하지 않고 대답했다.

"옥계요지玉溪瑤池─옥같이 맑은 시냇물과 아름다운 못, 경치가 매우 빼어난 데다 그윽한 곳라고 소문이 자자해서 한번 보고 싶었사옵니다."

그러자 왕이 옥계요지를 되내면서 물었다.

"그런가. 그렇다면 평소 즐겨 외우는 문구文句라도 있는고?"

구종직은 조금도 망설이지 않고 대답했다.

"평소 「춘추」를 즐겨 읽사옵니다."

"그렇다면, 한 구절 외워 보아라."

『춘추』「좌씨전左氏傳」 한 구절을 읊었다. 다 읊기도 전에 그의 목청이 얼마나 맑고 고왔던지 잔잔하던 물결이 출렁대는 것이 아닌가.

왕은 물결까지 출렁대게 하는 목소리에 반해 그에게 무단출입을 꾸짖기는커녕 종9품에서 바로 종5품으로 특차시켰다고.

창덕궁

사적. 소재는 서울 종로구 율곡로 99

필자는 경복궁에서 나와 걸어서 창덕궁으로 갔다. 먼저 창덕궁 인정전을 둘러보고 예약해 둔 비원 입구로 가서 시간이 되자 입장을 해서 비원 여러 곳을 돌아보았다. 비원은 필자로선 기억이 생생한 곳, 집사람과 약혼한 그날 처음으로 데이트한 곳이기 때문에.

창덕궁昌德宮은 태종이 즉위한 뒤인 1404년 향교동에 경복궁의 이궁離宮으로 짓기 시작했다. 1412년 돈화문을 완공함으로써 궁궐의 면모를 갖추어 경복궁 다음으로 제2의 궁궐이 되었다. 그로부터 왕들은 경복궁보다는 창덕궁을 선호해서 정치의 중심축이 되었다.

창덕궁은 임진왜란 때 소실되었으나 광해군 때 중건했다.

또한 1623년 인조반정 때 실화로 인정전을 제외한 대부분의 전각이 불에 탔으나 그 뒤 거의 복구되기도 했다. 창덕궁은 왕족들이 생활하기에 편리하면서도 친근감을 주는 공간 구성으로 경희궁이나 경운궁 등 다른 궁궐에도 영향을 끼쳤다. 경복궁은 정도전을 비롯해서 신하들이 왕이 집무하기에 효율적이면서 매우 편리하게 설계했다고 한다면, 창덕궁은 왕태종의 의도에 따라 설계했기 때문에 왕의 근무 공간을 왼쪽으로 몰아놓고 왕이 쉴 수 있는 정원을 넓게 조성한 것이 특징이다.

창덕궁 전경(출처, 문화재청)

창덕궁은 북악산 자락 매봉의 산세에 따라 지은 궁궐이기 때문에 인위적인 구조를 따르기보다는 주변의 지형과 조화를 이루면서 자연친화적으로 터를 조성해서 지은 궁궐이다. 산세에 의지해서 지은 궁궐이기 때문에 산들의 중첩된 정경이 매우 아름답다. 따라서 동북아시아에서는 유일하게도 친자연적인 궁궐이 되었다. 궁의 왼쪽에 있는 정문인 돈화문을 들어서면 부석사의 무량수전처럼 중요한 것은 한 번에 보여주지 않듯이 인정전을 보이지 않게 숨겨두고 있기 때문에 파격적인 궁궐이라고 할 수 있다. 특히 후원비원－秘苑, 금원－禁苑은 자연 그대로의 지형에 따라 정원을 조성했으며 후원답지 않게 경관도 매우 빼어난다.

1997년 12월 5대 궁궐 중 유일하게 세계문화유산으로 등재되었다.

인정전

정면에서 바라본 인정전

　국보. 인정전은 임진왜란 때 화재로 전소되었다가 광해군 때 복구해 정무를 보았으며 왕실을 상징하는 건물이 되었다.

　1803년 선정전에서 불이 나 화재로 인정전이 전소되었으나 이듬해 1804년 중건해서 지금에 이르고 있다.

　건물은 남향이고 인정문과 함께 회랑으로 둘러싸여 일곽을 형성했다.

　인정전 앞뜰은 박석을 깔고 품계석을 마련했다.

기단은 2중으로 구성해서 설치했다. 중앙과 좌우 측면에는 석계를 설치했으며 바닥은 전석을 깔았다. 상하층으로 된 기단에는 장대석을 깔았으며 월대에도 돌계단을 마련했다.

기둥은 배흘림이 없는 원주이고 내부는 10개의 기둥과 4개의 우고주를 세우는 중층 가구법으로 조성했다.

구성은 바깥이 중층, 내부도 중층으로 했으며 처마는 겹처마로 양성兩城을 마련하고 취두鷲頭−독수리 머리 용두龍頭 잡상雜像을 올렸으며 사래 끝에는 토수吐首를 끼어 넣었다.

정면이 5칸, 측면이 4칸의 중층 팔작지붕으로 내부는 위아래가 뻥 뚫린 통층으로 트여 있다. 용마루 위의 양성에는 당시 국장國章이던 이화李花 문장 다섯을 새겨 넣었다.

건물은 가구의 짜임새와 조화를 이루어 외관이 장중하면서도 운치와 미감을 살렸는데 경복궁을 중수할 때 근정전이 참고가 되었다.

비원(秘苑)

　사적. 비원後苑, 禁苑은 서울의 콘크리트 빌딩 숲에서 유일하게 아름다운 궁궐 정원을 만날 수 있는 곳이다.

　특히 주합루宙合樓 부용정芙蓉亭 관람정觀覽亭 등 건축물은 자연과의 조화를 이뤄 우리나라 정원 중에서 가장 아름답다.

　여기에 어수문과 알맞게 조성된 2층 누각인 주합루의 처마 곡선, 게다가 십자형에 변형을 더한 평면으로 두 기둥이 물속에서 솟아오르듯이 세운 부용정, 사각형의 부용지芙蓉池, 합죽선처럼 평면의 관람정觀覽亭, 비원으로 들어가는 호젓한 돌담길은 건축의 백미이다.

　비원은 느긋하고 여유 있게 즐길 수 있는 공간, 스스로 넉넉함을 느낄 수 있도록 자연스럽게 조성한 인간 중심의 정원이다.

　궁궐에서는 좀체 볼 수 없는 초기정자 청의정이 눈에 띈다.

　비원은 왕들에 의해 많은 누대와 정자가 지어지기도 했었는데 한때는 100여 개의 누정이 들어서기도 했었다.

　그러나 지금은 누각 18채와 정자 22채만 남아 있다.

　특히 비원은 정조의 꿈이 서린 곳으로 규장각을 세우고 많은 서고를 지

부용정

어 새로운 정치와 문화를 열려고 했다.

　비원은 우리 조상들의 심성과 자연관이 깃들어 있어 우리 정원의 긍지

를 대변한다.

종묘 정전

사적. 국보. 시대는 조선, 소재는 서울 종로구 종로 157

필자는 비원을 나와 예약해 둔 종묘로 가서 시간에 맞춰 안으로 들어갔다. 문화해설사를 따라가다가 그 소리에 그 소리 같기도 하고 사람이 없는 정전을 찍기 위해 앞서 가서 정전을 찍었다.

원래 종묘宗廟 정전正殿을 가리켜 처음 태묘太廟라고 했는데 정전의 유래를 보면, 가장 오래된 것은 392고구려 고국양왕 9년이라는 기록이 남아 있으며 신라 때는 5묘제, 고구려는 7묘제가 있었다.

조선조 초기에는 신라 5묘제를 따랐으며 중기 이후로는 치적이 많은 왕에 한해서 5대가 지나도 정전에 그대로 두고 모셨기 때문에 선왕과 선왕비의 제사를 지내는 시설로 굳어졌다.

태조 이성계가 한양에 도읍을 정하고 궁궐을 지으면서 정전의 중요성을 감안해 가장 먼저 완성한 건축물이 이 정전이다.

정전에는 19실 19위 왕과 30위의 왕후 신주神主를 모셨으며 따로 영녕전永寧殿을 마련해서 재위 기간이 짧거나 후손을 두지 못한 왕의 신주 15위의 왕과 17위의 왕후 및 의민懿愍 태자의 신주를 모셨다.

종묘 정전은 태조 3¹³⁹⁴년에 짓기 시작해서 이듬해에 완성했으나 임진 왜란 때 소실되었다가 광해군 원년¹⁶⁰⁸에 중수했다. 그 뒤 몇 번에 걸쳐 수 리했으며 현재 19칸만 남아 있다.

정전은 정면 19칸, 측면은 3칸 맞배지붕정면과 후면에는 추녀가 있고 양 측면 에는 용마루까지 추녀 없이 八자형 건물으로 1출목出目 ─ 기둥 중심에서 나온 곳을 받치 는 공포의 하나 2익공翼工 ─ 새의 날개처럼 뾰족하게 생긴 기둥으로 세로 방향으로 놓는 것의 건물이다.

동쪽 익실翼室 ─ 다른 건물에 덧붙여 지은 집과 신문神門 ─ 늘 닫아 두다가 제향을 올릴 때 헌관(獻官)만이 출입하는 문은 정전의 좌우에 접속시켜 정면 3칸, 측면 3칸의 건물까지 달아 지으면서 익식翼式의 장식까지 곁들였다

종묘 정전 전경

동문과 서문은 정면 3칸, 측면 2칸, 익식 5량이다.

동문과 서문도 상하 원리에 따라 바닥은 얇게 깎은 돌을 깔았으며 낮은 초석과 원기둥까지 세웠다. 기둥에는 1출목, 2공포栱包-처마 끝의 무게를 받치려고 기둥머리에 댄 재료로 구성했으며 앞뒤 칸에는 기둥 높이로 우물 천정을 마련했으며 뒷면 벽체에는 구은 벽돌을 깔았다.

고주 칸에 걸려 있는 대들보 위 동자주童子柱-네모 기둥. 들보 위에 세워 마룻대를 받치는 기둥의 기능을 함를 세워 상중도리도리는 서까래 등을 받치는 가로로 사용하는 부속 재료를 받치고 있는 종보宗樑-대들보를 지탱하게끔 설치해 놓았다. 대들보 중간에 파련대공波蓮帶工-판자에 여러 개의 잘 다듬은 나무촉을 끼워 만든 부속 재료을 곧장 세워 종도리를 받쳐주는 7량 구조인 홑처마 맞배지붕도 조성해 놓았다.

19칸 101m나 되는 정전 좌우에는 2칸의 제기고祭器庫 건물이 이어져 있으며 상월대上月帶-제례 때 왕이 서는 대 좌우 끝에는 5칸씩을 동쪽으로 난 동월랑東月廊과 서쪽으로 난 회랑인 서월랑西月廊을 직각으로 배치해서 ㄷ자형의 독특한 건물을 낳았다.

그 사이에 박석薄石-얇게 다듬은 돌으로 덮은 월대가 넓게 펼쳐지면서 공간이 넓고 엄숙해 보이도록 배치했다.

이렇게 배치한 정전은 단순하게 구성한 신실을 모아 놓은 탓으로 자연스럽게 수평적 건축형태가 되었다.

종묘의 건축은 지극히 단순하며 질박하다. 그러면서 여러 실이 연속되어 있기 때문에 당당함이 드러난 독특한 건물이 되었다.

제례의 건물은 500여 년이 지나도 최고의 격식을 갖춘 검소함은 물론 뛰어난 공간 창조의 극치까지 낳았다.

종묘 제례와 제례악

　국가무형문화재 종묘 제례祭禮는 정시제와 임시제가 있는데 대제大祭
로 봉행했다. 정시제는 춘하추동과 납일臘日-동지 뒤 셋째 말일에 지냈으나
1909년부터 사계절의 첫 달인 상순上旬에 지냈다.

　대제는 왕이 세자와 함께 문무백관과 종친을 거느리고 종묘에 나와 제
를 올렸는데 이를 친행親行이라고 한다. 제례의 순서는 신관례辰祼禮-강신

종묘 제례(출처, 문화유산채널 캡처)

제, 초헌례初獻禮, 아헌례亞獻禮, 종헌례終獻禮, 음복례, 망료望燎－헌관이 폐백과 축문소각을 지켜보는 예식 순으로 진행했다.

1975. 5. 3일 국가무형문화재로 지정되었다.

국가무형문화재 제례악祭禮樂은 조선조 역대 군왕의 신위를 모시는 종묘와 영녕전永寧殿의 제향祭享 때 연주하는 음악을 일컫는다. 제례악은 악기로 연주하는 기악器樂, 노래로 부르는 악장樂章, 그리고 의식무용인 일무佾舞로 구성되었다.

오늘날 전승된 제례악은 1463세조 9년에 채택된 정대업定大業－정대업지무의 준말로 정재(呈才)는 여악(女樂), 제향에는 남악(男樂)을 연주하면서 추는 춤의 한 가지과 보태평保太平－보태평지악과 보태평지무를 일컫는 용어으로 나누어진다.

일무는 문무文舞와 무무武舞로 나뉘지며 악장樂章으로는 종묘악장宗廟樂章을 연주하기도 했다.

1964. 12. 7일 국가무형문화재로 지정되었다.

제례악의 음악적 특징으로는 현재 보태평은 황종黃鐘, 태주太簇, 중려仲呂, 임종林鐘, 남려南呂 등 5음계로 솔sol－서양 음악의 7음계 중 다섯 번째 계이름 선법의 평조平調로 되었다.

그러나 현행 정대업은 본래 계면조界面調에서 변형된 음계를 바탕으로 했으며 보다 많이 바뀌었다.

악기 편성은 아악기로 편성된 문묘 제례악과는 대조적으로 매우 다양하며 아악기를 포함해서 당악기 향악기까지 포함시켰다.

복식은 집사, 악사 등의 제복祭服은 모라복두冒羅幞頭－사모와 비슷하나 모난

종묘 제례악(출처, 문화유산채널 캡처)

모자를 쓰고 청삼靑衫에 야자대也字帶-각띠를 두르며 목화木靴를 착용했다.

당연히 악사들도 관례에 따라 복장을 갖추었다.

종묘 제례祭禮와 종묘 제례악祭禮樂은 지금까지 온전히 보존한 탓으로 2001. 5. 18일 제례와 제례악이 인류 구전 및 무형유산으로 유네스코 세계 무형유산걸작에 선정되었으며 2008년에는 인류무형문화유산이라는 대표 목록으로 통합되었다.

원각사지 10층석탑

국보. 시대는 조선, 소재는 서울 종로구 종로 99

종묘를 나와 3·1공원으로 가서 10층석탑으로 갔다.

필자가 10층석탑을 보기는 중학교 때다. 그때는 무심코 보아 넘겼었다. 그런데 무관심하면 아무 것도 볼 수 없고 얻을 수도 없다.

필자도 아무것도 얻지 못하다가 국보 소개를 하다 보니 자세히 조사하고 관찰하면서 모르던 것도 알게 되었다.

원각사의 흥망성쇠를 지켜본 탑골 공원 안에 있는 원각사지는 고려 때부터 흥복사興福寺란 이름으로 전해 내려오던 고찰이었다.

태조 때 원각사는 조계종曹溪宗의 본사가 되기도 했으나 뒤에 폐사되었다가 한때 공해전公廨田이 되기도 했었다.

이 사찰은 1464세조 10년, 중창하면서 원각사라고 개명했다.

중창할 때, 흥복의 터를 넓혀 본당인 대광명전大光明殿을 중앙에 두고 왼쪽에는 선당禪堂을 두었다.

문으로는 적광지문寂光之門, 반야문般若門, 해탈문解脫門 등을 설치했고 대종을 걸어두는 법뢰각法雷閣 동쪽에 인공 연못도 조성했으며 서쪽에는 화원花園을 마련까지 했다. 본당 뒤뜰에는 해장전海藏殿까지 지어 대장경大藏經을 보관했다.

이 사찰은 도성 내 3대 사찰의 하나가 되었으나 1504연산군 10년 폐사되었으며 이듬해는 장악원을 이곳으로 옮겼다.

원각사는 세조의 특별한 관심으로 중창되기도 했었는데 이를 뒷받침이라도 하듯이 10층석탑의 상층부에는 명문銘文이 남아 있는데 세조 131467년에 조성되었다는 기록이 그것이다.

이 사찰은 얼마 가지 않아 폐사되는 비운을 겪는다.

이유는 당시 세조에 대한 반감과 유자들의 지속적인 불교배척운동은 물론이고 연산군의 황당한 훼절毁節이 있었기 때문이다.

이 성스러운 곳을 연산군燕山君은 전국에서 뽑아 올린 기생들의 숙소로 사용해서 성스러움을 크게 훼손시켰다.

1395태조 4년에는 종각을 짓고 대종을 매달아 조석으로 종을 치기도 했으며 1468세조 13년에는 대종을 주물해서 새로 달았으나 임진왜란 때 사라졌다. 또한 원각사를 중창할 때 만든 범종마저 폐기했다.

『동국여지비고東國輿誌比考』의 「불우」조를 보면, 연산군 때 홍청, 운평 등 기생을 원각사에 상주케 하고 절 안에 연방원을 설치했다는 기록이 있는 것으로 보아 사실임이 입증되었다.

연산군이 중종반정으로 쫓겨난 뒤, 원각사 건물은 헐리고 터만 남았는데 원각사 10층석탑과 보물 3호인 원각사지 부도비만이 남아 현재 영락零落의 산 증인 노릇을 하고 있다.

유리로 씌우기 전의 모습(출처, 문화재청)

현재 유리로 제작한 보호각 속의 탑

그런 우여곡절 탓인지 절을 지은 설에는 의의가 없으나 절을 폐사하게 된 내력에 대해서는 각가지 설이 난무하기도 했다.

지금의 원각사는 탑과 비만 남았으며 사지는 파고다공원이 되었다.

원각사 10층탑은 조선조 유일의 대리석 석탑이다.

10탑의 높이는 12m로, 120년 전에 만들어진 개성의 경천사 10층석탑을 모방해서 조성한 탑이다.

3중으로 된 기단은 평면이 亞형이며 3층까지는 기단과 같은 평면으로 탑신부는 4층부터 방형으로 조성해 놓았다.

방형의 각 면에는 용과 사자, 모란이나 연꽃은 물론이고 불상 보살상 나한상 천왕상 등 조각상을 조소해 놓았다.

탑신부에는 층마다 난간, 둥근 기둥, 다포계多包系—기둥머리 위에 받친 여러 개의 부재의 공포栱包—처마 끝의 무게를 받치려고 기둥머리에 댄 부재와 기와지붕

탑신부 조각, 마모가 심각하다.

까지 조성했다.

이런 가구는 다포계 목조건물의 수법을 답습한 것이다.

3층은 무너졌는데도 오랜 동안 버려두었다가 1947년 복구했다.

석탑은 석재가 대리석이기 때문에 조각 수법이 화강석보다 세련되었으며 동물과 인물상의 조각도 매우 현란하다.

그런 반면에 산성비에 약해 훼손이 심해서 현재는 유리로 보호각을 지어 보호하고 있기 때문에 가까이 다가가 조각 하나하나를 보다 면밀히 살필 수 없는 불편함도 있다.

코스 11

북한산 진흥왕순수비

국보. 시대는 신라, 소장은 서울 용산구 서빙고로 137, 국립중앙박물관

필자는 11 코스 중 하루의 일정으로 다소 여유를 가지고 집을 나서서 국립중앙박물관을 찾았다. 마을버스를 타고 서현역에 내려 분당선을 탔으며 정자역에서 신분당선으로 갈아탔다. 강남역에서 2호선을 탔으며 사당역에서 4호선 전철을 갈아타고 서부이촌동역에서 내려 국립중앙박물관으로 들어가 전시품도 감상하고 사진도 찍었다. 박물관을 관람하고 나와 야외에 있는 보신각종을 돌아보고 사진을 찍었다.

고구려의 남침에 대비한 신라는 나제동맹羅濟同盟을 맺고 한강 유역을 차지하자 동맹을 스스로 깨고 한강 유역을 독차지한다.

진흥왕은 새로 편입된 한강 유역을 순행하면서 이를 기념해 이 지역이 신라의 영토임을 천명하는 순수비를 세웠다.

지금까지 발견된 진흥왕의 순수비는 4개나 된다. 북한산 진흥왕순수비 北漢山眞興王巡狩碑는 해발 556m인 북한산 중턱인 비봉에 세운 비이다. 이 순수비는 1400여 년이나 흐르는 동안 비바람에 마모되어 비문을 온전히

읽을 수 없다.

그런 탓으로 역사의 뒤안길로 사라져 존재가 미미했으며 기껏 무학대사나 도선 국사의 비일 것으로 추측했다.

이 비가 진흥왕순수비란 것을 최초로 확인한 사람은 금석문의 대가로 알려진 추사 김정희金正喜다. 추사秋史는 순조 16¹⁸¹⁶년, 두 차례에 걸쳐 비봉에 올라 비석을 면밀히 조사한 끝에 진흥왕의 순수비임을 밝혀냈다.

이런 사실을 추사는 비의 측면에 새겨 놓았다.

'이것은 신라진흥왕의 순수비다. 병자년¹⁸¹⁶ 7월 김정희와 김경연이 찾아와 읽다. 정축년¹⁸¹⁷ 6월 8일에도 찾아와 김정희와 조인영이 함께 남아 있는 68자를 판독하다.'

추사 같은 서예의 대가가 비에 자기 글씨를 새기다니… 이해가 가지 않는다. 그것은 문화재의 훼손이 분명할 될 텐데도.

추사는 이런 기록을 남긴 것은 또 다른 예가 있다.

옮기지 전의 모습(출처, 문화재청)

국립중앙박물관 실내로 옮긴 비

김정희는 1817년 경주 무장사를 찾았다. 사지寺址를 찾은 추사는 그 동안 알려지지 않은 무장사비의 다른 한 조각을 발견하고 기쁨에 넘쳐 비의 양쪽 측면에 기록을 남기기도 했던 것이다. 그리고 추사는 이 비석을 탁본해 판독하는데 심혈을 쏟았다.

진흥왕순수비는 한국전쟁 당시 총탄을 맞은 적도 있다.

현재 순수비는 상부인 왼쪽 위에서 오른쪽 아래로 비스듬히 절단된 상태이며 오른쪽 귀퉁이도 떨어져 나갔다.

비의 크기는 높이 154cm, 너비 71cm, 두께 16cm로 비문은 추사가 밝힌 대로 12행, 행마다 39자 이상의 글자를 새긴 것으로 추정된다.

글자체는 해서체楷書體로 자경은 3cm쯤 되며 건립 연대는 568년에서 576년 사이로 추정할 수 있다.

근거로는 창녕비昌寧碑가 561년, 마운령비磨雲嶺碑와 황초령비黃草嶺碑가 세워진 것이 568년 사이로 추정되기 때문이다.

진흥왕의 순수비임을 확인한 당시 금석문의 대가 추사 김정희는 기껏해야 68자 정도 해독할 수 있었다.

그런데 지금은 160자 정도를 판독했다니 놀라운 일이 아닐 수 없다.

비문의 전반부는 진흥왕의 사적史蹟을 기록한 것임을, 후반부는 수행한 사람들의 이름을 적은 것임을 판독해 냈으니 하는 말이다.

문화재 당국은 더 이상 풍우에 마모되는 것을 방지하기 위해 1972년 8월, 경복궁 근정전 회랑으로 옮겨 보관하다가 1986년 8월, 새로 건립한 국립중앙박물관으로 옮겨 전시하고 있다.

비봉의 정상에는 자연 암반에다 2단의 비좌를 다듬고 그 가운데 몸돌을 세웠던 홈이 지금도 남아 있다.

경천사지 10층 석탑

국보. 시대는 고려, 소재는 서울 용산구 국립중앙박물관

개성 경천사敬天寺는 언제 창건되었는지 정확히 알 수 없다.

그런데 1117년 예종 때는 기신忌辰−기일을 높여서 부르는 말 도량을 베풀었으며 1134년에는 인종仁宗이 문경태후의 추모제를 연 것으로 보아 고려 초에 창건된 것으로 추측할 수 있다.

경천사 10층석탑은 우리나라에서 대리석으로 만들어진 최초의 탑이다. 탑은 평면 구조로 아亞자형 형태이며 4각형을 이루고 있다.

3층으로 된 기단은 정사각형인데 한 변에만 직사각형이 돌출되어 있으며 아亞자형 평판 위에 탑신을 3층으로 설치했다.

4층부터는 정사각형 탑신이 있으며 10층까지 지붕이 이어졌는데 맨 위에는 상륜부를 설치했다.

이런 구조는 우리나라 탑 모양으로는 매우 이례적이다.

1층 탑신의 이맛돌에는 원나라 지정 8¹³⁴⁸년, 강융姜融과 고용봉高龍鳳이 시주해서 탑을 조성했다는 비문이 새겨져 있다.

유랑문화재, 현재 국립중앙박물관 실내로 이전한 모습

강융은 자기 딸을 원의 탈탈에게 시집을 보냈다.

그는 장인의 도움으로 진령군이란 존호를 받은 탓인지 모르겠으나 10층 탑은 3단으로 중첩시킨 기단과 3단의 탑신에 나타난 평면은 라마탑의 형식이 그대로 반영되었다고 한다.

이런 불단을 수미좌須彌座－본전 정면에 불상을 모시는 단라고 하는데 꽃무늬와 용무늬 등의 문양은 기단부의 문양 형태와 비슷하다.

상륜부에도 원통형 석계 위에 구슬무늬를 돌려 새겼고 연꽃으로 이루어진 앙화仰花－꽃을 옆으로 뒤집어 놓은 것를 새겨 놓았기 때문에 이 또한 라마탑의 형태를 갖추고 있는 셈이라고 할까.

이런 무늬는 우리나라 탑에서는 볼 수 없나.

비록 기단부와 상륜부는 라마탑의 형태를 따랐으나 나머지 세부적인 것은 우리 탑의 형태를 취하고 있다.

4층에서 10층까지 사각四角의 구조는 목조지붕처럼 정교하게 조각되어 있는데 이와 같은 아亞자형 부분의 목조지붕 구조는 라마탑에서는 좀체 찾아볼 수 없기 때문이다.

이 탑의 형태로는 공주 마곡사麻谷寺의 5층 석탑이 있다.

10층석탑은 각 층이 분리된 형태이다.

그런 탓으로 1층부터 9층까지는 각 부분이 나눠져 있어 분리가 가능하다. 부재에 '2층 동남'이라는 글씨가 새겨져 있는 것으로 보아 제작 때부터 정교하게 설계해서 조성한 듯하다.

탑은 전체적으로도 아름답지만 더욱 아름답게 보이도록 한 것은 빈 공간을 남겨두지 않고 빈틈없이 새겨놓은 조각상이다.

그것은 탑의 재료가 화강석이 아닌 대리석이기 때문에 정교한 조각술의 적용이 용이했기 때문이리라.

탑의 조성 목적은 원나라 황실과 고려 왕실의 안녕을 기원하고 바람과 비가 순조로우며 국태민안과 불법이 날로 퍼져 모든 중생이 불도에 귀의하기를 바란다는 내용이 명문에 새겨져 있다.

1906년 12월 황태자의 결혼식에 참석하려 왔던 다나카 미쓰아키田中光顯가 일인들을 동원해서 개성에 있는 경천사지 석탑을 해체해서 반출하려고 주도면밀周到綿密하게 계획을 세웠다.

탑을 해체한 다나카는 황제의 하사품이라고 속여 주민들의 항의나 관리들을 무마 하고 기차에 실어 인천항으로 운반했다.

그곳에서 배에 싣고 일본 도쿄에 있는 자기 집까지 옮겼다.

뒤늦게 『대한매일신보』에서 이런 사실을 보도함으로써 세상이 알게 되었으며 이를 문제 삼아 여론을 일으키자 다나카는 여론을 견디다 못해 해체한 탑을 조선으로 반송했다.

이처럼 한낱 개인으로서 거대한 탑을 해체해 자기 나라로 밀반출했을 정도라면 일제 치하에서 우리 문화재가 수탈당해 일본으로 얼마나 밀반출되었는지 짐작이나 할 수 있겠는가.

더욱 한심한 것은 당국은 반송을 받아 경복궁 근정전 회랑에다 방치해 두었기 때문에 훼손이 날로 심각해졌는데도 오랜 동안 복원은 꿈조차 꾸지 못하다가 1960년에야 경복궁 동쪽에 복원했다.

그런데 경복궁 궁원 동쪽 야외에다 복원해 놓았기 때문에 대리석 탑은 산성비로 말미암아 많이 훼손되었다.

그러자 1995년 또 다시 해체해서 경복궁 회랑에 방치해 뒀다가 뒤늦게

조각상의 부식이 심각하다

2005년에 이르러서야 신축한 국립중앙박물관 실내로 옮겨 복원해 놓았으니, 이런 문화재 정책은 한심하다할 수밖에.

이 탑에서 금강석 같이 빛나는 석탑, 정교한 기법으로 구현한 인물상, 불교사상의 진수眞髓를 엿볼 수 있다.

경천사 탑은 원각사 10층 대리석 석탑의 모델이 되었으며 수법이나 양식상 고려 석탑으로 중요한 의미를 지닌다.

금동미륵보살반가사유상 78

국보. 시대는 삼국, 소장은 용산구 서빙고로 137, 국립중앙박물관

박물관은 상시 전시를 하는 문화재가 있는가 하면 때로는 특별전이나 기획전에 의해 전시하는 문화재도 있다.

반가사유상은 상시 전시를 하지 않아 보고 싶어도 볼 수 없다.

필자가 반가상을 처음 대면하게된 것은 옛 중앙청 서쪽 별관에 임시로 국립중앙박물관을 이전해서 전시할 그때였다.

금동미륵보살반가사유상金銅彌勒菩薩半跏思惟像 78은 이칭으로 보살사유상菩薩思惟像이라고도 하는데 통일신라 초기에 성행했던 불상의 한 형태에 해당된다. 반가가유상이란 오른쪽 다리를 왼쪽 허벅지 위에 얹고 걸터앉은 자세와 오른손을 받쳐서 뺨에 대고 생각에 잠긴 모습을 말한다. 인도에서는 3세기경 간다라와 마투라 지역에서 유례가 보이며 중국에서도 5세기경 운강雲岡 지방에서 두 다리를 교차시킨 미륵상과 좌불상이 좌우 상징적인 상형으로 나타나기도 했다.

반가사유상은 독특한 형식의 보살상인데 독립된 예불 대상으로 6~7세기경, 약 100여 년 동안 집중적으로 제작되었다.

금동미륵보살반가사유상(출처, 국립중앙박물관)

대표작으로는 국보 78과 83인 금동미륵보살반가사유상이 있다.

반가사유상은 부처가 깨달음을 얻기 전, 태자시절에 인생무상을 느끼고 고뇌하는 모습에서 유래되었다고 한다. 우리나라의 반가사유상은 미륵신앙과 관련이 깊다고 한다. 그렇다고 해서 미륵보살상이란 명문이 발견된 적은 없다. 게다가 명백한 자료도 찾을 수 없기 때문에 그냥 반가사유상이라는 용어로 굳어지고 있는 것이 학계의 정설이라고 한다.

「금동미륵보살반가사유상」 78은 높이가 83.2cm나 되는데 삼국시대에 제작된 것이며 신라가 제작한 것으로 추측하고 있으나 더러는 고구려가 제작한 것으로 보는 견해도 있다고 한다.

「금동미륵보살반가사유상」 78은 좀 높은 모양의 의자墩子形 위에 부처님을 올려놓은 형상이다. 왼발은 내리고 오른발은 왼쪽 다리 위에 걸친 데다 오른쪽 팔꿈치는 무릎 위에 살짝 올려놓은 형태에다 손가락은 뺨에 살짝 댄 채 명상에 잠긴 부처님의 상을 조각했다. 머리에는 왕관 형식의 화려한 보관寶冠－보석으로 꾸민 관을 씌어놓았으며 띠 하나를 이마 위의 관에 묶어 좌우로 늘어뜨렸다. 보관에는 탑과 같은 일월 모양의 보주寶珠－옥구슬 모양의 장식품를 세 가닥으로 장식했으며 중앙 윗부분은 절단해 놓았다.

미륵보살반가사유상 78의 얼굴은 네모꼴에 가깝다. 눈과 뺨도 두드러져 강인한 인상까지 풍긴다. 눈은 가늘게 반쯤 뜬 모양으로, 콧날은 오뚝하게, 광대뼈는 좀 나오게 조소했다.

그런가 하면 입가는 살짝 들어가게 조각해서 만면滿面에 은근한 미소를 머금고 있는 보살상을 구현했다.

상체는 당당하면서도 쭉 곧은데다 늘씬하게, 더욱이 허벅지 위에 올려놓은 오른쪽 다리는 곡선미까지 부각시켰다. 뺨에 대고 있는 오른손마저 길고 유연한 곡선으로 조각해서 탄력이 돋보이게 함으로써 조화미의 극치를 이룬 보살상이 되었다.

천의天衣는 부드러운 데다 율동적인 곡선미를 더한 유연한 형태이고 치마는 다소 도톰해 보이면서도 탄력이 있는 U자형이다. 옷 주름마저 능숙하게 처리해 돈자형을 감싸고 있다.

치마는 앞면과 측면에 네 가닥으로 된 U자형 옷자락과 ∩자형의 주름까지 잡은 탓으로 마치 살아있는 듯하다. 허리띠는 나비매듭인 구슬무늬와 격자무늬로 조성해 놓았는데 정교하기가 이를 데 없으며 큼직한 왼쪽 발은 족좌 위에 아주 자연스럽게 올려놓기까지 했다.

타원형의 발 대좌는 연꽃무늬가 분명하다.

다만 늘씬한 팔이나 체구에 비해 손이나 발은 좀 크다고 할 수 있다.

이처럼 조각해서 한국인의 전형적인 얼굴형을 성공적으로 부조浮彫한 것이 바로 금동미륵보살반가사유상이다.

이런 형태는 자연스런 얼굴 형태의 하나인데 최초로 한국적인 보살상菩薩像이며 전형적인 한국인상이라는 데 의의가 크다.

금동미륵보살반가사유상 83

국보. 시대는 신라, 소장은 용산구 서빙고로 137, 국립중앙박물관

금동미륵보살반가사유상 78과 유사한 높이 93.5cm나 되는 금동미륵보살반가사유상 83은 고대 불교 미술의 출발점이자 6, 7세기 동양의 가장 대표적인 불교 조각의 하나인 신라의 불상이다.

이 금동미륵보살반가사유상 83은 일본 교토 코류지광륭사(廣隆寺)의 목조반가사유상과 유사해서 자주 비교가 되기도 한다. 그런 탓으로 불교조각사 연구에 있어 주목을 받기도 했다.

반가사유상을 보면, 풍만한 얼굴에 양 눈썹과 콧마루로 내려진 선의 흐름이 시원스러우면서 날카롭다.

눈은 가늘지만 눈매는 날카로우며 바깥으로 치켜져 있다. 입은 작은 듯 약간 돌출되어 있으며 입가에는 미소가 만연하다. 가슴과 팔은 가냘픈 듯, 그렇다고 풍만하지도 않다.

반가사유상은 비교적 작은 듯 보이나 통통한 손과 발가락 하나마다 미묘한 움직임이 있어 생동감이 더욱 넘쳐난다.

반가사유상(출처, 문화재청)

오른쪽 발도 오른손과 대응해 조성했기 때문에 생동감이 넘치며 그 모습은 마치 법열을 깨달은 순간의 희열을 표현했다.

그런 시각으로 보면 발가락에도 힘이 잔뜩 들어가 있는 듯하다.

반가사유상은 조형 상으로 본다면, 가장 어려운 부분인 뺨에 기댄 오른 팔을 어떻게 처리하느냐가 포인트인데 팔은 무릎에서 꺾이어 다시 뺨에 닿아야 하기 때문에 본의 아니게도 길어지기 때문이다.

그런데도 이 반가사유상은 무릎을 들어 팔꿈치를 받쳐주며 팔 또한 비스듬히 꺾어 살짝 구부린 손가락을 통해 재차 뺨에 대고 있기 때문에 치밀하고도 역학적인 구성의 정점으로 생동감이 넘쳐난다.

이런 생동감은 살짝 숙인 얼굴과 상체로 곧장 이어진다.

이처럼 복잡한 신체 구조를 자연스럽게 조각하기란 쉽지 않은데 이런 점에서도 반가사유상이 빼어난 이유 중의 하나다.

그리고 사유상은 신라인의 맑은 정신을 구현, 손끝 발끝 입 꼬리는 의도된 일탈逸脫, 물이 흐르듯 유려한 곡선미야말로 인류가 만든 가장 빼어난 조각이라는 찬사가 결코 빈말로 들리지 않는다.

풍만한 얼굴에 아미하며
콧마루로 내려진 선의 흐름은
날카로우나 시원하며
눈은 가느나 바깥으로
치켜져 있어 자비가 넘치고
입은 작은 듯 큰 듯
돌출된 데다
입가에는 미소가 가득 번져.

작은 손의 미세함이며
가슴과 팔은
가냘프면서도 풍만하지도 않아.

발가락의 미묘한 작은 움직임마저
생동감이 넘치고 넘치나니…

오른쪽 발도 오른손과 대응해
조성해 놓아 생동감이 넘치는
데다 법열을 깨달은
순간의 희열이 만연해.

미륵보살반가사유상의 미소를 두고
모나리자도 울고 갈 미소라고
극찬을 한다고 해도 다 빈치가 노하지 않을 터…

　　　　　　　　　　　　　　　－시「미륵보살반가사유상 83」

　하물며 이 사유상의 미소를 두고 모나리자도 울고 갈 미소라고 극찬을
아끼지 않아도 지하의 다 빈치가 노하지 않을 것이다.

　이 반가사유상의 최대 쟁점의 하나라면 신라의 작이냐, 그렇지 않으면
백제의 작이냐 하는 논란의 대상이 되기도 했다.

　그런가 하면, 일부는 일본 경도 고류지廣隆寺의 목조반가사유상을 근거
로 신라의 작이라고 일축하기도 했다.

　요컨대 위의 사진의 대비를 통해 알 수 있는 것은 일본 국보 1호인 코류
지 목조사유상은 신라가 금강송경북 울진 일대에서 자생하는 소나무 재질로 우

리의 국보인 83호 반가사유상을 모각해서 일본에 건네줬다는 것을 보다 실증적으로 확인해 준 셈이랄까.

이유는 경상도 소나무로 제작한 목조반가사유상이기 때문에서다.

고류지의 목조반가사유상, 특히 사유상의 미소를 두고 독일의 철학자인 야스퍼스는 입이 닳도록 칭찬했다고 한다.

프랑스 소설가 앙드레 말로는 이 목조반가사유상의 미소를 보고 만약 일본이 침몰할 때 하나를 건지라고 한다면 이 반가사유상을 건지고 싶다고 했을 정도로 탐을 낸 불상이다.

만약 이들이 우리의 금동미륵보살반가사유상 83을 보았다면 어떤 극찬을 쏟아냈을지는 짐작이 가고도 남음이 있겠다. 아마도 기절초풍해서 입을 꿰맸을지도 모를 일이다.

2013년 11. 4일부터 이듬해 2. 23일까지 뉴욕 메트로폴리탄 박물관에서는 '황금의 나라, 신라' 전시회가 '한국 미술 5,000년 전'에 이어 두 번째로 최대 규모의 고미술 전시회를 가졌었다.

당시 전시한 문화재는 다음과 같다.

금동미륵보살반가사유상 83을 비롯해서 황남대총 북분 출토 금관, 금귀고리, 허리띠, 금제 관식, 통일 신라 철제여래좌상, 구황동 금제여래좌상, 보석 장신구 등 국보 10점, 보물 14점, 미술품 132점 등이다.

이런 전시품 중에서 유독 금동미륵보살반가사유상 83의 해외 나들이는 논란의 대상이 되었다고 한다.

이유는 잦은 해외 나들이, 1957년 미국 8개 도시 순회 전시회를 가진 지 56년 동안 9번째, 잦은 해외 나들이로 말미암아 훼손될 수도 있다는 우려와 도난의 위험성이 매우 높기 때문이라고 한다.

오랜 논란 끝에 반가사유상은 5000만 달러의 보험과 3중 패키지에 철통같은 경호를 받으며 뉴욕을 방문했다.

개막을 앞두고 관계자를 초청해 리셉션을 개최했었다.

토마스 캠벨 메트 뮤지엄 관장은 '놓쳐서는 안 될 전시회이다. 서구에서는 최초로 초점을 맞춘 신라 왕국의 시각으로 화려함을 체험할 수 있는 극히 드문 기회이다.' 라며 찬사를 아끼지 않았다고 한다.

또한 월간 미술 전문지 '아트 뉴스'의 로빈 셈발레스트 편집 담당 중역은 '믿을 수 없을 정도로 환상적이며 황홀하다.' 고 평했다.

이런 즉흥적인 평은 비록 의례적인 코멘트임을 감안하더라도 호평이 아닐 수 없다.

황남대총 북분 금관

국보. 황남대총 북분 금관. 소장은 서울 용산구 국립중앙박물관

경주 황남동 일대 미추왕릉味鄒王陵 지구에 있는 황남대총 북분에서 출토된 유물로 금관, 왕과 왕비, 가족의 것도 수습했다.

황남대총은 왕과 왕비의 무덤이 잇대어 있는 쌍분으로 길이 120m나 된다. 북분은 '부인대婦人帶'라는 명문이 새겨진 금제 허리띠가 나와 여성의 무덤으로 추정되며 남분인 왕의 무덤에서도 금동관이 출토되었다. 그 중 왕의 무덤에서는 금동판으로 만든 관이 5점, 뒤에 조성된 왕비의 무덤인 북분에서도 원형 그대로의 금관이 출토되었다.

왕비의 금관은 出자 모양의 세움 장식을 갖춘 것으로 가장 이른 시기에 제작된 것으로 추정되며 3개의 나뭇가지 모양의 장식과 2개의 사슴뿔 장식을 관테의 안쪽에 맞대어 3개의 금못으로 고정시켰다.

관의 테 안면에는 긴 장식을 늘어뜨린 6개의 굵은 고리를 수습했는데 비교적 원형에 가깝다. 관테 위아래는 2줄의 연속된 줄무늬와 점무늬로 나눠 사이마다 1줄 파도모양무늬와 점무늬를 장식했다.

세움 장식의 나뭇가지는 3단이다. 세움 장식의 외곽은 돌아가며 안에서

바깥으로 돌출시킨 점열문點列文을 장식했으며 비취색 경옥瓊玉을 5개나
매달아 화려함을 더했다.

금제 금관(출처, 문화재청)

보신각종

보물. 보신각종普信閣鐘의 원조는 돈의문敦義門−돈의문은 없어지고 이름만 서
대문 안에 있던 신덕왕후神德王后 정릉貞陵에 있던 능사陵寺의 종이었다. 절
이 폐사되자 원각사로 옮겼던 동종銅鐘이다.

이 동종을 중종 31¹⁵³⁶년 김안로金安老가 들어 숭례문으로 옮겨 달아 통
금과 해제를 알리는 종으로 사용한 적도 있다.

임진왜란 때는 종각마저 불에 탔다.

그래서 세조 14¹⁴⁶⁸년에 조성한 종루로 폐기된 종을 옮겼다. 광해군
11¹⁶¹⁹년부터 오후 7시경 28번통금, 人定(인정)으로 쓰고 읽기는 인경, 새벽 4시
경 33번통금 해제, 罷漏(파루)로 쓰고 읽기는 바루 종을 울려서 도성의 출입문을
여닫기도 했었다.

이 종루마저 1869고종 6년 불에 탔다.

불에 탄 것을 방치했다가 1895고종 32년 종루를 지어 보신각이라는 현액
을 달면서 보신각종으로 불리게 되었다.

종은 높이가 318cm, 입의 지름이 228cm, 무게는 19.66톤에 이르는 대
형 종의 하나로 성덕대왕 신종, 연복사 동종 다음으로 우리나라에서는 큰

보물 보신각종

범종인데 보물로 지정되었다.

보신각종은 전체적으로 볼륨감이 뛰어난 조선조 초기의 작품으로 범종
사상 의의가 매우 크다고 한다.

이 종으로 한때1895까지 제야에 종소리를 울리기도 했다.

그런데 종신鐘身에 금이 가고 깨어져 많이 훼손되었기 때문에 더 이상
제야除夜의 종을 칠 수 없게 되자 국민들이 성금을 모아 대체 종을 제작해
서 달고 8.15 광복과 제야에 타종으로 사용하고 있다.

훼손이 심한 본래의 보신각종은 현재 국립중앙박물관 야외에 이전하고
종각을 지어 보존하고 있다.

연가7년명금동여래입상

국보. 시대는 고구려, 소장은 용산구 서빙고로 137, 국립중앙박물관

문화재가 많은 박물관은 이를 동시에 다 전시할 수 없기 때문에 일부를 전시하고 나머지는 수장고에 넣어 보관하며 관리한다.

보관한 문화재는 일정 기간이 지나면 문화재를 바꿔가며 전시하거나 특별전, 계획전을 계획해 전시함으로써 일반에게 공개한다.

따라서 문화재를 소유하고 있는 박물관에 간다고 해서 원하는 문화재를 볼 수 있는 것은 아니다.

문화재를 연구하는 사람에게 수장된 문화재를 보여주기도 하지만 그것은 특별한 경우에 해당된다. 그래서 필자는 어쩔 수 없이 박물관에 전시되어 있지 않는 국보는 문헌, 자료, 신문 기사, 네이버, 유튜브 등을 참고해 정리하는 과정을 거쳐서 이야기가 있는 국보 속으로 들어갔다.

고구려의 문화재가 국보로 지정된 예는 드물다. 이유는 국토가 분단되었기 때문이다. 연가 7년명 금동여래입상이 국보로 지정된 것은 시사하는 의미는 크다고 하겠다.

금동여래입상(출처, 국립중앙박물관)

금동여래입상이 신라의 영토인 경남 의령에서 출토되었다는 것은 삼국이 정립해 전쟁만 일삼은 것이 아니라 교류도 활발했음을 암시한다. 따라서 역사적으로 그 가치가 매우 높다.

고구려의 고토가 아닌 신라의 땅인 경남 의령군 대의면 하촌리에서 1963년 우연히 발견된 불상이 이 금동여래입상이다.

연가延嘉-고구려의 연호 7년명 금동여래입상국보 119호은 연대가 표기된 입상으로는 유일하며 높이 16.2cm나 된다.

비록 높이는 16.2cm에 지나지 않으나 고구려의 것으로 한국적인 조형미와 미감이 발휘된 최초의 불상이다.

이 여래입상은 1세기 남짓한 고대 조각사의 공백기를 깨고 우리나라 조각사의 첫 장을 장식한 기념비적인 불상이기도 하다.

금동여래입상의 광배光背에 새겨져 있는 연가명은 4행 47자, 해서체의 명문으로 원문은 다음과 같다.

延嘉七年歲在己未高句麗樂良東寺主敬弟子僧演師徒四十人共造賢劫千佛流布 第二九因現義佛比丘法穎所供養

연가 7년인 기미년 고구려 동사평양?의 주지는 부처님을 공경해서 제자 승연 등 사도 40인이 현겁천불을 조소해 유포한다. 29번째인 인현의 부처는 비구니인 법영(?)이 공양하다.

불상의 광배에 새겨진 명문에서 확인할 수 있듯이 기미년539년 고구려의 평양에서 조성되었음을 알 수 있다.

따라서 가장 오래된 기념명 금동여래입상이 된다.

여래입상은 중국 북위시대의 불상 양식을 들여왔으나 우리 나름대로 체질화해서 자신감이 넘치는 한국적인 정서와 미감으로 재창조했다.

광배와 연화대좌를 한 몸으로 주조했고 불상 전체에 도금을 했기 때문에 생생한 금빛 광채까지 자아낸다.

이것만 해도 한국적인 조형미를 지닌 최초의 작으로 손색이 없다.

광배의 이글거리는 불꽃무늬를 얕게 선각했기 때문에 불상의 양감이 더욱 도드라진 데다 끝이 살짝 치켜진 연꽃대좌의 연꽃잎은 건드리면 톡 하고 터질 것만 같으나 강하고 탄력도 넘쳐난다.

이 입상의 조형적 특징으로 알 수 있는 것은 우리 선조들이 남의 것을 받아들일 때 무조건 받아들인 것이 아니라 과감하게 생략할 것은 생략하고 단순화한 반면에 강조할 것은 강조해서 독특한 우리의 미감을 창조해 냈다는 데 의의를 찾을 수 있다.

또한 금동입상은 강렬하고 힘찬 조각수법, 거칠게 소용돌이치는 불꽃무늬를 구현시켰기 때문에 고구려의 기상을 전해주는 진리체이며 상승하는 고구려 미술의 기세를 이에서 보는 듯하다. 게다가 고구려의 불상이 저 먼 신라의 오지까지 전해졌다는 것은 고구려 불교의 영향력을 웅변해 주는 것임이 분명하다 하겠다.

청자상감당초문완

국보. 시대는 고려, 소장은 서울 용산구 서빙고로 137, 국립중앙박물관

우리나라 토기는 삼국시대를 지나 불을 다루는 솜씨가 능란해지고 바탕 흙도 다양한 종류를 다룰 줄 알면서 도기와 자기로 나누어졌다.

도기陶器는 점토진흙로 만든 질그릇으로 지금도 만들어서 판매하고 있는 장독 항아리 옹기 등으로 발전했다.

자기瓷器, 磁器는 흰 빛깔에 철분을 1~3% 정도 섞인 고운 흙인 고령토를 원료로 만들면서 청자, 백자로 이어졌다.

여기에 표면에 바르는 유약도 과학적으로 개선되어 윤기가 흐르는 비취색 자기까지 생산되기에 이르는데 상감청자가 바로 그것이다.

고려청자는 중국의 청자보다 두 가지 면에서 앞섰다고 한다. 그것은 바로 상감기법과 비취색에 있기 때문이다.

청자가 처음 만들어진 시기로는 1159년 세상을 떠난 문공유文公裕의 묘에서 상감청자보상당초문완象嵌靑瓷寶相唐草文盌이란 대접이 출토되었기 때문에 이 무렵이라고 추정했다.

상감기법이란 빚어 말린 초벌 그릇에 학이나 꽃의 모양을 파고 파낸 곳에 백토白土나 자토赭土로 메워 구워내면 의도한 대로 백토는 흰색, 자토는 푸른색이 나온다.

이런 기법은 금속, 도자기, 목재 등의 표면에 여러 가지 무늬를 파서 새기고 판 곳에 금은, 보석, 뼈, 조개껍질 등을 심는 공예의 하나로 상감청자나 나전칠기 등에서 두드러졌다.

상감청자란 반 건조된 애벌그릇에 무늬를 음각해서 안을 흙으로 메워 초벌구이를 하고 청자 유釉를 발라 말린 다음에 가마에 넣고 두벌구이를 하면, 유약 때문에 무늬가 투시되도록 하는 도예기술이다.

이 기법은 고려의 도공이 처음으로 발명했다.

중국에서는 기원전 5세기부터 적용했는데, 고려는 철이나 동으로 만든 그릇에 홈을 파고 금실이나 은실을 넣어 구워낸 것은 최초다.

상감청자의 문양은 운학雲鶴 양류楊柳 보상화寶相華 국화 당초 석류 등이었는데 주로 운학과 국화 무늬를 사용했다.

공간과 여백의 미를 최대한 살렸으며 상감 모양을 전면에 새길 때는 여유로운 공간을 남겨 두기도 했다.

자기의 문양 곧 죽, 유, 화 등을 전면에 배치하고 수, 조, 암 인물을 사이사이에 배치해서 보는 효과가 배가되도록 했다.

제작과정을 보면, 흙으로 빚은 도자기 모양의 형태에다 1차로 무늬 파기를 해서 흰 흙을 바르고, 마르면 이를 긁어낸다.

이어 2차로 무늬를 파서 붉은 흙을 바르고, 마르면 또 발랐던 붉은 흙을 긁어낸다. 긁어낸 곳에다 미리 준비한 재료로 메워 초벌구이를 하고 유약을 발라 두벌구이를 하면, 비로소 상감청자가 된다.

고려는 중국의 기법을 최초로 상감청자에 응용했기 때문에 독창적인 상감기법이라고 하는 것이 당연하다고 한다.

　비취색은 중국의 도자기에도 있으나 고려청자의 비취색이 신비로울 정도로 뛰어나 중국의 그것을 훨씬 능가한다.

　가장 좋은 비취색은 유약에 3%의 철분이 포함되어야 최고의 색을 낼 수 있다. 유약의 배합이 이보다 적으면 약한 연두색이 나오고 많이 썩으면 어두운 녹색이 된다.

　고려의 도공들은 이런 비법을 터득하고 있었기 때문에 고유하고도 독특한 비취색을 창출해 낼 수 있었다.

　청자상감당초문완青瓷象嵌唐草文盌은 일명 청자연화당초상감국화문완이라고도 하는데 경기도 개풍군에서 1159년경 무덤을 쓴 문공유文公裕의

측면에서 본 청자상감당초문완(출처, 문화재청)

묘에서 묘지墓誌와 함께 출토된 것으로 상감청자 중에서도 연대를 정확히 추정할 수 있으며 당초문완은 높이가 6.05cm, 밑지름은 4.4cm나 되는 .가장 오래된 청자 중의 하나이다.

청자상감당초문완의 형태는 다음과 같다.

내면의 기저器底 중앙에 큰 단판單瓣−홑꽃잎과 국륜菊輪−둥근 국화무늬 모양을 상감하고 둘레를 백상감보상당초白象嵌寶相唐草로 채운 데다 항아리 입구 주변은 초문대草文帶로 장식했다.

내면의 상감이 모두 흰 상감으로 된 단색인데 비해 외면에는 상감 입구 주변에만 백상감문초가 있을 뿐이다. 그리고 다섯 군데에다 국화 한 송이씩을 상감해 놓았는데 내외면의 장식마저 조화롭기 이를 데 없다.

더욱이 청아한 회청색 비색유翡色釉가 고르고도 맑게 씌어져 있어 은은한 광택이 나며 상감 효과마저 배가되었다.

굽다리 밑에는 세 개의 화강석으로 된 눈 자국이 남아 있으며 유색의 조화나 상감기법이 세련미를 더해 준다.

청자상감당초문완은 상감청자의 발달과정을 살필 수 있는 귀중한 자료의 하나가 된다고 한다. 이유는 이 정도의 예술성을 발휘하려면 타고 난 도공이라도 오랜 동안 피나는 수련을 거치고 실패를 수백, 수천 번 거듭하면서 일가견을 이룬 장인이 아니고는 불가능하기 때문이다.

그런 장인정신을 황순원의 단편소설 「독 짓는 늙은이」의 마무리 부분에서 극적으로 묘사하고 있어 아래에 인용한다.

앵두나뭇집 할머니와 단 둘이 되자 송 영감은 눈을 감으며, 요전에 말하던 자리에 아직 애를 보낼 수 있겠느냐고 물었다. 앵두나뭇집 할머니는 된다고 했다. 얼마나 먼 곳이냐고 했다. 여기서 한 이삼십 리 잘 된다는 대답이었다. 그러면 지금이라도 보낼 수 있느냐고 했다. 당장이라도 데려가기만 하면 된다고 하면서 앵두나뭇집 할머니는 치마 속에서 지전 몇 장을 꺼내어 그냥 눈을 감고 있는 송 영감의 손에 쥐어 주며, 아무 때나 애를 데려오게 되면 주라고 해서 맡아 두었던 것이라고 했다. 송 영감이 갑자기 눈을 뜨면서 앵두나뭇집 할머니에게 돈을 도로 내밀었다. 자기에게는 아무 소용없으니 애 업고 가는 사람에게나 주어 달라는 것이었다. 그러고는 다시 눈을 감았다. 앵두나뭇집 할머니는 애 업고 가는 사람 줄 것은 따로 있다고 했다. 송 영감은 그래도 그 사람을 주어 애를 잘 업어다 주게 해 달라고 하면서, 어서 애나 불러다 자기가 죽었다고 하라고 했다. 앵두나뭇집 할머니가 무슨 말을 하려는 듯하다가 저고리 고름으로 눈을 닦으며 밖으로 나갔다.

송 영감은 눈을 감은 채 가쁜 숨을 죽이고 있었다. 그리고 무슨 일이 있더라도 눈물일랑 흘리지 않으리라 했다.

그러나 앵두나뭇집 할머니가 애를 데리고 와, 저렇게 너의 아버지가 죽었다고 했을 때, 송 영감은 절로 눈물이 흘러내림을 어찌할 수 없었다. 앵두나뭇집 할머니는 억해 오는 목소리를 겨우 참고, 저것 보라고 벌써 눈에서는 썩은 물이 나온다고 하고는, 그러지 않아도 앵두나뭇집 할머니의 손을 잡은 채 더 아버지에게 가까이 갈 생각을 않는 애의 손을 끌고 그곳을 나왔다.

그냥 감은 송 영감의 눈에서는 다시 썩은 물 같은, 그러나 뜨거운 새 눈물 줄기가 흘러내렸다. 그러는데 어디선가 애의 훌쩍훌쩍 우는 소리가 들리는 듯했다. 눈을 떴다. 아무도 있을 리 없었다. 지은 독이라도 한 개 있었으면 싶었다. 순간 뜸막 전체만 한 공허가 송 영감의 파리한 가슴을 억눌렀다. 온몸이 오므라들고 차옴을 송 영감은 느꼈다.

그러는 송 영감의 눈앞에 독가마가 떠올랐다. 그러자 송 영감은 그리로 가리라는 생각이 불현듯 일었다. 거기에만 가면 몸이 녹여지리라. 송 영감은 기는 걸음으로 뜸막을 나섰다.

거지들이 초입에 누워 있다가 지금 기어들어오는 게 누구라는 것도 알려 하지 않고, 구무럭거리며 자리를 내주었다.

송 영감은 한 옆에 몸을 쓰러뜨렸다. 우선 몸이 녹는 듯해 좋았다. 거기에는 여럿의 몸 기운까지 있어서.

그러나 송 영감은 다시 일어나서 기기 시작했다. 가마 안으로. 무언가 지금의 온기로써는 부족이라도 한 듯이. 곧 예삿사람으로는 더 견딜 수 없는 뜨거운 데까지 이르렀다. 그런데도 송 영감은 기기를 멈추지 않았다. 그렇다고 그냥 덮어놓고 기는 것은 아니었다.

지금 마지막으로 남은 생명이 발산하는 듯 어둑한 속에서도 이상스레 빛나는 송 영감의 눈은 무엇을 찾고 있는 것이었다. 그러다가 열어젖힌 곁창으로 새어 들어오는 늦가을 맑은 햇빛 속에서 송 영감은 기던 걸음을 멈추었다. 자기가 찾던 것이 예 있다는 듯이. 거기에는 터져 나간 송 영감 자신의 독 조각들이 흩어져 있었다.

송 영감은 조용히 몸을 일으켜 단정히, 아주 단정히 무릎을 꿇고 앉았다. 이렇게 해서 그 자신이 터져 나간 자기의 독 대신이라도 하려는 것 같았다.

　　　　　　　　　　　　　　　　　　　　—황순원의 단편소설 「독 짓는 늙은이」에서

청자음각연당초문매병

국보. 청자음각연당초문매병은 높이 43.9cm, 입지름 7.2cm, 밑지름이 15.8cm로 국립중앙박물관이 소장하고 있다.

연당초문매병은 어깨부터 허리와 굽에 이르는 부드러운 선은 고려청자가 지니는 곡선미를 보여주고 있다. 입과 풍만한 어깨는 물론 몸체에는 유연한 당초문이 음각의 선으로 장식되어 있는데 매우 화사한 데다 연화문을 감싼 당초문의 큰 곡선과도 절묘한 조화를 이루고 있다.

입 모양을 보면 매병 형태처럼 각이 져 있는데 그것마저도 바깥을 향해서 약간 벌어져 있기까지 하다. 잘록한 허리 밑으로부터 밖으로 약간 벌어진 유려한 곡선이야말로 백미, 매우 세련된 데다 극히 아름답다.

이 점에서도 고려청자의 세련된 감각을 엿볼 수 있다.

몸통에 연당초문蓮唐草文－연꽃과 당초무늬을 힘차고 큼직하게 반양각陽刻으로 새겨 놓았다. 맑고 투명한 담록의 회청색 청자유가 고르게 발라진 탓으로 굵은 망상網狀의 빙렬氷裂까지 나 있다.

양질의 유약을 발라서 더욱 빛나는 아름다움, 질감의 정치함, 형태의 안정감 등으로 볼 때 고려 전성기의 작품으로 추정된다.

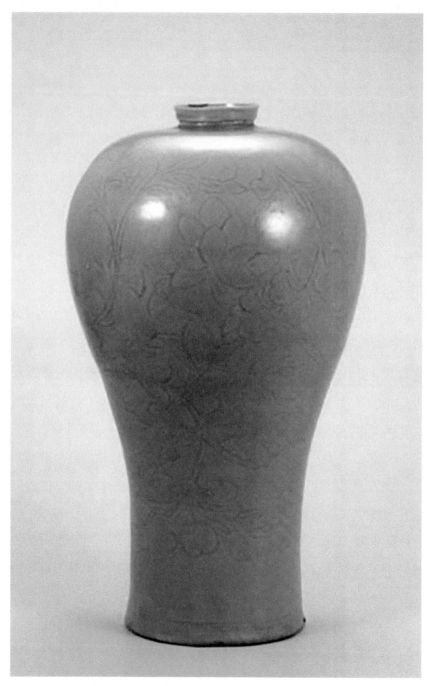

청자음각연당초문매병(출처, 문화재청)

고려청자를 읊은 시조 중에서 수작인 김상옥의 「청자부」를 아래에 옮겨 연당초문매병의 감상을 가름한다.

보면 깨끔하고 만지면 매촐하고
神거리운 손아귀에 한줌 흙이 주물러져
천년 전 봄은 그대로 가시지도 않았네.

휘넝청 버들가지 프롬히 어린 빛이
눈물 고인 눈으로 보는 듯 연연하고
몇 포기 蘭草 그늘에 물오리가 두둥실.

고려의 개인 하늘 湖心에 잠겨 있고
수그린 꽃송이도 향내 곧 풍겨내니
두 날개 鄕愁 접고 울어 볼 줄 모르네.

붓끝으로 꼭 찍은 오리 너 눈동자엔
風眼테 너머 보는 한아버지 입초리로
말없이 머금어 웃던 그 모습이 보이네.

어깨 벌숨하고 목잡이 오무속하고
요리조리 어루만지면 따사론 임의 손결
천년을 흐른 오늘에 상기 아니 식었네.

　　　　　　　　　　　　　　　－김상옥의 시조 「青磁賦」

백자상감연당초문대 접

국보. 시대는 조선, 소장은 서울 용산구 서빙고로 137, 국립중앙박물관

백자白瓷, 白磁란 순백색의 바탕흙인 태토胎土를 빚어 만든 애벌그릇에 유약을 발라 구워낸, 하얀 빛이 배어나는 자기를 말한다.

백자를 나누는 데는 무늬를 어떻게 표현했느냐 하는 도예수법이나 어떤 안료를 어떻게 발랐느냐에 따라 분류한다.

이런 기준에 따르면 백자의 유형은 일반적으로 네 가지 종류로 나눌 수 있다. 곧 순백자, 청화백자, 철회백자, 진사백자이다.

순백자純白瓷는 그릇 표면에 유약을 발라 구워서 나타난 색조, 그릇을 형성하는 선이 곧 생명인 자기를 일컫는다.

순백자는 크게 나눠 두 가지 유형이 있다.

하나는 고려 백자를 이은 것으로 부드러운 곡선이 기형器型을 이루며 유약은 매우 투명하긴 하지만 바탕흙과 밀착되지 않은 탓으로 유약이 떨어지는 경우도 더러 있다.

다른 하나는 원나라 때부터 고려자기에 영향을 미쳤던 것으로 유약이 대체로 얇게 입혀졌기 때문에 백색으로 나타나며 약간의 청색을 띠고 있

는 경우가 된다. 그릇 모양은 풍만하기 이를 데 없기 때문에 양감을 느낄 수 있으며 유약의 강약에 따라 그윽하고 은은한 광택을 낸다.

이런 자기의 종류는 소문백자素文白瓷, 양각백자陽刻白瓷, 음각백자陰刻白瓷, 투각백자透刻白瓷, 상형백자象形白瓷 등이 있다.

청화백자青華白瓷는 먼저 백토로 그릇의 모양을 만들고 그 위에 회청回青 또는 토청土青으로 알려진 안료로 무늬를 그린다.

그린 그림이 마르면 순백의 유약을 발라 구워내면 맑고 고운 푸른색의 무늬가 자연스럽게 생긴 자기가 된다.

중국의 청화백자가 조선에 처음 들어온 시기는 1428세종 10년 명나라로부터였다. 초기 청화백자는 문양이 간결簡潔하고 청초清楚한데 비해 세월이 흐를수록 둔하고 번잡해졌다.

철회백자鐵繪白瓷는 백토로 빚은 흙으로 그릇을 만들어 낮은 온도에서 초벌구이를 한 다음, 이 초벌구이를 한 그릇에 산화철 안료로 무늬를 그리고 마르면 백색 유약을 입혀 번조한 것으로 겉면에 다갈색 또는 흑갈색 무늬가 나타난 자기이다.

백자에 철분 안료를 입힌 것은 고려 때부터이며 조선조로 들어와 일반화되면서 세련미를 띤 시기는 17세기 이후이다.

진사백자辰砂白瓷는 도자기 바탕에 산화동의 재료로 그림을 그리거나 칠을 한 뒤, 백색 유약을 입혀 구워내면 산화 재료로 말미암아 붉은 색으로 나타나는 자기이다. 이런 자기를 주점사기朱點砂器, 진홍사기眞紅砂器라고 불리어지기도 하는데 명칭은 20세기에 붙여졌다.

진사백자는 고려 중엽12세기부터 사용하기 시작했으며 가장 많이 상용화된 시기는 조선조 후기로 추정된다.

가마터로는 경기도 광주의 분원리 요窯로 알려졌다.

우산리 2호 가마는 분원 관요가 설치되기 전에 운영되었기 때문에 백자 제작의 과정을 밝히는데 주요한 장소이기도 하다.

백자는 흙의 질에 따라 연질과 경질로 나누어진다. 경기도 광주 일대에서 출토된 백자를 보면 대부분 연질이다.

백자상감연당초문대접白瓷象嵌蓮唐草文大楪은 경질의 백자지만 조잡한 형태와는 달리, 매우 세련된 양식을 띠고 있다.

대접의 크기는 높이 7.6cm, 입지름이 17.5cm, 밑지름이 6.2cm이다.

대접(출처, 국립중앙박물관)

백자상감연당초문대접은 가는 균열이 전면에 나 있는 상아색 백자로 유약과 문양 장식이 분원 양식 그대로이다.

  대접은 상아색을 바른 유약의 모양, 살짝 빚긴 구연부□緣部−자기의 입이나 언저리, 적당한 몸체의 양감, 원형이면서 얇게 패인 내면, 깨끗하게 마무리된 굽깎기, 단정한 형태, 내면 구연부의 잘 정돈된 당초문대와 연당초문대 등 모두가 분원 백자의 양식을 따르고 있다.

  이 대접은 갑발匣鉢−불에 타지 않는 상자 속에 넣어 구워냈기 때문에 도자기 면이 비교적 깨끗함을 유지할 수 있었던 것이다.

  상감백자는 대개 유약을 바른 것이 거칠고 상감 솜씨도 조악한데 비해, 이 대접은 마무리가 깔끔하고 부드러운 질감을 잘 드러냈으며 무늬를 나타내는 수법 또한 매우 섬세하다.

  또한 단정한 도자기 형태에 맞게 간결하게 나타낸 넝쿨무늬는 명나라 초기에 나타난 청화백자의 문양과도 흡사하다.

  문양의 선은 예리한 듯하면서도 매우 부드럽다.

  대접의 생김새는 명나라 초기의 기법과 닮았으나 상감법이나 유약의 특징은 고려 백자의 전통을 이었다.

  백자상감연당초문대접은 연질 백자의 계통으로 조선조 상감백자 중에서도 가장 아름다운 작품 중의 하나이다.

분청사기음각어문편병

국보. 분청사기음각어문편병은 높이 22.6, 입지름 4.5, 밑지름 8.7cm로 앞뒤 양면의 배 부분을 납작하게 조성해서 양감이 드러난 자기이다. 소유는 박준형, 국립중앙박물관이 관리하며 소장하고 있다.

분청사기粉靑沙器는 분장회청사기의 준말이며 분장기법과 조화수법으로 빚은 사기병을 일컫는다.

분장기법粉粧技法은 무늬를 나타내거나 그릇 표면을 백토로 씌워 백자로 이행되는 과정을 보여주는 기법의 하나이다.

조화수법彫花手法은 백토를 빚은 그릇에 음각의 무늬를 새기고 백토를 긁어내어 하얀 선으로 된 문양을 만드는 도예기법이다.

모양은 고려 말 청자를 토대로 만들어지기도 했으나 후대로 내려오면서 풍만하고 안정감 넘치는 데다 실용적으로 변모하면서 장군 자라병 편병扁瓶 매병梅瓶 등 독특한 모양이 나오기도 했다.

16세기로 들어오면서는 무늬에 치중하기보다 백토 분장이 더해지면서 태토와 표면 분장이 백자처럼 되기도 했다.

분청사기음각어문편병(출처, 문화재청)

분청사기음각어문편병은 백토분장白土粉粧을 두껍게 칠하고 조화수법으로 무늬를 그린다.

이어 그린 위에 연하고 투명한 청색의 유약을 발라 은은함을 자아나게 했으며 앞뒷면과 옆면에 서로 다른 무늬까지 배치했다.

앞뒷면에는 위로 향하도록 두 마리의 물고기를 조화수법으로 구사해 놓았으며 생동감이 넘치는 활달한 선까지 연출했다.

앞 옆은 세 부분으로 나뉘어 위와 중간에 4엽 모란무늬를 새기면서 긁어낸 곳에는 파초를 새겼다.

바탕흙을 자세히 보면 회청색으로 칠한 부분과 칠하지 않은 부분의 대조가 선명하게 드러나 있으며 굽다리 부분은 백토 분장이 다소 조잡하게 만들어지긴 했으나 생동하는 물고기는 분청사기의 특징을 최대한 반영한 우수한 도자기이다.

김정희필 세한도

국보. 시대는 조선, 소장은 서울 용산구 서빙고로 137, 국립중앙박물관

김정희의 세한도는 너무나 널리 알려진 문인화다. 그림보다는 그림에 담긴 고절이 보다 높이 평가하는 작품이다. 게다가 제발의 글씨는 추사체의 정수, 하나도 소홀히 할 수 없다.

추사 김정희金正喜는 충남 예산 출생으로 본관은 경주이다. 자는 원춘, 호로는 추사秋史, 완당阮堂, 노과老果 등 200여나 사용했다.

김정희는 병조판서 김노경金魯敬의 맏이로 태어나 백부 김노영金魯永에게 양자로 입적했다. 그는 1819년 문과에 급제하면서 벼슬길로 들어서서 암행어사, 예조 참의, 서강원 보덕을 지냈다.

추사는 1830년 생부가 윤상도尹商度의 옥사에 연좌되어 고금도로 유배되었으나 순조의 배려로 풀려났다.

풀려난 추사는 병조 참판, 1836년에는 성균관 대사성을 지냈다.

1834년, 순조의 뒤를 이어 현종이 즉위하고 순원왕후 김 씨가 수렴청정을 했다. 이때 10년 전 윤상도의 옥사가 불거져 또다시 추사는 10년 간 제주도에서 유배생활을 하게 된다.

그는 뒤늦게 귀양에서 풀려나 경기도 과천에 은거하면서 학예學藝와 선리禪理에 몰두하다가 생을 마감했다.

추사는 어려서부터 총명했으며 박제가朴齊家의 제자가 되었다.

한때는 금석문에 몰두해 「북한산진흥왕순수비」, 「진흥이교비」 등의 저술을 남겼으며 금석학파의 조종이 되기도 했다.

또한 추사는 시詩 서書 화畵에 능했으며 전각篆刻에도 일가견을 가졌다. 문집으로는 『완당척독阮堂尺牘』 등이 있다.

추사의 업적으로는 조선조 후기 전환기에 있어 신지식의 기수를 자처한 것은 물론 신문화의 전개를 가능케 한 선각자란 점에 있다.

그런데 이런 평을 받기도 하지만 김정희는 추사체로 이름을 남겼으며 「세한도」로 더욱 유명해졌다고 할 수 있다.

「세한도歲寒圖」는 수묵화水墨畵로 가로 23cm, 세로 69.2cm인 문인화로 손창근이 소유했으나 국립중앙박물관이 관리하고 있다.

문인화文人畵란 화가가 그린 그림이 아니라 문인이 그린 고졸古拙―기교는 없으나 예스럽고 소박한 멋이 있음한 그림이다.

「세한도」는 문인화를 대표하는 유일한 국보로 예술적 가치를 인정받아 국보로 지정받기까지 했다.

그런데 「세한도」를 본 사람이라면 고개를 일단 갸우뚱하기 마련이다. 그것은 그림이 고졸古拙하기 때문일 것이다.

「세한도」는 초라한 집 한 채와 가지가 뿌려진 고목나무 네 그루, 한 겨울 추위에 떨고 있는 썰렁한 분위기가 전부이다.

여기에 추사체로 쓴 제발題跋―제사題辭와 발문跋文을 덧붙인 것이 고작

세한도(출처, 문화재청)

부이다. 그런 탓인지 그림보다도 글씨가 돋보인다.

이런 그림이 무엇을 의미하기에 국보로 지정받기까지 했을까?

김정희의 증조부는 영조의 사위였다. 그런 탓으로 추사는 어려서부터 남부럽지 않은 생활을 했다. 추사는 24세 되는 해, 사절단의 부사가 된 아버지를 따라 연경_{지금의 북경}을 다녀오기도 했다.

이때의 경험이 추사의 일생을 좌우하게 된다.

그로부터 추사는 청의 학자들과 자주 교류하면서 조선 최고의 학자로 우뚝 서게 된다. 특히 금석학과 서예에 뛰어나 청에서도 명성을 떨쳤다.

추사가 45세 되던 1830년 여름이다.

부친 김노경이 전라도 고금도로 유배를 갔다.

그로부터 10년 뒤, 1840년 추사 자신마저도 제주도로 유배를 가게 된다. 유배를 간 지 얼마 되지 않아 친한 친구 김유근金逌根의 사망 소식을 듣게 되며 사랑하는 아내와도 사별한다.

유배 중인데도 반대파는 지속적으로 추사를 음해했다.

제발 부분(출처, 문화재청)

그런 탓으로 서울과는 점점 멀어졌으며 심적 고통에서 유일한 낙이라면 독서로 소일하는 것이 고작이었다.

추사가 무엇보다도 괴로워했던 점은 친한 벗들이 교류를 지속하다가는 피해를 입을까 걱정돼 스스로 교류를 끊고 멀리 한 데 있었다.

추사의 제자인 우선蕅船 이상적李尙迪은 스승의 심정을 누구보다도 잘 이해한 사람 중의 한 분이다.

통역관이었던 이상적은 사신을 따라 중국을 갈 때마다 스승의 마음을 헤아려 귀한 책이나 최신 서적을 구입해서 보내주곤 했다.

이상적이 구해서 인편으로 보내준 서책은 돈이 있다고 해도 아무나 쉽게 구입할 수도 없었거니와 비록 고가를 지불한다고 해도 결코 살 수도 없는 매우 귀한 책이다.

이번에도 이상적은 통역관으로 사신 따라 연경을 갔었다. 바쁜 일정에도 연경 시내를 쥐 잡듯이 뒤지다 시피해서 마침내 『우경문편耦畊文編』이란 희귀한 책을 구할 수 있었다. 당시 구하기 어려운 책이라면 권력 있는 사람에게 선물한다면 출세가 보장될 텐데도 그는 그렇게 하지 않았다. 이상적은 친한 벗들이 추사와 교류한다는 소문이 돌면 연좌되어 피해를 입을까 모두 단교했는데도 바다 멀리 제주도에 유배되어 있는 스승, 아무런 힘도 없고 권세도 없는 김정희에게 책을 보내주었다.

　서책을 전해 받은 김정희는 가슴 깊은 곳에서 밀려나오는 뭉클한 감정에 그만 눈물이 콱 하고 치밀어 올랐다고 한다.

　추사는 유배를 가기 전이나 간 뒤에도 변함없이 자기를 대해 주는 이상적을 생각하다가 문득 『논어』 한 구절을 떠올렸다.

　추사는 우선이야말로 공자가 지적한 송백松柏과 같은 사람임을 깨닫고 그 고마움에 선물을 하고 싶었으나 구차한 귀양살이 살림살이라서 아무리 머리를 짜내도 마땅히 선물할 것이 없었다.

　그래서 추사는 생각하고 생각한 끝에 물질적인 것보다 자신의 마음을 전하는 것이 좋을 것 같은 생각이 들었다. 그럴 때 문득 떠오른 것이 우연히도 소식蘇軾 동파東坡가 그렸다는 「언송도偃松圖」였다.

　동파가 혜주로 유배를 갔을 때였다. 하루는 그의 어린 아들이 부친을 위로하기 위해 먼 유배지까지 찾아왔던 것이다.

　어린 아들의 방문에 기뻐한 동파는 아들을 위해 「언송도」란 그림 한 폭을 그린 다음에 칭찬하는 글까지 썼다.

　지금은 사연만 전해질 뿐 그때 그린 그림은 남아 있지 않으나 글씨는 명필이어서인지 글만 남아 전한다.

　연변에 갔을 때 옹방강의 서재에서 「언송도偃松圖」를 그릴 때 쓴 글씨를 직접 대면한 적이 있었다. 그는 이언적이 보내준 책을 머리맡에 두고 보다가 소동파의 「언송도」를 문득문득 떠올리곤 했다.

하루는 동파가 아들을 위해 「언송도」를 그리고 글씨를 썼듯이 자기도 이언적을 위해 「언송도」와 같은 그림을 그리고 글씨를 쓰기로 마음 속으로 다짐했다. 추사는 화지를 펴놓고 붓을 들었다. 유배생활을 하는 자신의 처지와 세상 모든 사람들이 자기와 인연을 끊은 것에 반해 우선만이 유일하게 끝까지 의리를 지킨 것을 비유한 그림을 그리기 시작했다.

추사는 자신의 처지를 생각하면서 보잘 것 없는 창 하나만 있는 초라한 집, 가지가 부러진 고목 가지에 잎이 듬성듬성 매달려 있는, 게다가 초라한 집 쪽으로 기울어 비스듬히 기댄 듯한 앙상한 소나무 한 그루를 그렸다. 이어 잣나무 세 그루도 그렸다. 그렇게 그린 그림은 썰렁하다 못해 으스스하기까지 했다. 이를 보다 못한 추사는 여백에 선을 치고 글을 쓰기 시작했다. 이상적의 의리를 두고, 겨울에도 시들지 않는 푸른 소나무와 잣나무에 비유해 글을 쓰기 시작했다.

去年 以晩學大雲二書 寄來 今年 又以藕琦畊文編 寄來 此皆 非世之常有 購之 千萬里之遠 積有年 而得之 非一時之事也 且世之滔滔 惟權利之是趨 爲之 費心費力 如此 而不以歸之權利 乃歸之海外 蕉萃枯槁之人 如世之趨 權利者 太史公云 以權利 合者 權利盡 而交疎 君亦世之滔滔 中一人 其有 超然自拔於滔滔 權利之外 不以權利 視我耶 太史公之言 非耶 孔子曰 歲寒 然後 知松柏之後彫 松柏是實四時 而不凋者 歲寒以前 一松柏也 歲寒以後 一松柏也 聖人 特稱之於歲寒之後 今君之於我 由前 而無加焉 由後 而無損 焉 然 由前之君 無可稱 由後之君 亦可見稱於聖人也耶 聖人之特稱 非徒爲 後凋 之貞操勁節而已 亦有所感 發於歲寒之時也 烏乎 西京淳厚之世 以汲 鄭之賢 賓客與之 盛衰 如下邳邦 榜門 迫切之極矣 悲夫 阮堂老人書—歲寒 圖題跋 藕琦船是賞 長毋想忘

지난 해1843년는 『만학집』과 『대운고』를 부쳐주더니 금년에는 『우경문편』을 보내오니 흔히 있을 수 있는 일이 아니다. 천만리 먼 곳에서 구입하는데 여러 해가 걸렸을 것이며 일시에 구할 수 있는 서책도 아닐 터인데도. 하물며 세상은 물이 넘치는데 그런 물의 넘침도 오직 권세와 이익을 쫓음에 있음이다. 그것을 위해 마음을 쓰고 힘을 씀이 물이 넘침과 같거늘 그대는 권세와 이익으로 돌아가지 않고 바다 밖의 초췌하고 비쩍 마른 사람을 생각해 줌이 권세와 이익을 쫓는 세태처럼 하다니. 태사공이 '권세와 이익으로 결합한 사람은 권세와 이익이 다하면 그 사귐은 자연 멀어진다.' 고 했다. 그런데 그대 또한 세상의 도도한 풍조 속에 있는 사람이거늘 어찌 도도한 권세와 이익으로부터 초연히 벗어나 권세와 이익의 잣대로 나를 보지 않을 수 있을까. 그렇다면 태사공의 말이 틀렸다는 것인지 … 공자께서 말씀하시기를 '날씨가 추워진 연후에야 송백이 늦게 시듦을 깨닫게 된다歲寒然後 知松柏之後彫'고 하셨다. 송백은 사계절 내내 시들지 않으며 날씨가 추워지기 전에도 한결같이 송백이고, 날씨가 추워진 뒤에도 한결같이 송백이다. 공자께서는 특별히 날씨가 추워진 뒤만 말씀하셨는지 … 그런데 지금 그대가 나를 대하는 태도에 있어 이전에도지금보다 더할 것이 없고 이후로도지금보다 더할 것이 없음임을. 그렇다면 이전의 그대는 가히 성인이 일컬음 직함이 없다고 할 수 있겠으나 지금 이후로는 성인의 일컬음을 받을 만도 하도다. 성인이 특별히 일컬었음은 다만 뒤에 시드는 곧은 지조, 굳센 절개만을 생각한 것이 아니요, 날이 추울 때―어렵고 곤궁한 시절―일어날 것도 예상했음이 아니겠는가. 아아, 슬프도다. 서경전한은 순박하고 후덕한 세상이었는데도 급암汲黯, 정당년鄭當年 같은 어짐마저 빈객들이 성쇠―잘 되면 모여들고 쇠하면 멀리 하다―와 궤를 같이 했음이야. 하비下邳, 下邽의 방문대문에 대서한 것翟公書門은 인심 염량의 세태에 박절함의 극치를 보여줌이 아니겠는가. 슬프도다. 완당노인 쓰다.

글을 쓴 추사는 「세한도歲寒圖」란 제목과 제발로 '우선시상藕船是賞―이상적은 감상하게'이라고 썼다. 이어 '장무상망長毋想忘―오래도록 잊지 않겠네. 그대도 나를 잊지 말게를 덧붙여 낙관까지 놓았다.

이렇게 그리고 쓴 「세한도」는 우선에게 전달되었다.

이를 받아 든 이상적은 스승의 마음이 덤뿍 담긴 그림을 통역관으로 북경에 가는 길에 가지고 가서 북경의 벗들에게 보여 주었다.

그들은 앞 다퉈 보다가 이상적의 의리에 감동하고 김정희의 처지를 안타깝게 여긴 나머지 앞 다퉈 글을 덧붙여지었다.

그들은 무슨 연유로 앞 다퉈 가면서 글을 지어 주었을까? 이유는 다름 아닌 「세한도」에 담긴 깊은 의미 때문일 것이다.

고졸한 듯한 「세한도」에 담긴 의미는 어려운 시기인데도 이를 잊지 않고 있는 이상적의 의리와 유배지에서 보잘 것 없이 살아가는 추사의 마음을 담아 형상화한 것에 지나지 않았다.

그러나 그런 마음을 알고 추사를 감동시킨 이상적의 의리와 이를 잊지 않고 그림으로 나타낸 추사의 절의를 높이 샀기 때문임에야.

여기에 추사가 이런 사정을 「세한도」에 그대로 담으면서 보편적인 감정을 구체화시킨 의의를 높이 산 때문이리라.

김홍도필 『풍속화도첩』

보물. 시대는 조선, 소장은 서울 용산구 서빙고로 137, 국립중앙박물관.

「풍속화도첩」은 1권 25첩으로 가로 22.4cm, 세로 26.6cm인 책자다. 「풍속화도첩風俗畵圖帖」에 수록된 그림은 다음과 같다.

기와 이우기, 주막, 새참, 무동, 씨름, 쟁기질, 서당, 대장간, 점보기, 윷놀이, 그림 감상, 타작, 편자 박기, 활쏘기, 담배 썰기, 자리 짜기, 신행新行-신부가 시집으로 가는 것, 행상, 나룻배, 우물가, 길쌈, 고기잡이, 노상 과안過眼, 장터길, 빨래터 등 무려 25점이나 된다.

우리에게 가장 친숙한 그림으로 이 도첩을 제외하곤 없을 것이다.

「풍속화도첩」은 간단하면서 아주 간결하다. 그러면서 편안하게 감상할 수 있는 화첩이다.

김홍도는 최소의 묘사와 채색 방식으로 덜 그리고 덜 칠해서 소재 자체를 돋보이게 한 화가 중의 한 사람이다.

단원은 30대 들어서부터 풍속화를 열정적으로 그렸다고 한다.

그러다가 40대 들어, 특히 연풍 현감이 되면서 사대부를 의식했는지 십로도상첩, 매조 등 중국풍의 문인화도 그렸다.

풍속화도첩－벼타작(출처, 문화재청)

　현감에서 물러난 뒤에는 이념세계를 지향한 삼공불환도, 지장기마도 등
도 그리기는 했으나 그의 그림은 풍속화가 정수라고 하겠다.

「씨름」

단원 김홍도의 그림 구도는 한 마디로 매우 다양하다고 할까. 그의 그림은 원형구도圓形構圖가 주류를 이루고 있다.

원형구도의 장점은 감상자의 시선을 화면 중심으로 이동시킬 수도 있으며 화면 밖으로 확장시킬 수도 있는 장점이 있다.

또한 생동감이 넘치는 화면을 제공해 주는 이점도 있다. 게다가 해학성이 돋보이는 온갖 군상들까지 등장시킬 수 있다.

「씨름」은 군중이 네 무리로 모여 앉아 있는 원형구도의 그림인데 구도 자체가 참으로 절묘하다고 할 수 있다.

그림 위쪽 오른편에 앉아 있는 무리 다섯은 하층민인 말잡이이다. 그 주위에 앉아 있는 네 명도 비슷한 계급의 사람들이다.

왼쪽에 배치해 놓은 8명은 양반으로 갓을 쓰고 있으며 그 아래로는 엿장수를 포함해 다섯 명이 더 앉아 있다.

오른쪽에도 두 명의 사람이 배치되어 있다.

여기에 대각선으로 무리 지어 앉은 각각 10여 명의 구경꾼마저도 절묘한 균형을 이루고 있다.

「씨름」은 단원의 특기인 역동적力動的 배치는 물론이고 시선을 집중시킬 수 있는 원형구도를 원용했다.

그런가 하면 모이면 답답해 보이니까 오른쪽은 터놓기까지 했다. 게다가 엿장수는 딴 방향을 보고 있어 긴장 속의 해학까지 보여준다.

또 다른 역동적인 것으로는 상하 무게를 뒤바꿔 놓았다.

일반적으로 그림은 밑쪽이 무겁고 위가 가볍다.

그런데 「씨름」은 아래보다 위쪽에 보다 많은 구경꾼을 배치해서 불안감을 주는 동시에 앞쪽 구경꾼들에게는 긴박감을 더해 준다.

「씨름」은 들배지기를 당한 씨름꾼이 앞쪽으로 넘어지는 순간을 포착해서 구경꾼 스스로가 탄성을 자아내는 장면을 그렸다.

더욱 놀라운 솜씨는 다중多衆 시점이라는 고급 기법을 「씨름」에 적용해서 그렸다는 점이다. 그것도 구경꾼들 스스로가 하늘에서 내려다보는 시선—부감법俯瞰法으로, 그와 반대로 씨름꾼은 땅에서 위를 쳐다보는 모습—고원법高遠法으로 그렸다.

비범한 역동감逆動感은 바로 여기에서 비롯된다.

그렇다면 그림 속의 씨름꾼은 누가 이길까?

그림을 보면, 이미 답이 나와 있다. 뒤쪽의 씨름꾼이 들배지기를 당해 들려져 있으며 표정마저 양미간이 심히 일그러져 있어서다.

이와는 정반대로 등을 보이고 있는 씨름꾼은 이를 악물고 넘기기 위해서 용을 쓰고 있는데다 자신감이 넘치는 표정을 생생하게, 두 다리마저 생동감이 넘치게, 그것도 힘차게 쭉 뻗고 있는 모습이기 때문에 승자일 시 분명해 보인다.

그런데 진짜 승부는 구경꾼이 먼저 알고 있는 듯하다.

오른쪽 아래 두 구경꾼은 다급하게 몸을 빼면서 놀란 표정을 짓고 있는데다 들배지기를 당한 사람이 자기 쪽으로 넘어질 것을 예상하고 미리 몸을 뒤로 빼치는 시늉을 하고 있어서 더욱 그러하다.

이상한 부분이 한 군데 눈에 들어온다.

씨름(출처, 문화재청)

그렇게 그린 것은 거장의 실수는 분명 아닐 것이다. 오른쪽의 두 구경꾼 중 한 사람의 손이 좀 이상하다.

이상한 점은 왼손과 오른손을 뒤바꿔 그린 탓이다.

어째서 단원은 손을 뒤바꿔 그렸을까?

이의 해답은 「무동」이라는 그림에서 찾을 수밖에 없다.

「씨름」은 들배지기를 당한 씨름꾼이
앞쪽으로 넘어지는 순간을 포착하고
구경꾼 스스로가 탄성을
자아내는 장면을 그렸음이니.
놀라운 솜씨는 다중多衆 시점이라는
고급 기법을 적용해 그렸다는 점인데
그것도 구경꾼들 스스로가
하늘에서 내려다보는
시선인 부감법俯瞰法으로 그렸으며
그와 반대로 씨름꾼은
위를 쳐다보는 모습을 고원법高遠法으로
그려 비범한 역동감을 살려냈음이니…
거장의 실수는 아닐 텐데
이상한 부분이 한 군데 있으니
오른쪽의 두 구경꾼 중
한 사람의 손이 이상해.
이상한 점은 왼손과 오른손을 바꿔 그린 탓으로.

― 시 「씨름」

코스
12

* 삼성미술관 리움

백자호

국보. 시대는 조선, 소장은 서울 용산구 이태원로 55길 60−16, 삼성미술관 리움 소장

　필자가 두 사설 미술관을 찾았을 때의 정감은 지금도 마음속에 앙금으로 남아 자리 잡고 있다. 이유는 무엇일까?

　분당에서 광역버스를 타고 한남동에서 하차해서 남산 기슭에 자리 잡은 삼성미술관 리움을 찾았을 때와 한강진역에서 6호선, 삼각지역에서 3호선 전철을 타고 한성대입구역에서 내려 성북동 간송미술관을 찾아갔을 때의 첫인상이 너무나 대조적이었기 때문이다.

　삼성미술관 리움은 외관부터가 서양의 어떤 사설 미술관에 비해 뒤지지 않는 건물이 시선을 끈다. 과연 삼성다운 재벌이 다르긴 다르구나 하는 느낌, 입구도 깔끔하게 정리되어 있었으며 당당 직원도 여럿, 친절하기 이를 데 없었다. 그리고 문화재의 진열 시설 또한 완벽에 가까울 정로로 잘 진열되어 있었다.

　게다가 진열된 문화재가 많은데 놀라지 않을 수 없었다.

　과연 사설 미술관이나 박물관은 관심이 많은 재벌이 시설해서 관리하는 것이 바람직하다는 생각을 지울 수 없었다.

백자白瓷-白磁란 백토로 만든 자기의 형태로 장석질長石質-사암이 부서져 작은 모래 크기의 입자를 가진 흙에 잿물을 섞어서 만든 반투명성半透明性의 자기를 일컫는다. 백자는 고려 때부터 청자와 함께 만들어졌으나 조선조에 들어와서야 비로소 꽃을 활짝 피운 자기이다.

백자의 유색釉色은 출토된 백토에 따라 좌우된다. 그것도 유약釉藥을 바르고 말려 가마에 넣고 소성燒成-가마에 넣고 불질을 해 그릇을 완성시키는 것하는 과정에서 결정되기 마련이다.

14~17세기는 원만하고 유연한 백자 중심이었으나 15세기 이후의 백자는 유백색, 16세기는 설백색, 17세기는 회백색, 18~19세기는 푸른기가 도는 청백색 계통이 많이 만들어졌다.

상품의 백자는 갑발匣鉢-불에 타지 않는 작은 상자 같은 그릇에 넣고 번조燔造-이미 이루어진 형태를 다른 모양으로 바꾸는 것했기 때문에 티 하나 없이 깨끗

큰 항아리(왼쪽)와 작은 항아리(오른쪽)(출처, 문화재청)

하다. 유약을 발랐는데도 빙렬氷裂─이리저리 째져 생긴 금이 거의 없는 데다 약간의 푸른기마저 돈다. 17~18세기 백자는 유약에 소량의 철분이 들어가 담담한 푸른기가 나타나기 때문에 순백한 느낌이 들기는 하지만 빙렬氷裂이 많아지고 재티가 녹아 담청과 담록의 요철凹凸이 생기기도 했다.

백자의 종류로는 순백자純白瓷, 백자상감白瓷象嵌, 백자청화白瓷淸畵, 백자철화白瓷鐵畵, 백자동화白瓷銅畵 등이 있다.

백자호白瓷壺란 동체 끝을 밖으로 얇게 말아 접은 데다 아가리 부분이 바깥으로 말려 올라가게끔 처리한 자기를 일컫는다. 곧 구연부에 목이 없으며 벗어진 어깨로 이어지는 백자의 형태이다.

이런 백자는 넓어진 외측선이 아래로 내려오다 좁아들면서 밑을 형성한다. 굽은 안굽으로 시유했으며 모래와 규석 조각을 받쳐 번조했다. 별 다른 문양도 없으며 백색의 유약을 시유施釉─유약을 바르는 것해서 단정한 느낌이나 시유 상태는 깔끔하지 않다.

백자호백자유개항아리는 보주형寶珠形 꼭지가 달린 뚜껑으로 입호立壺─세운 모양의 자기의 전형적인 자기이다.

덮개가 있는 항아리로 큰 항아리는 전체 높이 34cm, 항아리 높이 27.2cm, 아가리 지름 10.1cm, 밑지름 13.7cm이다. 작은 항아리는 총 높이 12.5cm, 항아리 높이 9.5cm, 아가리 지름 4.2cm, 밑지름 5.7cm이다.

큰 항아리의 구연口緣─아가리 주변은 밖에서 말아 붙였으며 아가리로 오면서 서서히 벌어져 어깨 부위부터 팽팽해졌으며 풍부하고 여유 있는 곡선을 그리다가 서서히 줄어들면서 바닥면에 이르는 형태이다.

뚜껑의 윗면 중앙에는 접시를 뒤집어놓은 모양을 하고 있으며 상면 중앙에는 연꽃 봉오리 모양의 꼭지가 달려 있다.

엷은 청색의 유약을 내 외면에 고루 칠해 놓았으며 태토胎土-바탕 흙와 어우러진 표면의 색조는 유백색에 가깝다.

작은 항아리는 큰 항아리를 빼닮았는데 굽바닥은 안으로 깎아 세웠으며 굽다리는 가는 모래 받침으로 받쳐 구은 흔적이 남아 있다. 아가리의 특징은 바탕흙이다.

이 자기는 표면 색조를 구워낸 방법으로 미루어 보아 조선조 초기인 경기도 광주지방 일대 곧 우산리, 번천리 등 16세기 전반기 왕실에서 운영하는 가마에서 구워낸 의기儀器로 추정된다.

이 백자호는 조선조 초기 백자의 특성을 두루 지닌 격조와 유연성이 매우 돋보여서 뛰어난 작품으로 평가받고 있다.

백자청화죽문각병

서울 용산구 이태원로 55길 60 - 16, 삼성미술관 리움 소장

국보. 백자청화죽문각병은 모깎기 기법을 동원해 8각의 모를 내어 만든 병으로 높이 40.6cm, 입지름 7.6cm, 밑지름 11.5cm의 백자다.

청화백자靑華白瓷란 순도 높은 백자에 청색의 코발트 안료顔料로 무늬를 그리고, 그린 그림에 투명한 유약油藥을 입혀 환원염還元焰 - 가급적 산소를 줄여 가며 굽는 것에서 구워낸 도자기를 말한다.

우리나라는 청화백자를 14세기 말 무렵 중국에서 도입했으나 15세기 이후부터는 독자적인 도자기를 구워냈다. 코발트 안료, 곧 청화안료靑華顔料는 회회청回回靑이라고도 하는데 이 물감을 처음에는 중국에서 수입해 사용했으나 여건 상 수입이 점점 어렵게 되자 국내에서 고심 끝에 찾아낸 토청土靑을 채취해서 주로 사용했다.

청화백자의 회화적인 문양에서 일반 도공의 솜씨가 아닌 도화서 화원의 전문적인 화가가 그린 솜씨를 엿볼 수 있다.

죽문각병은 길게 뻗은 목과 밖으로 짧게 말아 올린 도톰한 아가리, 그리고 둥근 몸통과 높고 넓은 굽이 균형을 이루고 있다.

백자청화죽문각병(출처, 문화재청)

문양은 밝은 청화 안료를 써서 몸통 아랫부분에다 선을 두르고 대칭되는 양면 중 한 면에 조그만 대나무 한 그루를 그렸다.

이와는 달리 다른 면에는 여러 그루의 대나무가 밀집해 있는 모습을 붓으로 간결하게 터치하기도 했다. 또한 활달하면서 운치 있는 대나무 그림마저 당시 선비들의 기개를 나타낸 듯한 격조로 보아서도 이 무렵에 제작된 백자로 보인다. 모깎기를 한 모양이나 간결한 청화 문양은 물론이고 투명한 백자유로 보아 18세기 전반에 빚은 자기로 추정된다.

백자를 두고 감칠맛 나게 읊은 시조 한 수를 아래에 옮긴다.

찬서리 눈보라에 절개 외려 푸르르고
비람도 절로 이는 소나무 굽은 가지
이제 막 백학 한 쌍이 앉아 깃을 접노라.

드높은 附椽부연 끝에 풍경소리 들리던 날
몹사리 기다리던 그린 임이 오셨을 때
꽃 아래 빚은 그 술을 여기 담아 오도다.

갸우숙 바위 틈에 불로초 돋아나고
채운 비껴 날고 시냇물도 흐르는데
아직도 사슴 한 마리 숲을 뛰어 도노다.

불 속에 구워내도 얼음같이 하얀 살결
티 하나 내려와도 그대로 흠이 지다
흙속에 잃은 그날은 이리도 순박하도다.

— 김상옥의 시조 「白磁賦」

정선필 인왕제색도

국보. 시대는 조선, 소장은 서울 용산구 이태원로 55길 60 – 16, 삼성미술관 리움 소장

우리의 산천을 화폭에 담은 겸재謙齋 정선鄭敾은 본관이 광주光州지만 경기도 광주廣州에서 대대로 살았다. 고조부 이연李演 때 와서는 도성의 서쪽 인왕산 기슭에 터전을 잡았다.

그는 비록 양반의 맏이로 태어나기 했으나 집안이 매우 가난해서 어려서부터 남의 일을 해 돈을 벌어 생계를 꾸려가야 했다.

정선은 영조와 인연이 깊었는지 왕의 총애도 받았다.

영조는 정선보다 나이가 18세 아래인 탓인지 이름을 부르지 않고 호를 불렀을 정도로 각별한 사이였으며 60여 년을 함께 했다.

그런 탓인지 정선은 벼슬길도 순탄했다. 정선은 종 2품인 동지중추부사를 지냈으니 관운도 따랐다.

겸재는 오랜 관직에서 물러나 84세로 생을 마감할 때까지 인왕산 동쪽 인왕곡에 살면서 오직 그림에만 매진했다. 그렇게 매진한 10여 년 동안 「금강전도」와 「인왕제색도」 등 명작을 낳았다.

정선은 화가로서 두 얼굴을 남겼다.

인왕제색도(출처, 문화재청)

    하나는 중년 이후 한국 산하의 사실적인 풍경화에 심취해서 독보적인
겸제만의 화법을 마련한 점이다.

    이런 수법은 후에 진경산수화의 발전에 크게 이바지하게 된다.

    다른 하나는 의식적으로 남송 화풍을 시도했다는 점이다. 이는 당시 북
송 화풍에 매달린 화단에 새로운 입김을 불어 넣기도 했다.

    「인왕제색도仁王霽色圖」는 남송 화풍으로 1751영조 27년, 겸제의 나이 75
세에 그린 진경산수화이다. 지본紙本－닥나무로 제조한 한지에 수묵으로 그렸
는데 크기는 가로 79.2cm, 세로 138.2cm이다.

    「인왕제색도」는 국보217호로 지정된 진경산수화眞景山水畵인 「금강전도
金剛全圖」와 함께 겸제의 대표작이다.

    그림을 그리게 된 동기는 둘도 없는 친구 이병연이 중병에 걸리자 그의
집을 방문하고 난 뒤에 그린 것이라고 한다.

한 여름 소나기가 한 줄기 지나간 뒤, 삼청동, 청운동, 궁정동 등에서 비에 젖은 인왕산 바위의 풍경을 바라보고 그린 것으로 일기의 변화에 따라 감각적으로 표현한 실경의 인상을 순간적으로 표착해 냈는데 이는 천재가 아니면 불가능할 정도로 매우 뛰어난 그림이다.

비에 젖은 암벽의 중량감 넘치는 표현이 화면을 압도하며 인왕산 바위를 실감나게 그린 필치는 대담하기가 이를 데 없다.

산 위에서는 아래를 굽어보는 부감법俯瞰法으로 낮게 깔린 구름을, 산 아래서는 위를 올려다보는 시선—고원법高遠法으로 그림을 그렸다. 그것도 산 위쪽은 멀리서 쳐다보는 시선으로 그렸기 때문에 바로 눈앞에서 바라보는 듯하다. 게다가 짙은 필묵으로 그린 데다 수목까지 배치시킨 짜임새 있는 구도로 현대적인 감각까지 살렸다.

특히 그림의 중앙 부분을 압도하는 주봉은 가감하게 자르면서 대담하게도 적묵법積墨法—먼저 담묵을 칠하고 마르면 좀 더 짙은 먹으로 그리는 기법으로 박진감 넘치게 재현한 솜씨는 동양권에서는 좀체 찾아볼 수 없는 독특한 작품을 잉태했던 것이다.

그런 탓인지 인왕제색도는 북송화와 남송화를 종합한 그림이라는 평가까지 받기도 했다.

한 여름 소나기가 한 줄기 지나간 뒤,
삼청동, 청운동에서 바라보며
비에 젖은 인왕산 바위의 풍경을
일기의 변화에 따라 감각적으로
실경의 인상을
순간적으로 표착해 그렸음이니…

이는 천재가 아니면
불가능할 정도로
매우 빼어난 구도이니…

비에 젖은 암벽의 중량감 넘치는
표현이 화면을 압도하며
인왕산 바위를 실감나게 그렸는데
필치는 대담하기 이를 데 없어.

그림의 중앙 부분 주봉은
가감하게 자르고
대범하게도 적묵법*으로
박진감 넘치게
재현한 수법이야말로
좀체 찾아볼 수 없는
진수 산경의 독특한 필법이리.

— 시 「인왕제색도」*

* 국보. 겸재 정선의 산수화.

* 적묵법積墨法은 먼저 담묵을 칠하고 마르면 좀 더 짙은 먹으로 그리는기법.

김홍도필『군선도병풍』

국보. 크기는 가로 132.8cm, 세로 575.8cm, 소장은 용산구 이태원로 55길 60−16, 삼성미술관 리움 소장

조선조 4대 화가라면 다음 네 사람을 주로 일컫는다.

「몽유도원도夢遊桃園圖」을 그린 현동자玄洞子 또는 주경朱耕인 안견安堅, 「풍속도화첩風俗圖畵帖」을 그린 혜원 신윤복, 진경산수화의 대가로「인왕제색도仁王霽色圖」, 「금강전도金剛全圖」를 그린 겸재謙齋 정선鄭敾, 「군선도병풍群仙圖屛風」을 그린 풍속화의 대가 단원檀園 김홍도金弘道가 그들이다.

단원 김홍도의 본관은 김해, 호는 단원이다. 단원은 문인화가인 강세황姜世晃 문하에서 그림을 공부했다.

군선도 8연폭 병풍(출처, 문화재청)

군선도 부분(출처, 문화재청)

　그는 1771년에 이르러 이산李祘 정조正祖의 초상화를 그리게 됨으로써 화단의 한 자리를 차지하게 된다.

　단원은 1773년, 어용화사御用畵師로 발탁되기도 했으며 인물화로 이름이 알려져 정조의 어진御眞을 그린 적도 있다.

　그 때문인지는 모르겠으나 한때 충청북도 괴산군槐山郡 연풍현延豊縣의 현감에 제수되어 벼슬살이를 한 적도 있었으나 벼슬은 그림에 밀려 뒷전이었고 벼슬보다는 풍속화에 남다른 재주를 보였다.

　「군선도병풍群仙圖屛風」은 8연폭 병풍인데 극히 드문 대형 그림이며 이 세상 사람이 아닌 신선들의 회동을 그린 32세 작이다.

군선들이 서왕모西王母의 반도회蟠桃會에 참석이라도 하려 가는 듯이 무리 지어 약수弱水를 건너는 장면을 재현했다.

호기심 어린 눈으로 호리병을 들여다보는 선동, 뿔이 하나 달린 소를 탄 노인, 나귀를 거꾸로 탄 채 독서하는 노인, 바구니와 호미를 지닌 여인 등 3명, 6명, 10명의 인물상은 예사롭지 않다.

또한 옷을 그린 의습선衣褶線—옷의 주름은 굵고 힘찬 필치로, 얼굴은 세필로 꼼꼼하게 그렸는데 매우 대조적이다.

바람에 날리는 옷자락을 묘사한 필체와 생동감 넘치게 표현한 얼굴은 신선에 대한 그의 자신감의 한 단면을 보여준다.

게다가 붓 꺾임의 변화가 심하며 빠르게 구사된 활달한 옷 주름 선마저 한결 돋보이는 명품이 아닐 수 없겠다.

* 간송미술관

훈민정음(訓民正音)

국보. 시대는 조선, 소장은 성북구 성북로 102−11, 간송미술관

삼성 미술관 리움에 비해 이름만 들어도 유명세가 절로 떠오르는 간송 전형필, 일제 식민지 치하에서 수탈해 가는 일제에 대항해 우리 문화재를 수집해서 관리한 독보적인 존재가 아니었던가.

4호선 한성대입구역에서 내려 성북동 간송미술관을 물어 물어 찾아갔으나 방문한 곳은 이게 저 유명인의 미술관인가 싶었다.

건물다운 건물도 없었으며 관리하는 직원 하나 눈에 띄지 않았다.

결국 헛걸음만 하고 되돌아 나왔다.

그 당시 종로 5가에서 긴송미술관 특별전이 열리고 있어 찾아가는 수고를 달게 받으면서.

비로소 개인이 미술관이나 박물관을 소유해서 관리하는 것이 얼마나 지난한 것인지 깨달은 하루였다.

『훈민정음訓民正音』의 「예의본例義本」은 『세종실록』과 『월인석보』 첫째

권에 수록되어 있어 널리 알려졌다.

그런데 「해례본解例本」이 발견되기 전에는 제자설製字說이 난무하기도 했으나 「해례본」이 발견됨으로써 발성기관이 제자 원리임이 밝혀져 세계에서 가장 과학적인 문자라는 것이 입증되었다.

「해례본」의 체제는 예의例義, 해례解例, 정인지鄭麟趾 서 등 3부분, 모두 33장으로 구성되어 있다.

『예의본』의 예의는 세종이 친제했으며 「해례본」은 정인지鄭麟趾, 박팽년朴彭年, 신숙주申叔舟, 성삼문成三問, 최항崔恒, 강희안姜希顔, 이개李塏, 이선로李善老 등 집현전 학사들이 집필했다.

지금의 한글날은 정인지의 서문에 1446년 9월 상한이라고 명시되어 있어 이를 근거로 해서 제정했다.

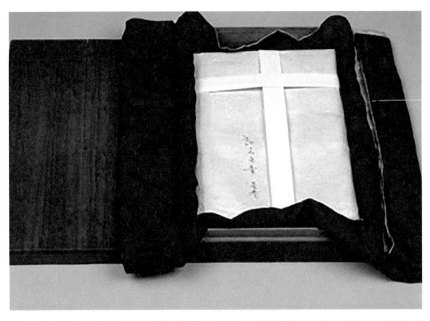

『훈민정음』 해례본은 훈민정음을 설명하기 위해 1446(세종28)년 정인지 등이 한문으로 편찬한 해설서이다. 가로 16.5cm 세로 23.2cm이며 국내 유일본으로 국보로 지정됐으며 간송미술관이 소장하고 있다. 현재 비단과 한지로 싼 훈민정음(출처, 문화재청)

희귀본인 「해례본」은 1940년 전후해 경북 안동시 와룡면 주하동 이한걸 李漢杰 집안에서 소장하고 있었다. 소장하게 된 내력은 그의 선조 이전이 여진을 정벌한 공으로 세종이 『해례본』을 하사했기 때문이다.

하사下賜 당시에는 두 장이 빠졌다고 하는데 이를 이한걸의 셋째 아들 이용준이 나머지 두 장을 보완해서 완질로 보관하고 있었다.

이 「해례본」을 입수한 전형필은 6.25때 피난을 가게 되었다.

간송은 공을 들여 수집한 수많은 소장품 중에서도 「해례본』만은 오동나 무 상자에 넣어 피난을 갔다. 피난 중에도 「해례본」의 도난을 우려해 잘 때는 베개 삼아 잘 정도로 아꼈다고 한다. 목숨처럼 아끼던 훈민정음은 1997. 10. 세계기록문화유산으로 등재된다.

우리 민족의 5천년 역사에 있어 위대한 왕이 여럿 있을 수 있다. 그런 왕 중에서도 유사 이래 가장 위대한 왕으로 추앙받는 왕으로는 세종임에는 그 누구도 부인할 수 없을 것이다.

세종은 1397년 5월 정안군 이방원과 부인 민 씨의 셋째 아들로 태어났 으며 1450년 3월에 생을 마감했다.

이도李祹는 첫째 왕자 양령대군 이제李褆가 세자에서 폐위되면서 세자 로 책봉되었고 부왕 태종의 선위로 즉위해 1418에서 1450까지 제위에 있 었다. 세종은 재위에 있는 동안, 과학 경제 국방 예술 문화 등 찬란한 업적 을 많이 남겨 위대한 성군으로 존경받는 분이다.

세종의 최대 업적 중 하나는 1443년, 과학적이며 실용적인 문자인 훈민 정음을 창제한 데 있으며 훈민정음이야말로 과학적이며 실용적인 문자라 는 데 이의가 있을 수 없다.

그런데 당시 문자를 창제하는 데는 경이적인 용단이 필요했다.

이유는 문자 창제야말로 중국과의 직접적인 외교 마찰을 야기할 수도 있는 민감한 사안이었기 때문이다.

우리가 북한의 핵 위협에 맞서 핵을 개발하려 한다면 미국이나 주변 국가와의 마찰은 불가피함과 같은 맥락이라고 보면 이해가 되리라.

정음 창제에 있어 최만리 崔萬理 등은 문자를 만드는 자체를 반대한 것이 아니라

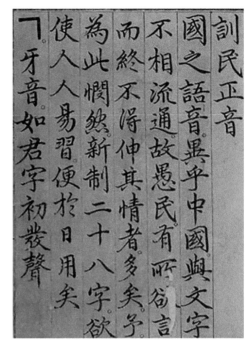

훈민정음 해례본(한문본) 중 어지(출처, 문화재청)

중국과의 외교적 마찰을 우려했기 때문이었다.

중국과 다른 문자를 만드는 것은 사대외교에 어긋나는 것일 뿐 아니라 스스로 오랑캐가 되는 것이라고 극구 반대했던 것이다.

그런데도 세종이 그 모든 반대를 지존에 대한 불경으로 물리쳤고 더욱이 중국과의 외교마찰까지도 일단 어의로 물리치면서까지 문자를 창제하려고 한 진정한 속뜻은 어디 있었을까?

예의는 한낱 겉으로 드러난 의도에 지나지 않는다.

그렇다면 세종의 의도는 무엇이었을까? 세종이 정음을 창제한 뒤, 반포하기 전에 문자로서 기능을 발휘할 수 있는지, 없는지 여부를 시험하기 위해 집현전 학자들에게 글의 전범을 짓게 한 데서 알 수 있다.

당시 신흥 왕조에 대한 민심은 두 번에 걸친 왕자의 난으로 이씨 왕조를

이탈했음을 영특한 세종 자신이 더 잘 알고 있었을 것이다.

세종 자신마저도 우여곡절 끝에 장자가 아닌 셋째가 세자가 되고 왕위에 올랐으니 아킬레스건이었을 것이다.

이런 민심을 수습할 책무를 느낀 세종은 영특한 두뇌로 생각해낸 것이 하의상달下意上達로 민심을 정확히 파악할 수 있으며 상의하달上意下達로 임금이 백성을 위하는 마음을 바르게 알리기 위해서는 무엇보다도 누구나 쉽게 배워 쓸 수 있는 문자 창제였을 것이다.

기존의 문자인 한자는 생업에 바쁜 백성들이 쉽게 익혀 쓸 수 있는 문자가 아니기 때문에 누구나 쉽게 익혀 쓸 수 있는 문자 창제를 착안한 것은 영명한 세종으로서는 지극히 당연하지 않았을까.

그 결과, 세종이 몸소 지은 훈민정음이야말로 우리말 표기에 알맞은 그릇이며 고유하고도 독특한 문자로 정착하게 되었다.

실로 세종은 정음을 창제함으로써 기형적인 우리네 민족문화를 본격적인 궤도에 올려놓았으며 국문학도 정상적인 발달을 하게 되는 계기를 비로소 마련했던 것이다.

정음을 창제한 연대는 세종 25년 음력 12월1443이다. 그리고 이를 반포한 해는 3년 뒤인 세종 28년 음력 9월 상한1446이다.

정음 창제는 세종의 영명英明이 아니면 불가능했다.

정음을 창제한 동기 내지 목적은 세종이 몸소 창제한 '세종어제훈민정음世宗御製訓民正音'의 예의에 밝혀 놓았다.

곧 우리나라 말은 중국과 달라 배우지 못한 백성들로 하여금 생각한 것을 표현할 수 있는 길을 열어 주기 위해 창제한 문자임을.

정음은 세계 문자 발달사상 과학적인 체계에 의해 만들어졌다.

과학적인 문자란 근거는 바로 자음체계를 두고 한 말이며, 현대 음성학

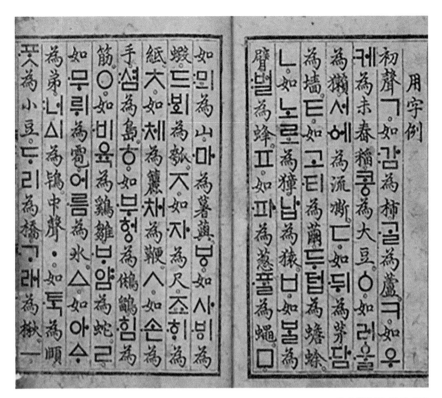

용자례(출처, 문화재청)

의 이론에 적용시켜도 오차가 거의 없기 때문이다.

비록 중국의 음운체계명의 『홍무정운(洪武正韻)』를 본받기는 했으나 초성인 자음은 발성기관의 발음 모양을 본 따 17자를 만들었다.

자음체계에 비해 모음체계는 천·지·인을 상형해서 이를 상하좌우로 운용했기 때문에 과학적이라고 하기엔 다소 무리가 있다.

중성인 모음은 천天·지地·인人의 삼재三才를 형상화한 상형문자를 기본자로 해서 철학의 태극, 음양원리에 맞춰 양성과 음성을 각각 다섯 자씩, 여기에 중성 한 자를 합쳐 11자를 만들었다.

그렇게 만들어진 정음의 자모체계는 다음과 같다.

⊙ 자음(초성)

아 음: ㄱ, ㅋ, ㆁ

설 음: ㄴ, ㄷ, ㅌ

반설음: ㄹ

순 음: ㅁ, ㅂ, ㅍ

치 음: ㅅ, ㅈ, ㅊ

반치음: △

후 음: ㅇ, ㆆ, ㅎ

⊙ 모음(중성)

천(양성): ㆍ, ㅏ, ㅑ, ㅗ, ㅛ

지(음성): ㅡ, ㅓ, ㅕ, ㅜ, ㅠ

인(중성): ㅣ

이상 28자의 음소音素는 순수한 단음문자單音文字이다.

정음은 '범자필합이성음凡字必合而成音'이라는 중국의 음운 원리인 음절문자의 운용법을 본받았기 때문에 용자례는 반드시 자음인 초성과 모음인 중성이 결합되어야 비로소 소리가 난다. 게다가 배우기 쉽게 한 것은 받침인 종성은 초성을 사용한다는 '종성부용초성終聲復用初聲'의 원칙에 따라 따로 만들지 아니하고 초성인 자음을 부연해 사용함으로써 자모의 수를 최대한 줄인 데 있다.

세종은 어떤 반대에도 불구하고 모두 불경으로 물리치고 어렵게 만든 정음을 글자로서 제 기능을 발휘할 수 있는지, 없는지를 시험하기 위해 집현전 학자들에게 글을 지으라고 했다. 그런데 세종으로서는 어렵게 창제한 훈민정음으로 민심이 떠나간 조선조 백성들에게 이 씨의 화가위국의 정당성을 주입시키기 위해 의도적으로 집현전 학자들에게 글을 짓게 한 것은 아니었을까 하는…

필자는 아쉬움 하나를 떨쳐 버릴 수 없다.

세종은 정인지 안지 권제 등에게 지시해 어렵게 어제한 정음을 사용해 최초의 글을 짓게 했듯이 과거의 덕목에 넣어 정음으로 지은 글을 장원으로 삼거나 급제를 시켰다면, 조선조 사회는 한문보다 정음이 일반화되어 세계 문화의 첨단을 달렸을 것이 분명하다.

그것이 우리나라 역사의 한계인지도 모른다.

그런데 세종은 신하들의 온갖 반대를 불경으로 물리치며 정음을 만들어 놓기만 하고 이를 과거 덕목에 넣어 시행하라고 강력한 어명을 내리지 않았는지 생각할수록 영명英明이 안타깝고 애석하기만 하다.

신윤복필 『풍속도화첩』

국보. 시대는 조선, 소장은 서울 성북구 성북로 102-11, 간송미술관

혜원 신윤복申潤福은 단원 김홍도金弘道, 긍재兢齋 김득신金得臣과 더불어 조선조 3대 풍속화로 알려졌다.

신윤복은 1758영조 34년에 태어났다.

본관은 고령, 호는 혜원蕙園으로 널리 알려졌다.

아버지인 신한평은 도화서 화원으로 영조와 정조의 어진에 참여했으며 산수화와 화조에 뛰어났다고 한다.

신윤복의 생애에 대해 전해지는 기록이 거의 없어 자세히 알 수 없으나 아버지의 뒤를 이어 도화서 화원이 된 것만은 확실하다.

혜원은 여인을 즐겨 그린 탓으로 도화서에서 쫓겨났다. 이유는 조선조는 일찍이 여인을 주인공으로 그림을 그린 화가가 없어서였다.

신윤복의 화재는 양반들의 풍류, 남녀 간의 연애, 기녀와 기녀들의 세계를 도시적인 감각과 해학으로 그려냈다.

가늘고 유연한 원색의 선과 산뜻하고 뚜렷한 색채, 현대적인 구도와 특이한 상황을 설정해서 그림을 그렸기 때문에 조선조 풍속화의 영역을 다

연소답청(출처, 문화재청)

채롭게 넓히기도 했다는 평을 듣는다.

그의 풍속화는 살림과 복식을 사실적으로, 또한 생생하게 표현한 그림
이기 때문에 조선조 후기 생활상과 멋을 아는 데도 도움을 주고 있다.

혜원의 대부분 작품에는 짧은 찬문贊文과 함께 관지款識와 도인圖印이 찍
혀 있으나 연대는 밝히지 않았다.

『신윤복필 풍속도화첩申潤福筆風俗圖畵帖』은 1첩 30면, 세로 28.2, 가로
35.2cm로 애초에는 널리 알려지지 않았다.

언제인지는 알 수 없으나 한때는 일본으로 유출된 적도 있었다.

『풍속도화첩』은 1930년 간송 전형필全鎣弼이 오사카 고미술사에서 구입해 와 새로 표구를 해서 갖고 있었다.

그런데 이 화첩을 보고 오세창吳世昌이 표제와 발문을 써 주어서야 비로소 소장하게 되었으며 1970년 12월 국보로 지정되기에 이른다.

『풍속도화첩』은 「청금상련聽琴賞蓮」, 「월하정인月下情人」, 「월야밀회月夜密會」, 「춘색만원春色滿園」, 「정변야화井邊夜話」, 「단오풍정端午風情」 등 30여 점이 수록되어 있다.

그의 그림은 대부분 기생과 한량을 중심으로 한 남녀 사이의 환락과 정념, 양반들의 풍류를 소재로 채택했다. 또한 그림에는 18세기 말과 19세기 초 서울 시정의 유흥이나 환락의 분위기도 잘 나타나 있다.

그런 탓으로 누구보다도 시대상을 잘 반영해서 그림을 그린 화가가 바로 신윤복이라는 평을 듣는다.

그림에 등장하는 남녀 얼굴은 대체로 갸름한 형에다 눈초리는 치켜 올라갔으며 선정적인 모습에 맵시와 멋이 넘치는 자태이다. 여기에 도시적인 세련미와 낭만적이고도 색정적인 정취까지 자아낸다.

그의 그림은 인물의 동작과 몸의 표정, 각종 배경마저 매우 뛰어나게 묘사했으며 그것도 매우 사실적으로 표현했다.

「월야밀회(月夜密會)」

「월야밀회」는 한밤중에 남녀가 비밀리에 만나는 장면을 그린 그림이다. 남자는 군복에 장창을 들고 있으니 군관이 틀림없다. 남루한 옷차림의 여인이 어깨를 빼는 것을 보면 사내가 반 강제적強制的으로 여인을 붙잡고 있는 것이 분명하다. 담 옆에 바짝 붙어 있는 여인은 발 모양을 옆으로 쫙 벌리고 있어 뭔가 기대하는 듯 긴장감을 더하고 있다. 게다가 한 여인이 몰래 지켜보는 장면까지 그려 넣었다.

월야밀회(출처, 문화재청)

「미인도」

「미인도」는 가늘고 유연한 필선과 한복의 아름다운 색감을 최대한 살리면서 색채를 보다 효과적으로 선정해 그린 그림이다.

「미인도」는 당시 풍속과 풍류의 멋을 사실적으로 묘사한 데다 정취마저 두둑하게 담아냈기 때문에 걸작을 그릴 수 있었다.

「미인도」는 비단에 채색을 했는데 크기는 114.2~45.7cm이다.

일단 「미인도」부터 감상해 보기로 한다.

키는 7등신처럼 크다. 머리는 칠흑처럼 검고 단정히 빗겨 내렸다.

얼굴은 살이 통통히 찐 볼에 달걀형이다.

눈썹은 가는 데다 초승달처럼 둥글다. 눈은 가늘고 작다. 목은 가늘고 길다. 어깨는 넓지 않으면서도 감칠맛 나는 곡선이다.

유방은 작거나 아예 없다. 손은 섬섬옥수 그대로 작고 가냘프다.

치마는 옥색이며 속치마 고름은 붉은색이라서 다소 이채롭다.

그런데 엉덩이만은 유독 크게 그렸다.

그럴 만한 이유가 있다.

그것은 앞으로 태어날 아기를 생각해서 그렇게 그리는 것이 당시로서는

미인도(출처, 문화재청)월야밀회(출처, 문화재청)

하나의 관례였다고 한다. 그런 탓으로 오늘날의 미인과는 다르다.

물감은 진사辰砂라는 광물질에서 얻은 주색을 주로 사용했다.

주색朱色은 황화수은黃化水銀을 포함하고 있기 때문에 비록 독성은 강하나 변색이 잘 되지 않는 특색이 있다.

주색으로 그림을 그린 탓인지 200년이 지났는데도 여전히 「미인도」는 색이 거의 변하지 않은 채 선명하기까지 하다.

혜원은 남녀 간의 행락이나 정념을 소재로 그림을 그렸으나 절제를 잃지 않으면서 색정적인 정감을 살려냈듯이 「월하밀회」에서도 두 남녀의 상기된 모습을 생생하게 그려냈다. 그런 탓으로 그의 그림은 남녀간의 그리움만큼이나 솔직하고 인간적인 면을 화폭에 담아내고 있다는 평을 듣는다. 그의 특기라면 춘의春意나 색태色態를 자유롭게 부각시키고 사실적으로 표현한 재주라고 할 수 있다.

7등신처럼 전신이 크며 머리는 칠흑처럼 검고
단정히 빗은 머릿결에 볼은 통통해.
얼굴은 갸름한 달걀형이며
눈썹은 가늘고 초승달처럼 둥글며
눈은 가늘고 작으며 목은 길어.
어깨는 넓지 않으면서도 감칠맛 나는 곡선,
유방은 있는 듯 없는 듯
손은 섬섬옥수 그대로 작고 고와.
치마는 옥색이며
속치마 고름은 붉은색으로 이채로운 데다
엉덩이만은 유독 크게 그렸음인데…

앞으로 태어날 아기를 생각해서
그렇게 그린 것이니
당시로서는 하나의 관례였으니…

―시 「미인도」

필자는 혜원의 마음을 헤아려 시 한 편을 지었다. 혜원의 마음을 얼마만
큼 헤아렸는지 궁금하기만 하다.

혜원의 그림은 미인도로 대변되듯이
그림을 그리는 것은
그리움을 낳고
그리움은 사랑을 낳듯이
그의 그림은
그리움과 사랑이 낳은
회화의 절정이려니.
아니, 그리움이 그림이 되고
사랑이 그림이 되어
마침내 시공을 초월했나니…
현재도 살아 숨 쉬는
에로티시즘의 절정이 아닐까 싶어.

―시 「혜원의 그림」

청자모자원숭이모양연적

국보. 청자모자원숭이모양연적－靑瓷母子猿形硯滴은 높이가 10cm로 소장은 성북구 성북로 102－11, 간송미술관

고려는 청자를 만들기 시작하면서 얼마 동안은 문양이 없는 청자였다. 그러다가 11세기에 들어서면서 도자기 면에 장식을 위한 문양이 나타기 시작했는데 처음 적용한 기법이 음각陰刻이다. 나타내고자 하는 문양을 조각칼과 같은 날카로운 도구로 도자기 면에 홈을 파는 기법은 초보적이기 때문에 간단한 기법인데도 도자기를 제작하기 시작한 지 한참 뒤에야 이를 적용했다. 이유는 투명도가 어느 정도 보장되어야 효과가 나타나기 때문이다. 뒤에 상감기법이 개발되면서 도자기 표면에 무늬를 파고 그 속에 금이나 은을 넣어 구워냈으며 이를 연적 베개 술병 향로 등 각종 도자기에 적용하기에 이른다.

청자모자원숭이모양연적은 어미 원숭이가 앉아서 새끼 원숭이를 안고 있는 형태에다 새끼 원숭이가 두 손으로 밀어내는 순간적인 모습을 아무런 장식 없이 형상화한 자기이다. 어미 원숭이의 머리에는 물을 붓는 구멍이, 새끼 원숭이의 머리에는 물을 따르는 구멍이 있다.

국보인 청자모자원숭이모양연적(출처, 문화재청)

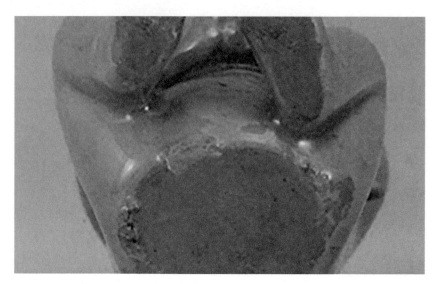

연적의 밑부분(출처, 문화재청)

어미 원숭이의 눈 코 입과 새끼 원숭이의 눈은 짙은 철사鐵砂 안료를 사용해서 점을 찍듯이 그렸다.

바닥은 유약을 닦아내고 내화토耐火土를 받쳐 구운 흔적이 선명하게 남아 있으며 대토는 맑은 비색유翡色釉를 전면에 곱게 발라 은은한 광택이 배어나도록 빚었다. 이 연적은 간결하고 소박하며, 깔끔하고 이지적이며 안정된 형태와 맑은 유색이 조화를 이뤘는데 청자의 전성기를 이에서 보는 듯하다. 이런 자애로운 연적은 극히 드물다.

코스
13

서울대학교 규장각

삼국유사

조선왕조실록

이화여자대학교 박물관

백자철화포도문항아리

삼국유사

국보. 5권 2책, 시대는 조선 중종, 소장은 서울 관악구 관악로 1, 서울대.

국보. 3권 1책, 시대는 조선 초기, 소장은 종로구 곽영대.

필자는 집을 나와 마을버스를 타고 서현역에서 분당선. 정자역에서 신분당선, 양재역에서 3호선, 교대역에서 2호선 전철을 타고 서울대입구역에서 내려서 마을버스를 타고 서울대학교 규장각으로 갔다.

『삼국유사』는 필자가 가장 아끼고 사랑한 고전이다. 향가에 관련된 원문을 발췌해서 20여 년 강의했을 뿐만 아니라 향가를 제재로 소설을 써 아홉 번에 걸쳐 개작하면서 책으로 출간한 탓만은 아니었다.

『삼국유사』는 무한한 매력이 담긴 고전이기 때문이다

『삼국유사三國遺事』는 일연 선사一然禪師가 1281년에 저술했는데 이를 그의 제자인 무극無極에 의해 1310년에 간행되었다.

그러나 국보로 지정된 것은 1394년 경주에서 간행된 3권 1책과 1512중종 7년 경주에서 재차 간행된 5권 2책이다.

『삼국유사』야말로 『삼국사기』와 함께 고대사회의 역사 종교 문화 풍속

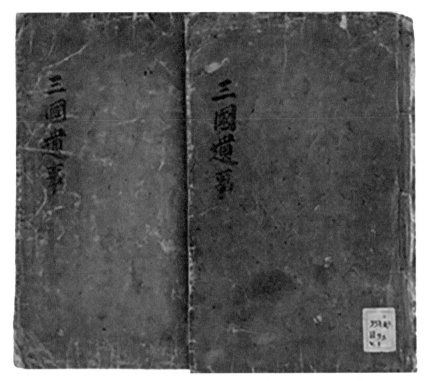

서울대 소장 삼국유사 표지(출처, 문화재청)

언어 등을 연구하는 지침서라고 할 수 있다.

일연이 『삼국사기』에서 제외시킨 단군신화 등 신이한 사적을 수록했다는 것은 민족의 주체성을 확실하게 보여준 셈이다.

특히 향찰鄕札로 표기된 향가 14수를 수록한 것은 고대 국문학연구에 있어 더할 수 없을 만큼 소중한 자료가 아닐 수 없다.

일연은 단군신화를 서술하기 전에 당위성부터 언급한다.

『삼국유사』의 편찬 취지인 기이紀異 편 서敍를 보면, '성인이 날 때는 예절과 음악으로 나라를 세웠고 인의仁義로 교육을 했으나 괴이怪異 패륜悖倫

귀신鬼神 신이神異 등에 대해서는 일체 말하지 않았다.'고 자신의 견해부터 피력했다. 이어 언급하기를, '제왕이 탄생할 때는 부명符命―제왕이 되게 하는 하늘의 명령과 도록圖錄―미래의 길흉화복(吉凶禍福)을 예언한 기록을 가지고 태어났으니 사람과는 차이로 있었다.'고 당당하게 밝혔다. 더욱이 '대변大變―제왕이 될 절호의 기회을 타고 대기大器―제왕의 됨됨이를 잡아 대업大業―나라를 세움을 이룰 수 있었다.'고. 그 예로 하수河水―고대의 지명에서 그림―용마의 등에 그린 그림이 나오고 낙수洛水―고대의 지명에서 글―신령스러운 거북의 등에 쓰여 있는 글이 나와 이로써 성인聖人이 나타났다. 무지개가 신모神母를 에두르자 복희伏羲가 태어났으며 용이 여등女登과 결합하더니 염제炎帝―신농씨가 태어났다. 황아皇娥는 궁상窮桑에서 노닐다가 자칭 백제白帝의 아들이라고 하는 신동을 만나 소호少昊―상고 때 제왕를 낳았다. 간적簡狄은 알 하나를 삼키고 설契을 낳았으며 강원姜嫄은 거인의 발자국을 밟은 탓으로 기弃를, 요堯는 잉태 14개월 만에 태어났으며 패공沛公은 어머니가 큰못에서 용과 교접해서 태어났다. 그 뒤로도 이런 일이 빈번해 다 기록할 수 없다.

이렇게 서술하면서 일연은 삼국의 시조가 모두 신이神異하게 태어났다고 해서 괴이할 것이 조금도 없다면서 단군신화의 당위성當爲性을 중국 신화의 예를 들어가며 서술했다.

인류 탄생에 대한 사례로 『성서』 2장 7절에 "그때 하느님께서 흙의 먼지로 사람을 빚으시고 그 코에 생명의 숨을 불어 넣으시니 사람의 생명체가 되었다." 고 아담의 탄생을 기록했다.

이어서 22, 23절을 보면, "하느님께서 사람에게서 빼내신 갈빗대로 여자를 지으시고 그를 사람에게 데려오시자…" 는 곧 이브의 탄생에 대한 관련된 성서의 기록이다.(『성서』, 천주교주교회의 주관 출판, 2005. 12)

이런 성서의 기록을 당연한 사실로 인정하면서 단군신화의 역사를 부정

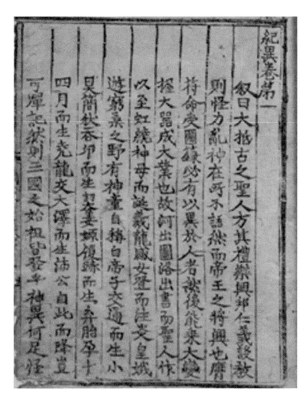

삼국유사 기이권제일(출처, 문화재청)

한다면 이는 단지 신심의 차원이 아닐까.

　일연도『삼국유사』「기이」第一에 다음과 같이 서술해 놓았다.

　또『위서魏書』에는 다음과 같이 기록되어 있다고.

　'지금으로부터―일연이 산 시대―2천 년 전 단군檀君 왕검王儉이 있었다. 단군은 아사달阿斯達에 도읍을 정하고 나라를 세워 국호를 조선朝鮮이라고 일컬었다.'고 기록했다.

　또『고기古記』―단군고기檀君古記―에는 이렇게 적어 놓았다.

　옛날 환인桓因의 서자庶子인 환웅桓雄이 천하를 다스릴 큰 뜻을 품고 사람이 사는 세상을 내려다보았다. 아버지는 아들의 이런 뜻을 알고 삼위三

危—세 가지 위험 태백산을 살펴보니 홍익인간弘益人間으로 다스릴 만했다. 이에 환인은 아들에게 천天·부符·인印 세 개삼위를 대비한 부적?를 주면서 내려가 다스리도록 했다.

환웅은 무리 3천을 데리고 태백산 마루턱에 있는 신단수 부근으로 내려 왔다. 그로부터 그곳을 신시神市라고 했으며 환웅을 환웅천왕桓雄天王이라 불렀다. 환웅은 풍백風伯 우사雨師 운사雲師를 거느리고 곡식 인명 질병 형벌 선악 등을 주관主管했으며 360여 가지 일을 주재主宰하면서 세상을 다스리며 가르치고 깨우쳤다.

이 무렵, 태백산 부근에는 터주 대감격인 범과 곰이 살고 있었는데 그들은 환웅에게 인간이 되기를 소망했다. 환웅은 신령스러운 쑥 한 다발과 마늘 한 묶음을 주면서 '너희가 이것을 먹으면서 100일 동안 햇볕을 쐬지 않고 참고 견딘다면 반드시 인간이 되리라.' 하고 금기할 것을 당부했다. 범과 곰은 이를 받아먹으며 금기했는데 곰은 금기를 지켜 삼칠일 만에 웅녀가 되었으나 범은 이를 지키지 못해 사람이 되지 못했다.

사람이 된 웅녀는 혼인해서 살 사람이 없어 날마다 신단수神檀樹 밑에서 아기 갖기를 두 손 모아 축원했다. 이를 애처롭게 여긴 환웅이 잠시 인간으로 변신해 웅녀와 혼인했다. 웅녀는 그로부터 잉태를 해 낳으니 아들이었다. 이 아기를 단군왕검檀君王儉이라 불렀다.

단군은 당고唐高가 즉위한 지 50년 되는 경인년B·C 2311년—인용하면서 일연 선사는 경인년이 아닌 정사년(B·C 2284년)이라고 의혹 제기에 평양성에 도읍을 정하고 국호를 조선이라고 했다.

참고삼아 B·C 2333년은 『동국통감』『해동이적』『동국역대총목』등 우리 문헌과 『사고전서』『조선세기』등 중국 문헌 등을 참고해 요 25년 무진년B·C 2333을 건국한 해로 정함은 이에 따른 것이다.

이런 단군신화의 상징성은 오늘날에도 암시하는 것이 적지 않다.

웅녀가 혼인의 중요성을 느꼈다는 것은 남성이 아닌 여성, 모계가 결혼을 주체적으로 주관했다는 의미를 지닌다. 웅이 범이 아닌 곰을 선택했다는 것도 여성성을 강조한 것으로, 곧 천신족인 웅과 지신족인 곰이 결혼한 것은 대대손손 대를 이어 자손을 지속시키고자 하는 욕구라 할 수 있다. 그것도 여성이 주체적이며 능동적이라는 데 있다.

단군신화에 있어 3의 숫자는 지금도 상당한 의미를 지닌다. 삼위三危의 3과 천天·부符·인印이란 3, 무리 3천과 360여 일의 3은 3천리 금수강산과도 무관하지 않다. 한때 우리 민족을 3천만 민족이라고 한 적도 있지 않는가. 3칠일의 3도 그렇다. 3칠일三七日 동안 금기는 아기를 낳았을 때 금줄을 쳐 3주 동안이라도 아기에게 전염을 예방하기 위해 외부인의 출입을 삼가게 한 것은 과학적인 조치였다. 또 삼칠일의 7은 지금의 1주일 7일과도 부합한다. 이런 3과 7은 우연의 일치일 수만 없다. 하물며 홍익인간弘益人間은 대한민국의 교육이념이 아닌가.

단군신화의 핵심이라면 범이 아닌 곰이 웅녀가 되었다는 데 있다. 이것은 모계사회의 뿌리이자 전통적인 여성관의 발로이겠기 때문이다.

이런 신이 이외에도 『삼국유사』에 수록된 향가는 우리 시의 영원한 본향, 문학의 원천임은 두 말할 나위도 없겠다.

조선왕조실록

국보. 시대는 조선, 소장은 서울 관악구 관악로 1, 서울대

『조선왕조실록朝鮮王朝實錄』은 태조에서 철종에 이르는 역사를 편년 순차에 따라 기록한 역사서이다.

정족산본은 1707권 1187책, 오대산본은 74책, 태백산본은 1707권 848책, 기타 산엽본이 현전하고 있다.

현재 『왕조실록』은 총 1893권 888책이 국보 151호로 지정되었으며 1997년에는 유네스코 세계기록문화유산으로 등재되었다.

『왕조실록』의 기록은 객관성과 공정성을 유지하기 위해 왕이 승하한 뒤, 전왕 재위 때 사관들이 기록한 사초史草─초고를 근간으로 현재 왕이 전왕의 실록을 편찬했던 것이다.

실록을 편찬하는 사관은 정 7품의 말단 관리에 해당된다. 그런데도 사관의 선발은 매우 엄격하고 신중했다.

1단계는 전임 사관의 추천이 있어야 하고, 2단계는 추천받은 사람은 먼저 고위직 관리에게 심사를 받아야 했으며, 3단계는 삼정승과 당상관 앞에서 강론을 거쳐서 최종적으로 선발했다. 사관의 기록은 곧 역사 자체가

되기 때문에 신중에 신중을 다했던 것이다.

사초를 직접 기록한 사람은 전임 사관과 겸임 사관이다.

전임 사관은 전문가로 예문관에서 파견한 한림 8명을 말하는데 직품은 낮았지만 성격이 곧고 반듯해 뜻을 좀체 굽히지 않은 사람들로 정7품인 봉교奉教 2명, 정8품인 대교待教 2명, 정9품인 검열 4명이다.

겸임 사관은 의정부, 홍문관, 사헌부, 사간원, 6조 등 정부 요직에서 춘추관으로 파견된 관리들이다.

사초는 극비로 취급했기 때문에 사관 이외는 누구도 열람이 불가능했으며 왕이라 할지라도 열람할 수 없었다고 한다.

이유는 필화筆禍 곧 사화士禍가 일어날 수도 있기 때문이다.

이를 지키지 않아 일어난 예가 무오사화戊午士禍이다.

『왕조실록』의 편찬은 세 단계를 거쳤다.

첫째는 사관이 기록한 각종 사초 중에서도 주요한 사실만을 일단 추려서 초초初草-처음으로 작성한 초고를 작성했다.

둘째는 초초 중에서 뺄 것은 빼고 추가할 것은 추가해서 수정하고 보완하면서 정리를 거듭했는데 이를 중초中草라고 한다.

셋째는 중초를 한 번 더 수정하고 제재나 문장 등을 정리해서 정초正草-최종 원고를 정리한 것를 작성했다.

이렇게 사초가 완성되면 비로소 서고에 엄중히 보관했다.

『왕조실록』을 보관하는 데는 너무나 방대해서 많은 어려움이 있었다.

서고에 보관한 『왕조실록』은 3년에 한번 꼴로 꺼내어 포쇄曝灑-젖거나 축축해진 종이를 바람에 쐬거나 햇볕에 바램를 했다.

『조선왕조실록』의 전질은 너무나 방대하다.

조선조 500년의 정치 외교는 말할 것도 없거니와 문화와 종교에 이르기까지 빠짐없이 수록했기 때문에 방대한 기록문으로는 세계에서 『조선왕조실록』 이외는 그 유례를 찾을 수 없다.

『조선왕조실록』은 태조에서 철종까지 조선조의 역사 기록으로 현재 두 질이 온전하게 남아 있다.

하나는 서울대학교 규장각으로 정족산 사고본이 보관되어 있고 국가기록관인 역사기록관에는 태백산 사고본이 보관되어 있다.

부산에 위치한 국가기록관은 영주 봉화 태백산 사고본인데 이를 보기 위해 일곱 단계의 절차를 밟아야 볼 수 있다고 한다.

항상 항온, 항습 상태를 유지하기 위해 온도는 20~22°C, 습도는 45에서 전후 5%를 유지하며 제습 기능이 좋은 오동나무 상자에 보관하고 있다. 서고는 미사일에 맞아도 완전한 2중벽으로 되었으며 화재 때에도 준비된 매뉴얼에 의해 철저하게 대비하고 있다고 한다.

『조선왕조실록』은 「태조실록」이 3책인데 비해 「선조실록」은 재위 기간이 길고 임진왜란 등 사건이 많아 116책이나 된다.

총 848책, 68,004장. 쪽 수로는 136,008이다.

기록관리법에 준해서 2년마다 한 번씩 확인하며 4년마다 두 사람이 한 장씩 일일이 확인하는데 한 달이 소요된다고 한다.

이런 주요한 사료가 한문만으로 되어 있어 다수가 이용하는데 불편함을 느껴 뒤늦게 국역하기 시작했다.

1968년부터 1993년까지, 무려 26년에 걸쳐 완역해서 신국판으로 총 413권을 출판했다. 또한 아울러 서울 시스템에서는 한국학데이터베이스연구

소를 설립하고 이용자의 편의를 제공하기 위해 국역 조선왕조실록의 전산화작업을 완료해서 1995년 CD―ROM으로 간행하기도 했다.

『조선왕조실록』은 사실만 수록한 것이 아닌 필링 포인트도 기록했다.

왕자의 난으로 왕위에 오른 태종은 자존심이 유별났던 것 같다.

태종은 해주 쪽으로 사냥을 나갔다. 말을 타고 달리며 활로 노루를 쏘다가 말에서 떨어졌다. 그것이 몹시 자존심을 상하게 했던지 그를 따르던 신하들에게 "그 누구도 사관에게는 짐이 사냥하다가 낙마했다는 사실을 말하지 말라."고 엄명했다.

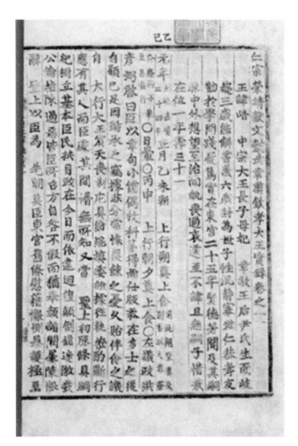

영인본 인조실록 권1, 본문시작 부분(출처, 한국민족문화대백과)

그랬는데 「태종실록」 4년 2월 28일을 보면, '태종이 말을 타고 달리면서 노루를 활로 쏘다가 말에서 떨어졌으나 크게 다치지 않았다.'는 기록이 보인다. 나중에 이런 사실을 전언으로 들은 사관이 기록했겠지만 '사관에게 말하지 말라,'는 사실까지 박제가 되었으니.

실록은 간섭이나 강권을 피하고 중립성과 객관성을 유지하기 위해 왕이 재위에 있을 때 편찬한 것이 아니라 서거 다음에 편찬했다.

세종은 아버지인 태종이 어떻게 기록되었는지 실록이 몹시 궁금해 편찬한 실록을 가져오게 했으나 신하들이 '신록을 편찬한 사관들이 아직 살아 있는데 불가합니다. 그리고 이런 사실이 전례가 될 수 있으니 절대 불가합니다.'고 극구 반대해 볼 수 없었다고 한다.

역사교과서에는 나오지 않는 『조선왕조실록』에만 있는 기록 또한 감수성이 짙은 에피소드라고 할 수 있다.

「세종실록」 원년 10월 27일의 기록을 보면, 첫눈이 내리면 신하가 눈을 뭉쳐 물러난 정종이 거처하는 대청마루에 갖다놓고 급히 사라졌다. 이를 알고 정종은 눈을 갖다놓은 신하 뒤를 급히 쫓았다.

왜 쫓아갔을까?

눈을 가져다놓은 사람이 눈을 갖다 준 사람에게 붙잡히지 않으면 받은 사람이 한 턱을 쏘아야 하고 그 반대로 붙잡히게 되면 갖다 놓은 사람이 한 턱을 내야 하는 마니토와 같은 미풍 때문이었다.

정조는 어느 왕보다도 술을 좋아했다고 한다. 신하가 정종과 대작을 할 때는 '난 오늘은 죽었구나,' 하고 속으로 덜덜 떨었다고 하니.

하루는 다산 정약용과 대작을 했다.

정조는 큰 술잔을 애호해서 술을 따라 즐겨 마셨는데 대작하던 다산이 쓰러져도 계속 술을 마셨다는 일화도 기록되어 있다.

백자철화포도문항아리

국보. 시대는 조선, 소장은 서울 서대문구 이화여대길 52, 이화여대

규장각에서 나와 서울대입구역에서 2호선 전철을 타고 이대역에서 내려 이화여자대학교 박물관을 관람했다.

백자철화^{鐵畵}, 철사—鐵砂포도문항아리는 관요에서 구워낸 자기로 높이 53.3, 입지름 19.4, 밑지름 18.6, 배지름 43.3cm인 항아리다.

포도문항아리는 아가미가 알맞게 올라와 있는데다 어깨까지 둥글게 팽창되어 있어 대담하고 당당한 느낌마저 든다.

백자철화포도문항아리의 형태를 보면 어깨에서부터 풍만하게 벌어진데다 둥근 몸체를 아래 부분의 좁은 다리로 떠받들고 있는 모양이다.

유조^{釉調}는 빙렬이 거의 없으며 담청淡靑을 띤 형태, 무늬와 함께 항아리의 완정完整된 품격을 최대한 살려주고 있다.

무늬로는 항아리 윗부분 앞뒤로 철사鐵砂 안료를 써서 포도송이가 달린 포도넝쿨을 그렸는데 구성과 배치가 매우 세심하며 기품 있게 그린 한 폭

철화(일명 철사)포도문항아리(출처, 문화재청)

의 정제된 포도화를 보는 듯하다.

특히 포도 그림 자체가 보여주는 사실성과 철사 안료를 사용해서 농담과 강약을 적절히 구사한 고도의 회화적 표현도 돋보인다.

몸체 위쪽에는 검은 색 안료인 철사를 적용한 탓으로 탐스러운 포도송이가 달린 넝쿨마저 매우 사실적이다.

유색有色마저 푸른빛을 띤 흰색으로 17세기 백자에 비해 보다 밝으면서 빙렬氷裂도 거의 없는 것이 매우 뛰어났다.

더욱이 농담濃淡의 강약도 적절히 구사해서 18세기 조선조 백자의 격을 한층 돋보이게 하는 회화성까지 보여준다.

백자철화포도문항아리는 풍만한 형태, 밝은 유색, 숙련되고 사실적인 포도문양 등으로 보아 조선조 백자 가운데 뛰어난 자기 중의 하나다.

국보 및
국보급 문화재 속으로

도난 당한 국보

소원화개첩

글씨부분

국보. 시대는 조선, 서울 동대문구 서정철 개인 소유, 2001년 종로구 인사동 동방화랑에서 보관 중 도난당했으나 회수하지 못함

「소원화개첩小苑花開帖」은 안평대군安平大君 이용李瑢이 쓴 글씨로 크기는 가로 16.5cm, 세로는 26.5cm이다.

비단에 행서行書로 56자를 썼는데 필체는 조맹부趙盟頫 체와 비슷하지만 웅혼하고 활달하며 개성이 잘 나타난 점에서 빼어난 글씨다.

게다가 소품인데도 필체에서 우러나는 기품은 안평대군의 특징을 대변하며 누구도 흉내를 낼 수 없는 늠름함이 돋보인다.

「소원화개첩」은 일본 덴리대학天理大學에 소장되어 있는 안평의 진필로 안견이 그린 「몽유도원도夢遊桃園圖」의 제목과 기문을 제외하면 한국에서는 하나밖에 없는 귀중한 글씨이다.

쓴 시는 당나라 시인 이상은李商隱의 「봉시峰詩」로 의도적인지는 모르겠으나 원문과는 몇 자 다르게 씌어져 있다.

그런데 이 「소원화개첩」은 2001년 도난을 당해 동방화방에서 사라져 버려 지금은 「개첩」을 보려고 해도 볼 수 없다.

도난 당했다 되찾은 국보
금동보살입상

국보. 금동보살입상은 경상북도 구미시 선산읍에서 사방공사를 하는 현장에서 금동여래입상과 금동보살입상을 수습해서 국보로 지정했는데 이를 도난당했다가 회수했다.

금동보살입상(출처, 문화재청)

보살입상은 꽃무늬가 새겨진 대좌 위에 오른쪽 무릎을 약간 구부린 채 자연스러우면서도 우연한 자세로 서 있는 상을 주조했다.

머리에는 꽃 장식으로 된 보관을 쓰고 있다.

보관의 장식으로는 화불좌상이 새겨져 있다. 또한 보관의 정면에는 작은 부처가 조각되어 있어 이색적이다.

신체는 비교적 날씬한 편이라고 할 수 있다.

옷은 몸에 착 달라붙어 있다.

옷자락은 오른팔에 걸친 데다 무릎 앞에서 둥글게 드리워져 있으며 다시 왼팔 위에 걸쳐 있는데 끝은 대좌 위로 늘어뜨렸다. 대좌는 7각형으로 아래를 향하고 있는데 연꽃잎이 새겨져 있다.

전체적으로 보아 금동보살입상은 균형과 조각수법이 매우 뛰어난 보살상의 형식에 해당된다.

금동보상입상은 눈 코 입이 분명한 둥근 얼굴로 전면에 은근한 미소를 머금고 있는 것이 빼놓을 수 없는 미소로 가히 일품이다.

국외로 반출된 것을 훔쳐온 문화재
금동관음보살좌상

금동관음보살좌상(출처, 월간조선)

2012년 10월 초, 약탈당한 문화재로 일본 대마도 관음사에 보관되어있던 금동관음보살 좌상을 훔쳐 국내로 반입했다.

일본 정부는 즉각 이의 반환을 요구했다.

우리는 과거 왜구에게 약탈당한 것이기 때문에 반환해서는 안 된다는 국민감정이 분출하기도 했었다.

이 사건은 역사의 아이러니일까, 사필귀정일까.

그렇다. 관음보살좌상의 이적이 분명하다.

반환 여부와 소유 문제로 재판에서 말도 많았으나 1심에서는 서산 부석사에 즉각 인도하라고 판결했다.

그러나 1018. 6. 15일 대전 고검은 관음보살좌상 진품은 일본에 돌려주고 복제품을 제작하는 것을 제안했다.

기구한 운명의 키 50.5cm의 단아한 모습의 좌상, 보일 듯 말 듯 은은한 미소를 머금은 이 금동관음보살좌상이 불상을 제작한 본래의 취지 그대로 불전으로 돌아갈 날은 언제쯤일까.

오리무중인 문화재

훈민정음 상주본(해례본)

2008년 이후 오리무중이던 훈민정음 상주본이 실체를 드러냈다. 그것은 문화재청이 1조원 이상의 가치가 있다고 감정한 적이 있는 훈민정음 해례본(상주본 - 상주에서 나왔다고 해서 붙임 이름)이 불에 타고 그을린 채 사진으로 공개되었다. 상주지역 국회의원 보궐선거에 나온 배○○ 씨가 불에 탄 훈민정음 해례본 1장을 공개했기 때문이다.

배 씨는 후보 등록 때 훈민정음

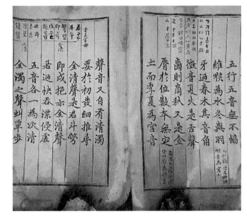

불에 타다 만 훈민정음 일부(출처, 문화재청)

상주본 해례본의 가치를 1조원으로 가산해 전 재산이 1초 4천만원이라고 신고를 하려다 선관위가 실물소유를 확인할 수 없기 때문에 재산으로 등록할 수 없다고 거부당하자 전격적으로 공개했던 것이다.

훈민정음 해례본은 원래 33장인데 상주본은 5장이 없어진 28장이다. 그것도 배 씨 집에서 불에 타 20장만 남았다고 하지만 정확한 것은 상주본을 보지 않아 알 수 없다고 한다.

2008년 7월 말 상주에서 발견되어 알려졌던 훈민정음 해례본은 「간송본」과 같은 것으로 서문 4장, 뒷장 1장이 유실되긴 했으나 상태가 좋고 「간송본」에는 없는 표기, 소리 등 당시 연구한 주석이 있어 학술적 가치가 매우 높다고 한다.

상주본은 표기와 소리에 한글을 섞어 주석했는데 붓글씨로 기재한 내용이 포함되어 있어 발견 당시 주목을 끌었다.

그것은 초창기의 한글을 엿볼 수 있어 간송본을 훨씬 능가한다는 평가를 받았기 때문이다.

이 상주본이 공개되자 논란이 재개되었다.

배 씨와 조 씨 사이에 소유권 분쟁이 일어나 2011. 5. 13일 대법원에서 조 씨 소유로 확정 판결을 내리기도 했다.

원래 골동품업자 조 모(2012년 사망)의 소유였던 것을 배 씨가 훔쳐가자 그가 소송을 제기했는데 배 씨는 민사소송에서 패해 소유권은 도로 조 모에게로 되돌아갔다.

그런데 배 씨는 훔친 혐의로 기소되어 2012. 2. 9일 1심에서 징역 10년형을 받았으나 대법원에서는 무죄가 확정되었다.

2014. 5. 29일 대법원은 무죄를 확정지으면서 전문가에게 맡겨 관리와 보관을 부탁했고 배 씨는 약속했으나 이행하지 않았다.

한때 배 씨는 이 훈민정음 상주본을 1천억원만 주면 국가에 기증하겠다고 큰소리를 치기도 했었는데⋯

문화제청은 수차 배 씨에게 반환을 종용했는데 배 씨는 되찾으면 반환하겠다고 약속했으나 내놓지 않아 반환을 받을 수 없었다.

이 배 씨처럼 우리의 소중한 문화재가 문화의 문자로 모르는 몰상식한 개인의 소유로 넘어간 탓으로 이 따위로 취급되어야 하는지 국민의 한 사람으로서 씁쓰레하기 짝이 없다.

간송 전형필 씨가 피난 시에 훈민정음을 가지고 다니면서 혹시라도 도둑맞을까 잘 때도 베고 잤다는 일화와는 너무나 대조적이니⋯

배 씨는 2015. 10. 9일 한글날을 기해 한겨레와의 통화에서 10분의 1(1000억)만 주면 국가에 헌납할 생각이 있다고 했다는데 그런데도 여전히 상주본 훈민정음은 오리무중이니⋯

말썽도 많던 훈민정음 상부본이 2012년 5월 7일 세상에 알려진 지 4년이 지나 영악한 배 씨와는 달리 원소유자였던 조 씨 집안의 조용훈 씨에 의해 실물 상주본을 기증한 것은 아니지만 단지 상주본의 소유권(상주본이 나타난다면? 전제 하에)에 관련된 법적인 일체를 국가(문화재청)에 일임한다는 기증식을 갖기도 했다.

돌아오지 못한 문화재

왕오천축국전(往五天竺國傳)

보존 처리한 두루마리 왕오천축국전(출처, 두산백과)

국외로 반출된 문화재는 아니지만 귀국하다 돈황敦惶에서 숙명적으로 멈춰 버린 『왕오천축국전』은 1908년 프랑스인 펠리오가 돈황敦惶의 천불동 동굴에서 최초로 발견했다.

그리고 1909년 중국인 나진옥羅振玉에 의해 알려지기 시작했다. 이어 1915년 일본인 다카쿠스에 의해 저자가 신라 승 혜초慧超임이 밝혀졌다. 1928년에는 독일인 푹스에 의해 독일어로 번역되기도 했다.

뒤늦게 우리나라에서는 1943년에 이르러

최남선에 의해 원문과 해제가 소개되면서 비로소 알려지게 되었다.

『왕오천축국전』은 신라의 승려 혜초가 온전한 문헌으로 남긴 가장 오래된 기행문인데 여행을 테마로 삼고 산문과 기행시다.

게다가 서정시를 곁들여 썼다는 사실은 주목할 필요가 있다.

혜초는 어려서 당나라로 가 공부하고 천축국으로 알려진 인도를 여행하면서 글을 남겼는데 그것이 『왕오천축국전』으로 727(신라 성덕왕 26)년 11월 상순까지 기록한 것이며 산문에 기행시를 곁들였다.

『왕오천축국전』은 1권 필사본으로 완질은 남아 있지 않으나 일부만 남아 현재 전해지고 있다.

원래는 3권으로 추측되며 현전하는 책은 약본略本으로, 앞뒤 일부가 떨어져 나간 파본이다. 약본이기 때문에 서술이 지극히 간략하다.

그런데도 육로와 해로를 동시에 기술한 점, 그리고 8세기 사료로는 유일무이하다는 점, 정치 이외에 당시 사회상을 기록한 것이 매우 돋보인다는 점에서 높이 평가받고 있다.

현재 『왕오천축국전』은 프랑스 국립도서관이 소장하고 있다.

최치원의 『계원필경』보다도 100여 년이나 앞선 『왕오천축국전』은 기행문이기 때문에 시가 소홀히 대접받는데도 시의 수준은 놀랍다.

해외로 유출됐거나 돌아오지 못한 문화재는 얼마나 될까? 놀랍게도 7만 6천여 점에 이른다고 한다.

이 중 불상, 탱화, 탑, 불서 등 문화재만 4만여 점이다.

문화재청은 2003년 8월말 현재 일본 미국 프랑스 등 20여 나라로 7만 5,966여 점이나 유출된 것을 확인했다. 국가별로 보면 단연 일본이 3만 4,157점으로 가장 많으며 이어 미국 1만 6,812점, 영국 6,610점, 독일 5,289점, 러시아 3,554점, 프랑스 1,960점, 중국 1,434점, 덴마크 1,240점, 캐나다 1,080점, 네덜란드 820점, 스웨덴 804점, 오스트리아 679점, 바티칸 500여 점 등이다. 이 수치는 각종 자료를 취합해서 파악한 것이어서 실제 유출된 문화재는 이보다 훨씬 많을 것으로 추정된다.

이런 문화재는 임진왜란, 신미양요 등 전란과 일제식민지, 한국전쟁 등 나라가 위기에 놓인 데다 사회적으로 혼란한 시기에 대부분 불법으로 유출된 것으로 국보급이나 보물급 문화재가 다수 포함되어 있다.

이런 문화재는 유출 경위를 밝힐 수 없어 반환은 절망적이라고 한다. 그래서 문화재청은 2002년부터 10년간 문화재의 해외유출실태와 유출문화재에 대한 학술 · 문화적 가치를 조사하는 한편으로는 소장자로부터 기증을 권유하거나 소장 국가 또는 소장 박물관에 대해 한국관을 설치해서 전시해 줄 것을 요청했으나 성과는 거의 나타나지 않았다고 한다.

제네바 박물관 수월관음도

수월관음도(출처, 조선일보)

시대는 고려, 크기는 세로 105.9cm, 가로 55.4cm, 이탈리아 제노바 한 박물관이 소장하고 있는데 2017년 2월 21일 A2면 조선일보 기사에 의하면, 이탈리아 제노바의 한 박물관에서 정우택 동국대학교 교수가 고려불화의 하나인 수월관음도를 발견했다는 기사를 실었다.

그것도 극히 드물게도 소나무가 그려진 관음도로는 최초인 수월관음도를 비단에 색칠을 한 제노바의 수월관음도는 크기가 세로 105.9cm, 가로 55.4cm로 특이한 점이 있다면 화면 왼쪽 윗부분에 그려진 소나무이다.

관음보살의 목걸이마저 독특한 채색방법 탓인지 돋보인다.

대체로 관음보살을 그릴 때는 금을 아끼기 위해 목걸이를 먼저 그린다음에 금니를 칠하는 것이 일반적이다.

그에 비해 제노바의 수월관음도는 특별히 몸체 전면에 금니金泥를 칠하고 난 다음, 그 위에다 목걸이를 그렸기 때문에 금의 효과를 최대한 살린 관음도가 되었다.

현재 미국과 유럽에 소장된 고려불화는 일본을 거쳐 건너간 것으로 추정되며 국내, 일본, 유럽 등 40여 점이 전해지고 있다고 한다.

부여 규암리 백제금동관음보살상

1907년, 충남 부여군 규암면 규암리 한 농부가 7세기경의 희귀한 유물인 뚜껑 있는 쇠솥 안에 들어 있는 불상 2점을 발견했다.

백제금동관음보살상(출처, 문화재청)

이를 일본인 헌병이 압수했다가 경매에 붙여져 한 점은 니와세 하쿠쇼庭懶博章, 다른 것은 이치다 지로市田次郎의 수중으로 들어갔다.

그런데 니와세 수중으로 들어간 불상은 1939년 조선총독부에 의해 보물로 지정, 현재 국보로 지정되어 국립부여박물관 소장하고 있으나 이치다 지로의 수중에 들어간 불상은 일본으로 밀반출되었다.

1939년 당대 도자기 최고의 전문가인 고야마후지오小山富士夫는 이치다의 자택에서 이 불상을 보고 극찬을 아끼지 않았다.

'이렇게 뛰어난 조선 불상은 본 적이 없다. 허리를 비틀고 있는 자태가 매우 빼어났으며 미소 짓는 얼굴은 정말 아름답다.'고.

이 불상이 알려지게 된 것은 2017년 말, 불상의 소장자가 한국 학계에 감정을 의뢰하면서 알려지게 되었다.

불상의 높이는 28cm에 지나지 않으나 머리에는 보관을 쓰고 왼손에는 보병을 들고 있으며 파격적으로 어깨와 허리는 약간 비틀어진 데다 인자한 미소를 띠고 있는 백제 최고의 불상이다.

머리카락은 위로 틀어 올렸고 부드러운 천의와 다리에 힘을 뺀 심곡心曲의 우아한 자세, 미소를 잔뜩 머금은 자비로운 표정은 그 어디에도 견줄 수 없는 아름다움의 정수를 보여준다.

만약 이 불상을 환수하게 된다면, 저 서산의 마애삼존불상인 백제의 미소와 쌍벽을 이루고도 남을 것이 분명하다.

필자가 「몽유도원도」와의 첫 대면은 옛 중앙청을 임시 박물관으로 사용하고 있을 때였다. 당시 필자는 학부생, 문화재에 대해서 문외한이었는데 스승 고 석전 이병주(전 동국대 교수) 선생을 따라다니면서 설명을 들으며 감상한 적이 있다.

「몽유도원도」의 작가는 4대 화가의 한 사람인 안견安堅, 시대는 조선조, 크기는 38.7cm ~106.5cm, 일본 덴리대학 중앙도서관이 소장하고 있는데 결국 돌아오지 못한 채 1939년 일본이 국보로 지정했다.

「몽유도원도」는 도연명의 「도화원기」와 관련이 깊으며 안견의 대표작으로 조선조 후기의 산수화에 많은 영향을 끼친 그림이다.

몽유도원도(夢遊桃園圖)

몽유도원도 전경(출처, KBS 천상의 컬렉션)

「몽유도원도」의 기문부터 요약한다.

나(안평대군)는 정묘(1447)년 음력 4월 20일, 깊은 잠에 빠져 꿈을 꾸고 있었다. 박팽년 朴彭年과 함께 어떤 산 아래에 닿으니 우뚝 솟은 봉우리와 깊은 골짜기가 나타났는데 복숭아 수십 그루도 눈에 띄었다.

오솔길의 갈림길에서 어디로 갈지 몰라 서성이는데 지나가는 야복 차림의 사람과 마주쳤다. 그에게 길을 물어서 박팽년과 함께 말을 몰아 한 골짜기로 들어서자 시야가 탁 트이면서 마을이 나타났다. 마을은 사방이 나무로 둘러쳐져 있는데 바야흐로 복숭아나무 주변에는 붉은 노을이 피어오르고 있었다. 최항과 신숙주도 동행했었는데 신발을 단단히 동여매고 언덕을 오르내리며 즐기던 중 홀연 꿈에서 깨어났다.

이런 꿈을 꾼 다음날, 안평은 안견을 불러 꿈 이야기를 하면서 그림으로 그렸으면 좋겠다고 말했다. 안평의 꿈 이야기를 들은 안견은 감동을 받았음인지 사흘 뒤인 4월 23일, 「몽유도원도」를 완성하기에 이른다.

「몽유도원도」를 그린 안견安堅은 본관이 지곡으로 신분이 낮은 화원 출신의 화가다. 언제 태어나 죽었는지도 확실하지 않다. 그리고 그가 어떻게 해서 화원畫員이 되었으며 누구

몽유도원도 전경(출처, KBS 천상의 컬렉션)

에게 그림을 배웠는지도 전혀 알려지지 않았다. 신숙주의 「화기」라는 서문에 '우리 조정에는 유명한 화가가 한 사람 있는데 그가 바로 안견이다. 그는 총민한 데다 여러 대가들의 그림을 많이 보아서인지 종합하고 절충하기를 잘 했는데 못 그리는 것이 없었다. 특히 산수화를 잘 그렸다.' 고 술회했다.

완성된 그림을 보고 매우 만족한 안평은 즉시 스스로 「몽유도원도」란 제목과 발문을 쓰기까지 했다. 안평대군의 발문인 「몽유도원기」는 장문으로 가로 38.7cm이며 세로 44.6cm의 크기로 해서체이다.

그로부터 삼일 뒤, 안평은 1450년 정월 초하루 밤 치지정에서 「몽유도원도」를 꺼내어 감상하다가 문득 시 한 수를 읊는다.

世間何處夢桃源
野服山冠尙完然
著畵看來定好事
自多千載擬相傳

이 세상 어디에서 도원을 꿈꾸나

은자들 옷차림 아직도 선해

그림으로 보니 참으로 좋을시고

천년을 전해 줌 직하지 않는가.

이어 그림을 본 후, '삼일 뒤인 정월의 어느 밤, 치지정에서 밝은 정취로 덧붙인다後三日 正月夜 在致知亭因故有作淸之'고 이유를 밝혔다.

「몽유도원도」는 상하 두 개의 두루마리로 표구된 그림이다.

두루마리 바깥은 녹색 비단인데 첫머리에 안평이 쓴 「몽유도원도」란 표제가 한눈에 들어온다. 그 다음은 1450년에 지은 4행의 시와 시를 짓게 된 내력을 비단에 붉은 글씨로 2행을 썼으며 시 다음에 안견의 그림과 안평의 발문, 그리고 21명 문사들의 축하시가 덧붙어 있다.

오직 다리품을 팔아 현장을 직접 뛴 지식밖에 없는 문인으로서 국보에 대한 관련 글을 쓰자니, 두렵고 무섭다는 생각부터 들었다는 것을 솔직히 고백하면서 모자라는 지식은 관련 서적을 참고해 필자 나름의 국보에 관한 글을 집필하기로 마음을 다잡았다.

그러자니 현장을 부지런히 뛰면서 참고 문헌을 열 번, 서른 번 뒤지고 인터넷을 들여다보는 수밖에 없었음을 미리 밝혀둔다.

원고를 작성하는 동안 일반 독자를 대상으로 한 책이기 때문에 각주를 일일이 달지 않은 결례를 범하기는 했지만 아래 목록의 책들이 아니었다면 감히 쓰려고 엄두도 내지 못했을 것이다.

생소한 분야의 단어는 가급적 피했으며 부득이 사용했을 때는 괄호로 묶어 한자와 풀이를 덧붙여 병행해 놓았다.

그렇게 한 것은 독자들에게 쉽게 이해가 되게끔, 또한 독자에게 가까이 다가가기 위한 필자 나름의 방법임을 밝혀둔다.

목록을 작성하다 보니 소개되지 못한 사전이나 책도 있을 수 있어 그런 책의 저자나 출판 관계자에게도 사의를 표한다.

이 책은 백과, 사전, 그리고 분신과도 같은, 때로는 온몸을 불사르는 열정으로 세상에 빛을 밝힌 책 덕분에 세상에 나오게 되었다.

그러면 자료를 참고한 백과와 사전, 국보 관련 책 저자와 관계자 분들에게 거듭 고마운 마음을 가슴 깊이 새기며 아래에 적는다.

한민족문화대백과사전, 1991, 정신문화연구원

한국고고학사전, 1997, 국립문화재연구소

한국미의 재발견, 2008, 도서출판 솔

한국고중세사사전, 1995, 한국사사전편찬회

국립중앙박물관 고고학지

국립경주박물과 월간 소식지

국립공주박물관 학술자료

삼성미술관 출판물

두산세계대백과사전, 1997, 두산 동아

시공불교사전, 2004, 시공사, 곽철환

종교학대사전, 1998, 한국사전연구사

문화재청 홈피

NAVER. COM

전창림, 미술관에 간 화학자, 어바웃어북, 2010

답사여행의 길잡이, 도서출판 돌베개, 한국문화유산답사회

실내 전시 문화재는 조명 때문에 화면이 이상하거나 촬영을 허락하지 않은 사찰의 문화재, 소장은 하고 있으나 전시하지 않은 문화재는 문화재청 홈피나 국립박물관에서 이미지를 캡처했는데 이 자리를 빌려 사의를 표하는 동시에 활용 시 오류도 있을 수 있어 사죄드린다.

독자에게 심히 미안한 것은 저작권 문제 때문에 문화재마다 이미지를 싣지 못한 것도 있어 매우 죄송스럽게 생각한다.

끝으로 일부 답사를 함께 한 집사람과 먼 거리를 기꺼이 운전해 준 황순학, 김동현 군에게 이 자리를 빌려 깊은 고마움도 전한다.

—2021년 초하지제에 즈음해 삼가 지은이 적음

이야기가 있는 국보 속으로

초판 1쇄 인쇄일　｜ 2022년 8월 5일
초판 1쇄 발행일　｜ 2022년 8월 12일

지은이　　　　｜ 김장동
펴낸이　　　　｜ 한선희
편집/디자인　 ｜ 우정민 김보선
마케팅　　　　｜ 정찬용 정구형
영업관리　　　｜ 한선희 남지호
책임편집　　　｜ 남지호
인쇄처　　　　｜ 으뜸사
펴낸곳　　　　｜ 국학자료원 새미(주)
　　　　　　　　등록일 2005 03 15 제25100-2005-000008호
　　　　　　　　경기도 고양시 일산동구 중앙로 1261번길 79 하이베라스 405호
　　　　　　　　Tel 02-442-4623 Fax 02-6499-3082
　　　　　　　　www.kookhak.co.kr
　　　　　　　　kookhak2001@hanmail.net

ISBN　　　　 ｜ 979-11-6797-068-8 *03910
가격　　　　　｜ 19,000원